O MARXISMO DESMASCARADO
DA DESILUSÃO À DESTRUIÇÃO

Coleção Ludwig von Mises - volume 1

Ludwig von Mises

O MARXISMO DESMASCARADO
DA DESILUSÃO À DESTRUIÇÃO

Edição, Introdução e Notas por Richard M. Ebeling
Tradução de Maria Alice Capocchi Ribeiro
Apresentação à Edição Brasileira por Erik von Kuehnelt-Leddihn
Prefácio à Edição Brasileira por Antonio Paim
Posfácio à Edição Brasileira por Murray N. Rothbard

LVM
EDITORA

Impresso no Brasil, 2024

Título original: *Marxism Unmasked: From Delusion to Destruction*
Copyright © 2006 by Foundation for Economic Education
Copyright do texto de Erik von Kuehnelt-Leddihn © 1997 by Ludwig von Mises Institute
Copyright do texto de Murray Rothbard © 1990 by Ludwig von Mises Institute

Os direitos desta edição pertencem ao
Instituto Ludwig von Mises Brasil
Rua Leopoldo Couto de Magalhães Júnior, 1098, Cj. 46
04.542-001. São Paulo, SP, Brasil
Telefax: 55 (11) 3704-3782
contato@mises.org.br · www.mises.org.br

Editor Responsável | Alex Catharino

Curador da Coleção | Helio Beltrão

Tradução | Maria Alice Capocchi Ribeiro

Tradução da introdução e dos posfácios | Claudio A. Téllez-Zepeda

Revisão da tradução | Márcia Xavier de Brito

Revisão ortográfica e gramatical | Carlos Nougué & Márcio Scansani

Revisão técnica e Preparação de texto | Alex Catharino

Revisão final | Márcio Scansani / Armada

Produção editorial | Alex Catharino

Capa e projeto gráfico | Rogério Salgado / Spress

Diagramação e editoração | Spress Diagramação

Elaboração do índice remissivo e onomástico | Márcio Scansani / Armada

Pré-impressão e impressão | Gráfica Viena

Dados Internacionais de Catalogação na Publicação (CIP)
Angélica Ilacqua CRB-8/7057

M678s
Mises, Ludwig von, 1881-1973
 O marxismo desmascarado : da desilusão à destruição / Ludwig von Mises ; edição, introdução e notas por Richard M. Ebeling ; tradução de Maria Alice Capocchi Ribeiro ; apresentação à edição brasileira por Erik von Kuehnelt-Leddihn ; prefácio à edição Brasileira por Antonio Paim ; posfácio à edição Brasileira por Murray N. Rothbard. — São Paulo, SP : LVM Editora, 2019. Coleção von Mises
 392 p.

 ISBN: 978-85-93751-85-1
 Título original: Marxism Unmasked: From Delusion to Destruction

 1. Ciências sociais 2. Filosofia 3. Economia 4. Socialismo 5. Comunismo 6. Marxismo 7. Liberalismo I. Título II. Ebeling, Richard M. III. Ribeiro, Maria Alice Capocchi IV. Kuehnelt-Leddihn, Erik von V. Paim, Antonio VI. Rothbard, Murray N.

 19-1425   CDD 300

Índices para catálogo sistemático:
1. Ciências sociais 300

Reservados todos os direitos desta obra.
Proibida toda e qualquer reprodução integral desta edição por qualquer meio ou forma, seja eletrônica ou mecânica, fotocópia, gravação ou qualquer outro meio de reprodução sem permissão expressa do editor.
A reprodução parcial é permitida, desde que citada a fonte.

Esta editora empenhou-se em contatar os responsáveis pelos direitos autorais de todas as imagens e de outros materiais utilizados neste livro.
Se porventura for constatada a omissão involuntária na identificação de algum deles, dispomo-nos a efetuar, futuramente, os possíveis acertos.

008   Nota à Edição Brasileira
Alex Catharino

012   Apresentação à Edição Brasileira
Os Alicerces Culturais de Ludwig von Mises
Erik von Kuehnelt-Leddihn

038   Prefácio à Edição Brasileira
Antonio Paim

052   Agradecimentos
Foundation for Economic Education

054   Introdução
Richard M. Ebeling

O Marxismo Desmascarado
Da Desilusão à Destruição

073   Primeira Palestra
A Mente, o Materialismo e o Destino do Homem

093   Segunda Palestra
Luta de Classes e o Socialismo Revolucionário

109   Terceira Palestra
O Individualismo e a Revolução Industrial

125   Quarta Palestra
Nacionalismo, Socialismo e a Revolução Violenta

Sumário

145   Quinta Palestra

O Marxismo e a Manipulação dos Homens

165   Sexta Palestra

A Construção da Civilização Moderna: A Poupança, os Investimentos e o Cálculo Econômico

185   Sétima Palestra

A Moeda, os Juros e o Ciclo Econômico

213   Oitava Palestra

Lucros e Prejuízos, a Propriedade Privada e as Conquistas do Capitalismo

233   Nona Palestra

O Investimento Estrangeiro e a Essência do Capitalismo

259   Posfácio à Edição Brasileira

Karl Marx: O Comunismo como Escatologia Religiosa

Murray N. Rothbard

369   Índice Remissivo e Onomástico

presente edição do livro *O Marxismo Desmascarado: Da Desilusão à Destruição* de Ludwig von Mises (1881-1973), foi traduzida para o português por Maria Alice Capocchi Ribeiro, a partir da edição norte-americana publicada, em 2006, pela Foundation for Economic Education (FEE) com o título *Marxism Unmasked: From Delusion to Destruction*. A obra é uma transcrição feita por Bettina Bien Greaves das nove palestras ministradas pelo autor, sob patrocínio da revista *The Freeman: Ideas on Liberty*, na Biblioteca Pública de São Francisco, na Califórnia, nos Estados Unidos, entre os dias 23 de junho e 3 de julho de 1952. O livro em inglês foi lançado com uma introdução do professor Richard M. Ebeling, que na época ocupava o cargo de presidente da FEE.

Como em todos os títulos da Coleção von Mises, nesta edição foram adicionados mais alguns textos de outros autores. Um prefácio

Nota à Edição Brasileira

exclusivo para este volume foi escrito pelo professor Antonio Paim. Como apresentação e como posfácio acrescentamos as traduções de Claudio A. Téllez-Zepeda da biografia "The Cultural Background of Ludwig von Mises", escrita pelo cientista político austríaco Erik von Kuehnelt-Leddihn (1909-1999) e lançada em 1997 na série *Studies in Classical Liberalism* pelo Ludwig von Mises Institute, bem como o ensaio "Karl Marx: Communist as Religious Eschatologist" do economista norte-americano Murray N. Rothbard (1926-1995), publicado originalmente na *The Review of Austrian Economics* (Volume 4, 1990).

Incluímos nos nove capítulos, bem como na apresentação e no posfácio, algumas notas de rodapé, elaboradas por nós e devidamente sinalizadas como Notas do Editor (N. E.), com os objetivos de definir termos e conceitos, referendar determinadas citações ou afirmações, esclarecer o contexto histórico-cultural de algum fato ou personagem mencionado pelo autor e indicar a bibliografia de obras citadas ou oferecer estudos complementares. Foram acrescidas, também, algumas notas por Maria Alice Capocchi Ribeiro, identificadas como Notas do Tradutor (N. T.). As notas de rodapé sem nenhum tipo de sinalização, ao longo do texto das palestras de Ludwig von Mises, foram incluídas na edição original em inglês por Richard M. Ebeling, sendo que algumas delas, principalmente as com indicações bibliográficas, foram substituídas por notas do editor. O índice remissivo e onomástico do livro foi ampliado com inclusão de mais conceitos, nomes próprios de pessoas, locais e instituições, além dos títulos de obras citadas ao longo do presente volume.

Expressamos aqui a gradidão, em nome de toda a equipe do IMB e da LVM, pelo apoio inestimável que obtivemos ao longo da elaboração da presente edição de inúmeras pessoas, dentre as quais destaco os nomes de Lawrence W. Reed, Carl Oberg e Jeffrey Tucker da Foundation for Economic Education (FEE) e de Llewellyn H. Rockwell Jr., Joseph T. Salerno e Judy Thommesen do Ludwig von Mises Institute.

Alex Catharino
Editor Responsável da LVM

"As críticas às doutrinas marxistas sempre foram superficiais, pois jamais salientaram como Karl Marx se contradisse e como não conseguiu explicar suas ideias".

Dr. Ludwig Edler von Mises

Escrever para o público norte-americano a respeito dos alicerces culturais de Ludwig von Mises (1881-1973), um de meus eminentes compatriotas, implica em algumas dificuldades: como colocar o leitor em contato com um mundo radicalmente diferente do seu, um mundo distante, que em diversos aspectos não existe mais. Por exemplo, o lugar de nascimento deste eminente economista se localizou, por quase cinquenta anos, dentro dos confins da União Soviética. Quem foi este grande homem e acadêmico? Em qual ambiente viveu antes de ir para os Estados Unidos, onde continuou a publicar seus trabalhos de importância crucial e a inspirar novas gerações de economistas? Precisamos retroceder aos tempos do antigo Império Austro-Húngaro, que naquela ocasião era a segunda maior unidade política da Europa. Somente a Rússia era maior, embora a população da

Apresentação à Edição Brasileira
Os Alicerces Culturais de Ludwig von Mises

Erik von Kuehnelt-Leddihn

Alemanha a superasse ligeiramente. Mises nasceu no dia 29 de setembro de 1881 na cidade de Lwów, na época chamada Lemberg, capital da região conhecida como Galícia. Reino pertencente à Coroa da Áustria, a Galícia era chamada de "Pequena Polônia". Na época, a maioria dos habitantes da cidade eram poloneses; mais de um quarto eram judeus; uma pequena minoria era de ucranianos; e uma porcentagem ínfima era de oficiais austro-germânicos. Entretanto, nitidamente, as classes superiores eram polonesas.

A parte oriental da Galícia pertencera à Polônia desde o século XIV, porém se tornou austríaca na primeira partilha da Polônia em 1772 e, posteriormente, devolvida à Polônia em 1918. É importante ter em mente para poder entender a formação, tanto cultural quanto psicológica de Mises, bem como as raízes de sua filosofia de vida, que as raízes judaicas, a cultura polonesa, o sistema e a fidelidade política austríacas, todas essas coisas estavam interligadas. A variedade foi a tônica elementar da sua prática cultural e, aos doze anos de idade, já sabia os alfabetos germânico, latino, cirílico, grego e hebraico. Quanto a línguas, falava alemão, polonês, francês e entendia ucraniano. No ano em que Ludwig nasceu, seu avô paterno Mayer Rachmiel von Mises (1800-1891) – líder da comunidade israelita – ascendeu à nobreza com o título de *Edler*, que significa "o nobre", uma distinção não tão rara para judeus no Império Austro-Húngaro. Seu pai Arthur von Mises (1854-1903), um empreendedor muito próspero do ramo ferroviário, assegurou que Ludwig tivesse acesso ao melhor da educação clássica. Fez o mesmo pelo outro filho, Richard von Mises (1883-1953), que se tornou professor de Matemática na Universidade de Berlim e, posteriormente, na Harvard University.

Os poloneses desfrutavam de liberdade total na "pequena Polônia", o que não ocorria na Rússia ou na Prússia, e tinham duas universidades próprias. No Parlamento Austríaco, em Viena, desempenhavam um papel muito importante como os verdadeiros sustentáculos do Império Habsburgo multinacional e muitos poloneses viam, nessa dinastia, os futuros governantes de uma Polônia livre e ressuscitada.

Devemos ter em mente que, muito antes da catástrofe das partilhas, os poloneses, como nação aristocrática, apoiavam com tenacidade a liberdade pessoal. Movimentos em prol da liberdade, de fato, foram realizados propriamente pela nobreza, que sempre se opôs ao controle e à pressão centralizadora. Vemos isso na Inglaterra com a *Magna Carta* em 1215, na Hungria com a *Bula Dourada* de 1222, em Aragão com os teimosos *Grandes* e na França com a Fronda, entre

1648 e 1653. No que diz respeito a isso, a Polônia foi mais longe; tornou-se uma monarquia eletiva em 1572 e chamava a si mesma de república. Um dos lemas dessa nobreza bastante independente era: "ameace os reis estrangeiros e resista aos seus próprios"! O poder político estava com a nobreza, que (antes das partilhas) não possuía títulos, e seus requerentes constituíam um quinto da população (a título de comparação, temos a Áustria Alpina com um terço de um por cento, ou a Prússia, com muito menos!). Tratava-se de uma nobreza sem distinções legais e um provérbio dizia: "O nobre em sua casa de fazenda é igual ao magnata em seu castelo". Ademais, dado que todos os nobres eram iguais, não poderiam ser governados por maiorias. No parlamento, o *Sejm*, a oposição de um único homem – o *Liberum Veto* – anulava qualquer proposta de lei.

I - Um Senso de Liberdade

Esse senso de liberdade também estava presente no cenário religioso. A Polônia nem sempre foi um país maciçamente católico. No século XVI, um terço da população era presbiteriana e outro terço era unitarista (socinianos), porém, a Igreja Católica reconquistou a ampla maioria, em grande parte, graças aos jesuítas e a seus esforços culturais: as escolas aceitavam alunos de todas as denominações. Além disso, apoiavam a boa arquitetura, a pintura e, sobretudo, o teatro (os jesuítas foram os iniciadores de nossa tecnologia de palco). Não havia inquisição, nem estacas ou enforcamentos. A Polônia era, em contraste com a Inglaterra, o país mais tolerante da Europa. A liberdade na Polônia era de tal modo que, em 1795, na última partilha, quando a cidade real livre polonesa de Danzig foi anexada à Prússia, seus cidadãos, na maior parte alemães luteranos, combateram com valentia por sua liberdade. Muitas das principais famílias emigraram, tal como os Schopenhauer, que foram para a cidade hanseática de Hamburgo.

Como ficaram os judeus? Tinham chegado à Polônia no século XIV, quando era uma região totalmente agrícola, convidados pelo rei Casimiro (1301-1370), *o Grande*, oriundos principalmente da Alemanha. Na Alemanha, tinham o *privilégio* de assentar-se em guetos, onde possuíam total autogoverno[1]. Já que pelas próprias prescrições rituais não podiam dar mais que dois mil passos no *Shabat*, não podiam residir muito longe da Sinagoga. Obviamente, houve esforços para convertê-los e, caso aceitassem o batismo, tornavam-se automaticamente – como parentes de Nosso Senhor Jesus Cristo – membros da nobreza. Antissemitismo? Tal como em qualquer outra parte, ocorria entre pessoas muito simples, para as quais os descendentes de Abraão pareciam estranhos em seus rituais, vestimentas, linguagem e comportamento, embora os judeus ortodoxos, sobretudo, fossem pessoas de grande piedade e honestidade.

Os poloneses e a liberdade! Não a praticavam somente no próprio país; combatentes da liberdade poloneses eram

---

[1] A este respeito, ver a obra magistral: KISCH, Guido. *The Jews in Medieval Germany: A Study of their Legal and Social Status*. Chicago: The University of Chicago Press, 1949.

ativos em muitas partes do mundo. Dois nobres sobrevivem na memória dos Estados Unidos: Tadeusz Kościuszko (1746-1817) e Kazimierz Pułaski (1745-1779), o único general norte--americano que morreu em solo americano durante a Guerra de Independência – tampouco devemos esquecer de Henryk Dembiński (1791-1864) e Józef Bem (1794-1850), que desempenharam um papel semelhante no Levante Húngaro de 1848-1849. Na Batalha de Legnica em 1241, os cavaleiros poloneses e alemães desviaram os mongóis das planícies do norte da Europa. Os poloneses derrotaram os turcos em 1683, nos portões de Viena, e, em 1920, derrotaram os bolcheviques no *front* de Varsóvia. Por três vezes, salvaram a Civilização Ocidental. O mundo reconhece isso? Claro que não!

A bagagem cultural polonesa, mais do que judaica, foi decisiva nos anos iniciais de Ludwig von Mises, entretanto, isso não conflitou com as ligações com a Áustria e a monarquia. De fato, encontrei Mises pela primeira vez em Nova York, na empresa de nosso antigo príncipe da coroa, o arquiduque Otto von Habsburg (1912-2011), uma pessoa a quem admirava enormemente.

O jovem Ludwig não estudou em uma das duas universidades de língua polonesa, a Universidade de Lwów ou a Universidade Jaguelônica, em Cracóvia, mas sim na Universidade de Viena. No entanto, para conseguir compreender sua evolução intelectual, é importante ter uma ideia de como o sistema continental de educação funcionava. É radicalmente diferente do padrão anglo-americano. Após quatro anos de treinamento básico, a pessoa ingressava – caso os pais fossem ambiciosos – em uma escola que remotamente assemelhada a uma combinação de ensino secundário e universitário durante oito anos (na Alemanha, são nove).

Há três modelos desse tipo de escola: o modelo clássico, com oito anos de latim e seis de grego; o semiclássico, com latim e uma ou duas línguas modernas; e um que é mais científico, somente com línguas modernas. Em todos os três tipos (o clássico tendo, naturalmente, mais prestigioso que os demais), a língua local, Matemática, Geometria, História, Geografia e Religião são matérias ensinadas de modo regular. Física, Química, Biologia e Mineralogia, só ocasionalmente; e há uma introdução à Filosofia no tipo clássico durante apenas dois anos. Era frequente que tais anos escolares muito rigorosos pairassem como uma nuvem sombria sobre as famílias. O fracasso em apenas uma matéria exigia a repetição do ano todo. Esse foi o destino de Friedrich Nietzsche (1844-1900), de Albert Einstein (1879-1955) e, também, de Friedrich August von Hayek (1899-1992)! O jovem Ludwig von Mises, obviamente, obteve a educação clássica: quanto às línguas modernas, aprendeu-as de maneira privada.

II - Estudar Direito

Após obter o diploma de bacharelado, Ludwig von Mises estudou Direito. Aqui, precisamos explicar o caráter das universidades continentais, que não tinham programas de graduação: eram pura e simplesmente escolas de pós-graduação. Tradicionalmente, apresentavam quatro escolas: Teologia, Direito, Medicina e Filosofia, sendo que esta última cobria uma multidão de disciplinas, quase todas pertencentes às humanidades. Os professores eram escolhidos pelos demais docentes, que constituíam um corpo que se autoperpetuava.

No continente, o estudo do Direito – antes e agora – era completamente distinto dos estudos jurídicos na Grã-Bretanha ou nos Estados Unidos. Os primeiros três semestres são dedicados por completo à História e Filosofia do Direito Civil e do Direito Canônico. Não é preciso dizer que, em nossos países, seguimos a tradição de um Direito Romano codificado. Estudos de casos não desempenham papel algum, dado que precedentes não nos vinculariam de modo absoluto. Nas áreas mais práticas que se seguiam a essa longa introdução, o estudo da Economia era preponderante.

Mises considerava as aulas de Direito na Universidade de Viena como muito unilateral e, quanto ao ensino de Economia, com poucas exceções, estava abaixo da média. Ainda jovem, apresentava um senso bastante crítico. Estava demasiado ciente do fato de que nossas universidades, como corpos perfeitamente autônomos, eram financiadas pelo Estado, porém não controladas, estavam inevitavelmente dominadas por camarilhas e facções; nas indicações, e até mesmo laços familiares desempenhavam um papel considerável.

O reitor era chamado de Vossa Magnificência e as universidades eram tão sacrossantas que policiais não podiam entrar. Os criminosos que nelas se escondessem tinham de ser aprisionados pela Legião Acadêmica, composta por estudantes e, então, arrastados para fora, onde eram entregues ao "braço da lei". A liberdade de ensino era ilimitada ("liberdade acadêmica" é um termo traduzido do alemão

"*Wissenschaftsfreiheit*" ou "*Akademische Freiheit*"). Mesmo um professor que, em vez de lecionar, lesse jornais, não podia ser demitido. Cada professor tinha estabilidade no emprego até a idade de 65 ou 67 anos, quando precisava se aposentar com 82% de seu salário final. As qualidades docentes do professor não importavam: não era esperado que o professor fosse um educador, mas sim um acadêmico que proporcionasse aos estudantes a oportunidade de ouvi-lo. É óbvio que esse sistema apresentava sérias desvantagens, porém os professores, mesmo assim, possuíam um prestígio social imenso. De fato, nenhuma outra carreira era considerada tão desejável quanto a de professor universitário, exceto talvez o ingresso no corpo diplomático ou nos cargos administrativos.

III - Ser Professor

Menciono todos esses detalhes porque desempenharam um papel preponderante na vida de Mises. Como podemos imaginar, desde a época de estudante, Ludwig tinha a ambição de se tornar um professor (o mesmo era verdade para seu irmão Richard). Ainda assim, o sonho de Ludwig nunca se concretizou por completo, nem na terra natal, nem no Novo Mundo. A principal razão era o domínio, nas universidades da Áustria, especialmente a de Viena, de duas facções: a Nacional Liberal e a Esquerda. Havia, também, uma pequena minoria de professores que podiam ser considerados Conservadores "Clericais". É importante ter em mente, todavia, que o imperador Francisco José I (1830-1916), nítido representante de toda aquela era na Áustria, era Liberal no sentido amplo do termo (em oposição ao sentido norte-americano), e que os partidos liberais, durante muito tempo, dominaram o cenário austríaco até 1908, quando o princípio desastroso de "um homem, um voto" foi introduzido. O conservadorismo, na Áustria, passou a limitar-se à igreja, ao exército, à aristocracia e a parte do campesinato. Não exercia influência sobre a administração, nas escolas, e nem realmente nos tribunais.

IV - UMA SÍNTESE ESTRANHA

A síntese do nacionalismo étnico (alemão, tcheco, polonês, esloveno, italiano ou ucraniano) e o liberalismo clássico pode parecer um pouco estranha para os norte-americanos, porém era, sem embargo, uma realidade. Uma situação semelhante prevaleceu na Alemanha, onde Otto von Bismarck (1815-1898), originalmente conservador e um patriota prussiano, rompeu com os conservadores e recebeu apoio total do Partido Nacional Liberal, sustentado pelos interesses financeiros da *grande bourgeoisie*, grandes industriais e adeptos de uma forma moderada de Pangermanismo. Os nacional-liberais também eram motivados por um viés anticlerical direcionado contra os católicos e não contra o clero luterano. A *Kulturkampf* de Bismarck, sua luta contra a Igreja Católica que levou ao aprisionamento de bispos, a expulsão dos jesuítas e a introdução do casamento civil compulsório (imitando os franceses), encaixava-se muito bem nesse padrão. Obviamente, tudo isso não agradava aos conservadores prussianos, para quem Bismarck era um homem da esquerda. É claro, o "Chanceler de Ferro" não era nem um pouco tradicionalista. A nova bandeira alemã, em acréscimo ao preto e prata da Prússia, apresentava o vermelho da revolução. Os conservadores prussianos, naturalmente, aferraram-se às antigas cores.

Na Alemanha, assim como na Áustria, duas áreas que, antes da Guerra Alemã-Prussiana de 1866, pertenciam à Liga Germânica liderada pela Áustria, os nacional-liberais eram, o que pode parecer bastante estranho, cultural e politicamente, embora não economicamente, liberais. Como nacionalistas, desejavam um Estado forte e, portanto, eram, por natureza, intervencionistas; para impedir o crescimento do socialismo, promoveram o Estado-provedor. Bismarck ora combatia os socialistas (que se autointitulavam Social-Democratas), ora cooperava com eles, especialmente nos últimos dias, quando Ferdinand Lasalle (1825-1864) ainda estava vivo, um homem odiado por Karl Marx (1818-1883), que o perseguiu com as piores ofensas antissemitas.

Esse fato precisa ser enfrentado: nossos liberais alemães eram, secretamente, adoradores do Estado, porque esperavam que um Estado poderoso pudesse romper com as "forças de antanho". Assim, não eram, de maneira alguma, idênticos a, digamos, os liberais britânicos do tipo de William Ewart Gladstone (1809-1898). Desse modo, a situação, mesmo nas universidades austríacas, era a de que liberais e socialistas não estavam tão distantes. Ainda assim, ao mesmo tempo, também podemos perceber o crescimento de algum tipo de conservadorismo católico romântico que era anticapitalista, antiliberal e antissocialista. Este, buscava, desesperadamente, uma "Terceira Via" e, inevitavelmente, brincava com a ideia de um Estado baseado nas antigas corporações e nas guildas em vez de partidos. Sempre existiu um conservadorismo católico continental baseado em uma suspeita arraigada contra os produtores calvinistas e luteranos, bem como contra os banqueiros judeus (em 1930, dos dez membros do conselho do Banco da França, cinco eram protestantes, quatro eram judeus e um não tinha "denominação"). Daqui decorre, também, a oposição católica contra o "Antigo Liberalismo". Isto pode ser visto claramente no octogésimo artigo do famoso *Syllabus Errorum* [*Sílabo dos Erros*][2].

V - Quatro Escolas

Aqui, mais uma vez, precisamos entrar em outra digressão. Há quatro liberalismos genuínos[3]. O principal representante do Pré-Liberalismo é Adam Smith (1723-1790) – podemos acrescentar, também, o nome Edmund Burke (1729-1797). Os

---

[2] Referência ao documento publicado como apêndice carta encíclica *Quanta Cura*, promulgada em 8 de dezembro de 1864, por Pio IX (1792-1878), no qual são elencados oitenta proposições ou opiniões consideradas errôneas pelo Magistério Romano, dentre as quais a ideia, aqui mencionada pelo autor e condenada pela Igreja Católica no século XIX, segundo a qual *"o Pontífice Romano pode e deve se reconciliar e chegar a um acordo com o progresso, o liberalismo e a cultura moderna"* (PIO IX. *Syllabus Errorum*. §80). (N. E.)

[3] Para uma análise histórica do pensamento dos representantes principais das escolas do Pré-Liberalismo, no Primeiro Liberalismo, do Antigo Liberalismo e do Novo Liberalismo, ver: MERQUIOR, José Guilherme. *O Liberalismo Antigo e Moderno*. Apres. Roberto Campos; Trad. Henrique de Araújo Mesquita. São Paulo: É Realizações, 3ª ed., 2014. (N. E.)

pré-liberais não empregavam esse rótulo pelo simples fato de que o termo nasceu somente em 1812, quando atribuído aos apoiadores da Constituição Espanhola de Cádiz. O termo liberal foi prontamente adotado na França. Em 1816, Robert Southey (1774-1843) utilizou a palavra espanhola *liberales* pela primeira vez em um texto em inglês e *Sir* Walter Scott (1771-1832) referia-se aos *libéraux* na forma francesa. Em pouco tempo, vimos a ascensão dos "Primeiros Liberais" no Continente, na maior parte aristocratas com raízes católicas, iniciando um movimento que durou até o final do século XIX. Alexis de Tocqueville (1805-1859), Charles de Montalembert (1810-1870) e John Emerich Edward Dalberg-Acton (1834-1902), o Lorde Acton, foram os principais representantes dessa fase, porém acrescento o nome de Jacob Burckhardt (1818-1897), um aristocrata agnóstico da Basileia. Essa segunda fase do liberalismo apresentava um caráter principalmente cultural e político, e não econômico. Os antigos liberais constituíram a terceira fase.

VI - O Liberalismo de Mises

É aqui que Ludwig von Mises, mais ou menos, pode ser encaixado. Os antigos liberais interessavam-se fortemente pela economia, mas também por assuntos culturais e políticos; eram "progressistas", anticlericais e, em questões filosóficas, profundamente céticos e convencidos de que crenças dogmáticas conduzem, automaticamente, à intolerância. Muitas vezes (embora não sempre), não partilhavam dos sentimentos antidemocráticos dos primeiros liberais, apoiavam a separação entre Igreja e Estado e, não raramente, aliavam-se à Franço-Maçonaria (deísta).

O Novo Liberalismo ou Neoliberalismo apareceu somente após a Segunda Guerra Mundial. Os neoliberais inspiravam-se fortemente no liberalismo inicial e diferiam dos antigos liberais por simpatizarem muitíssimo com os valores cristãos, por terem maior tolerância a certa intervenção estatal e pela inclinação ao conservadorismo. Seu porta-voz mais eloquente foi Wilhelm Röpke (1899-1966). A ruptura entre os antigos e os novos liberais se tornou evidente em 1961, quando os neoliberais deixaram a Mont Pèlerin Society[4]. Entretanto, o que hoje é chamado de liberalismo nos Estados Unidos (e em nenhuma outra parte) opõe-se frontalmente a todas as formas de liberalismo e não passa de socialismo ralo. Os Estados Unidos, em sua condição de ilha gigantesca no oceano mundial, é vítima, com frequência, da perversão dos termos. Descrevi o triste destino do termo "Liberalismo" nos Estados Unidos em um ensaio publicado na *Intercollegiate Review*[5]. Para confundir mais ainda meus leitores, mencionarei o fato de que escrevo para um periódico polonês chamado *Stańczyk*, que se diz conservador, liberal e monarquista.

---

[4] Uma análise mais detalhada sobre as tensões internas entre alguns membros da Mont Pèlerin Society aparece em: BURGIN, Angus. *The Great Persuasion: Reinventing Free Markets Since the Depression*. Cambridge: Harvard University Press, 2012. p. 87-151. Acerca da visão crítica do economista austríaco em relação tanto a instituição quanto a algum de seus membros, ver: HÜLSMANN, Jörg Guido. *Mises: The Last Knight of Liberalism*. Auburn: Ludwig von Mises Institute, 2007. p. 864-72, 874-81, 1003-11. (N. E.)

[5] KUEHNELT-LEDDIHN, Erik von. "Liberalism in America". *Intercollegiate Review*, Volume 33, Number 1 (Fall 1997): 44-50.

VII - Nacional Liberalismo

Ainda assim, o tipo germânico de Nacional Liberalismo sustentava posições antiliberais e mercantilistas no domínio da economia. Refletindo o caráter coletivista do *Nationalismus*, nossa palavra para etnicismo, isso não é de surpreender. Qualquer coletivismo entra em conflito com o liberalismo genuíno. A antiga ordem, em nossa parte do mundo, era "vertical" e patriota, e não "horizontal" e nacionalista. Nossas dinastias, como regra, tinham origens estrangeiras, eram etnicamente heterogêneas e, com habitualidade, compreendiam casamentos com estrangeiros. O mesmo valia para a aristocracia. Com a poderosa ascensão das classes médias, tudo isso foi posto em xeque. E era óbvio que Ludwig von Mises não se sentia judeu, polonês ou alemão, mas austríaco. Com profunda ansiedade, olhava para o futuro, temendo a possibilidade de que o coletivismo – étnico e socialista – pudesse rasgar a monarquia em pedaços. Temeu que a monarquia dual fosse destruída, que a área caísse sob o domínio de Berlim ou Moscou, ou que fosse particionada entre eles. Todos esses eventos ocorreram entre 1938 e 1945. A ameaça imediata, no entanto, era aquilo que *Sir* Denis William Brogan (1900-1974) e Raymond Aron (1905-1983) chamavam de "Segunda Guerra da Sucessão Austríaca", que começou em 1914, fosse seguida por uma terceira, em 1939[6].

---

[6] O sociólogo francês Raymond Aron utiliza a expressão no livro *Les Guerres en chaîne* [*As Guerras em Cadeia*], lançado em 1951 e traduzido para o inglês em 1954 com o título *The Century of Total War* [*O Século da Guerra Total*]. No original

VIII - MISES FICA SÓ

Todos esses apavorantes eventos históricos foram encarados por Ludwig von Mises como pensador isolado. Nunca pertenceu por completo a um campo específico do conhecimento. Sempre foi uma cavilha quadrada em um buraco redondo, um fato que F. A. Hayek enfatizou em sua introdução às memórias de Mises, na obra intitulada *Erinnerungen*[7] [*Memórias*]. Disse que era sabido que judeus eram claramente intelectuais de esquerda de timbre socialista, também era sabido que judeus banqueiros e industriais defendiam a livre empresa, porém ali havia um pensador sólido que defendia

---

em francês, ver: ARON, Raymond. *Les Guerres en chaîne*. Paris: Gallimard, 1951. A edição em inglês é a seguinte: ARON, Raymond. *The Century of Total War*. Trad. E. W. Dickes and O. S. Griffiths. Boston: Beacon Press, 1954. Nas palavras do historiador escocês Denis William Brogan: *"O que se chamaria de a 'Grande Guerra', depois de a 'Guerra Mundial' e, por fim, de a 'Primeira Guerra Mundial' começou como se fosse uma segunda Guerra da Sucessão Austríaca"* (BROGAN, Denis William. *The French Nation from Napoleon to Petain, 1814-1940*. New York: Harper, 1957. p. 236.). A chamada Guerra de Sucessão Austríaca foi um conflito que ocorreu entre 1740 e 1748, envolvendo os reinos da França, da Prússia, da Espanha, da Sicília, de Nápoles e da Suécia, os eleitorados da Baviera e da Saxônia, e a república de Gênova, de um lado, e, do outro, o Império de Habsburgo, o Reino Unido, o Império Russo, o reino da Sardenha, o eleitorado de Hanôver e a República Unida dos Países Baixos. A mais completa obra sobre esta guerra é: BROWNING, Reed. *The War of the Austrian Succession*. New York: St Martin's Press, 1993. O autor, seguindo a analogia de Aron e de Brogan, apresenta o início da Segunda Guerra Mundial como uma espécie de terceira Guerra de Sucessão Austríaca. (N. E.)

[7] MISES, Ludwig von. *Erinnerungen*. Pref. Margit von Mises; intr. F. A. Hayek. Stuttgart: Gustav Fischer Verlag, 1978. [Em língua inglesa a obra foi lançada como: MISES, Ludwig von. *Memoirs*. Pref. Jörg Guido Hülsmann; intr. F. A. Hayek; trad. Arlene Oost-Zinner. Auburn: Ludwig von Mises Institute, 2009. (N. E.)].

uma doutrina verdadeiramente direitista e genuinamente liberal. Para piorar as coisas, Mises era, conscientemente, um nobre, um verdadeiro cavalheiro, que rejeitava qualquer comprometimento e que nunca dissimulava os pensamentos ou as convicções. Se alguém ou alguma coisa fosse patentemente estúpida, ele o dizia, e tampouco podia tolerar a covardia ou ignorância. Um homem com essas qualidades era suspeito para os filisteus que estavam tão bem representados nos diversos departamentos de nossas universidades. Assim, enfrentou dificuldades, até mesmo para se tornar um *Privatdozent* (professor assistente não pago) e, posteriormente, um *ausserordentlicher Professor* (chamemos de "professor associado não remunerado"). Nunca se tornou, por completo, um professor. A inveja, o velho cancro da Áustria (e não somente da Áustria), fazia-se sentir especialmente nos domínios da vida intelectual e artística – e isso incluía as universidades.

Além de estudar as Humanidades, Mises concentrou-se na Economia. Sem alguns fundamentos filosóficos, teológicos, psicológicos, históricos e geográficos, a Ciência Econômica não é compreensível. O "economista" que não sabe nada além de finanças, produção e dados de vendas é, segundo Mises (e todos os seguidores da Escola Austríaca), um bárbaro – e um péssimo economista. Obviamente, o cenário austríaco, e em particular o vienense, mesmo durante a Primeira República, detentora do capital intelectual acumulado durante a monarquia, proporcionou a Mises uma rica herança. Também é óbvio que muitas mentes brilhantes não estavam relacionadas com o meio universitário. Sigmund Freud (1856-1939) tinha meramente o título honorário de professor, porém não exercia – o mesmo valia para seu antagonista, Alfred Adler (1870-1937). Freud era, politicamente, um homem da direita[8] – *vide* também seu juízo devastador acerca de Woodrow Wilson (1856-1924)[9]. Na Alemanha, a situação não era diferente. Nem Arthur Schopenhauer (1788-1860), nem Oswald Spengler (1880-1936) eram professores universitários.

IX - O CENÁRIO INTELECTUAL VIENENSE

O cenário intelectual em Viena era rico, mais rico que em Berlim, porque Viena, até 1918, foi a metrópole de um império que compreendia uma dúzia de nacionalidades e seis grandes corpos religiosos[10]. A área germanófona não contava, no entanto, com um centro intelectual como a França – com a Universidade de Paris e a Sorbonne. A Universidade de Viena era apenas um dos muitos lugares de ensino superior, porém persiste o fato impressionante de que se falamos da "Escola Austríaca", é necessário esclarecer o que se quer

---

[8] Uma das mais completas biografias do pai da psicanálise é o livro: GAY, Peter. *Freud: Uma Vida para o Nosso Tempo*. Trad. Denise Bottman. São Paulo: Companhia da Letras, 1989. (N. E.)

[9] FREUD, Sigmund & BULLITT, William C. *Thomas Woodrow Wilson: Twenty--eighth President of the United States A Psychological Study*. Boston: Houghton Mifflin, 1966. (N. E.)

[10] Uma análise da cultura vienense no período é apresentada em: SCHORSKE, Carl E. *Viena fin-de-siècle*. Trad. Denise Bottmann. São Paulo: Companhia das Letras, 1988. Ver, também: JANIK, Allan & TOULMIN, Stephen. *A Viena de Wittgenstein*. Trad. Álvaro Cabral. Rio de Janeiro: Campus, 1991; BETTELHEIM, Bruno. *A Viena de Freud e Outros Ensaios*. Trad. Lia Wyler. Rio de Janeiro: Campus, 1991. (N. E.)

dizer por isso. Existe uma escola musical, etnológica, filosófica e, por último, mas não menos importante, uma Escola Austríaca de Economia conhecida por todo o mundo, com exceção da própria Áustria. Mises foi um dos representantes mais importantes desta Escola Austríaca, ao lado de Hayek.

X - A Câmara de Comércio

Diante da oposição que encontrou na universidade, Ludwig von Mises buscou um emprego estável na *Handelskammer*, a Câmara de Comércio semioficial. Após 1920, o governo austríaco se encontrava em grande parte nas mãos do Partido Social-Cristão, um partido clerical-conservador, que acabou por dar origem à ditadura de Engelbert Dollfuss (1892-1934) e à Frente da Pátria. Esse partido precisou enfrentar os socialistas internacionais e, posteriormente, os nacional-socialistas. Mises, como um agnóstico e liberal genuíno, não apresentava um entusiasmo inato pelos social-cristãos, mas, ao julgar desapaixonadamente a situação precária da Áustria, sabia que um homem decente e responsável precisava colaborar com esse governo[11]. Como conselheiro econômico e financeiro, manteve contato próximo com o chanceler federal, o monsenhor Ignaz Seipel (1876-1932), a quem chamava de "um padre nobre", um homem distinto que terminou

---

[11] Sobre esta questão, ver: VOEGELIN, Eric. *The Authoritarian State: An Essay on the Problem of the Austrian State*. Ed. e intr. Gilbert Weiss; comen. Erika Weinzierl; trad. Ruth Hein. Columbia: University of Missouri Press, 1999. (*The Collected Works of Eric Voegelin*, Volume 4). (N. E.)

assassinado a tiros por um socialista fanático (posteriormente, Dollfuss foi assassinado pelos nacional-socialistas). Os conselhos de Mises, em geral, eram acatados, porém, às vezes, ignorados. Tenhamos em mente que, nos anos de um governo clerical, esse intelectual aristocrata judeu era um "ponto fora da curva" que não se encaixava em nenhum padrão estabelecido.

XI - A Ameaça do Socialismo

Ludwig von Mises tinha uma mente muito imaginativa, porém dada a situação da Primeira República, foi e permaneceu pessimista porque percebeu que vivia em uma época em que os apetites e o idiotismo das massas dominavam o cenário. A única vantagem que via na democracia era a mesma enfatizada por *Sir* Karl Popper (1902-1994), isto é, a transição não sangrenta de um governo para outro, embora Mises também soubesse muito bem que tal mudança poderia ser para pior, infinitamente pior, caso recordemos dos anos de 1932 e de 1933 na Alemanha. Lendo seu *Erinnerungen*, ficamos impressionados por seu menosprezo não somente para com o *Spiesser*, o filisteu, mas também pelas massas acéfalas. Não podemos nos esquecer de que, tal como Allan Bloom (1930-1992) nos diz em *The Closing of the American Mind*[12] [*O Fechamento da Mente Norte-americana*], as mentes

---

[12] BLOOM, Allan. *The Closing of the American Mind: How Higher Education Has Failed Democracy and Impoverished the Souls of Today's Students*. New York: Simon & Schuster, 1987.

europeias de primeira categoria se encontravam sempre na Direita. Mises, naturalmente, não tinha ambições políticas, porém, como pensador independente, desejava ser ouvido. Sempre expressou seus pontos de vista de maneira direta, não tolerava a hipocrisia.

Na Primeira República, entre 1918 e 1933, testemunhou não somente a incompetência dos vários governos, a ameaça totalitária do socialismo, e o nacionalismo-racismo alemão degenerando no nazismo, mas também a ignorância sem fim e fraqueza das potências ocidentais, que não deram à pequena república alpina uma ajuda efetiva. O único protetor possível da Áustria era a Itália fascista que, diferentemente da França ou da Grã-Bretanha, fazia fronteira com os remanescentes da monarquia do Danúbio, porém Anthony Eden (1897-1977) conduziu Benito Mussolini (1883-1945) às mãos de Adolf Hitler (1889-1945). "Os britânicos são simplesmente incapazes de aprender!", era uma reclamação frequente de Ludwig von Mises. Previu o *Anschluss* (abençoado pelas "democracias") e, bem a tempo, aceitou um convite da *Institut de Hautes Études Internationales et du Développement* (IHEID) [Instituto Universitário de Altos Estudos Internacionais], uma escola de pós-graduação em Genebra, na Suíça, onde lecionou após 1934, embora ainda mantivesse contato com sua amada Câmara de Comércio em Viena. No entanto, mesmo em Genebra, não se sentiu completamente seguro e o governo suíço, apavorado com a agressividade do Terceiro Reich, tentou silenciar os refugiados que viviam no interior de suas fronteiras. Assim, o economista austríaco direcionou-se para as margens mais seguras do Novo Mundo, e conseguiu atingi-las durante a guerra.

XII - Mises como Professor

Como era sua capacidade como professor? As aulas na Universidade de Viena eram bem frequentadas e dava ênfase, como naturalmente seria de esperar, em seu seminário. Porém a maior parte dos professores não gostavam de Ludwig von Mises, e um aluno cujos registros provavam que tinha estudado com ele foi tratado com a maior severidade. Assim, alguns dos alunos pediram a Mises que os admitisse em seu seminário sem que, de fato, fossem registrados no *Index*, a caderneta. Não é necessário dizer que esses estudantes tímidos não recebiam "créditos" (para usar a expressão norte-americana) pelo seminário. Simplesmente desejavam se beneficiar da riqueza do pensamento desse gigante intelectual. As obras dos colegas, atualmente, encontram-se no esquecimento, porém o legado de Mises, a despeito de sua falta de popularidade, ainda vive, e assim será pelos tempos vindouros. Se aqueles que estão no poder seguirão seus conselhos e tomarão à sério as admoestações, isto é, por certo, uma questão totalmente diferente.

XIII - O Seminário Privado

Além dos seminários oficiais assistidos por estudantes comuns, Mises, sempre ávido por difundir suas ideias, também mantinha um seminário privado. Em uma sala grande da Câmara de Comércio, a cada quinzena convidava um grupo de estudantes de pós-graduação e pessoas distintas, homens e mulheres, que posteriormente, em suas vidas, deixaram suas marcas no campo da economia e em outros domínios. Aqui, desejo mencionar Friedrich Engel von Jánosi (1893-1978), um notório historiador austríaco, que também lecionou em universidades norte-americanas. Entretanto, os três economistas mais conhecidos do grupo eram o já citado F. A. Hayek, Gottfried von Haberler (1900-1995) e Fritz Machlup (1902-1983), sendo que todos os três se tornaram, posteriormente, professores nos Estados Unidos. Hayek, quero destacar, não começou como economista, mas sim como biólogo. Participou no último ano da Primeira Guerra Mundial (tentando, assim como Mises, que foi gravemente ferido, ajudar a evitar que "o mundo ficasse seguro para a democracia"). Essa experiência transformou sua mente. Decidiu buscar uma carreira que o colocasse em contato com as pessoas, com a vida real, em vez de ficar isolado em um laboratório. Entretanto, como sabemos por intermédio de seus escritos, nunca desistiu de seus interesses nas ciências rigorosas, assim como nas outras áreas das Humanidades, sobretudo a Ciência Política.

A Economia também pode ser colocada em uma torre de marfim, contudo, Mises se recusou a viver dentro de uma tal estrutura. Permaneceu solteiro por um longo tempo, desfrutando da vida social da Viena imperial e mesmo da vida mais desagradável da Viena republicana. O que Viena poderia oferecer a um homem tão culto como Mises? Havia uma pletora de autores como Arthur Schnitzler (1862-1931), Stefan Zweig

(1881-1942) e Hermann Broch (1886-1951); compositores como Anton von Webern (1883-1945), Gustav Mahler (1860-1911), Alban Berg (1885-1935) e Arnold Schönberg (1874-1951); e filósofos como Rudolf Carnap (1891-1970), Moritz Schlick (1882-1936) e Ludwig Wittgenstein (1889-1951). Max Weber (1864-1920) foi professor convidado em Viena e se tornou um amigo próximo de Mises. Também havia nomes tais como Robert von Musil (1880-1942), Rainer Maria Rilke (1875-1926), Hugo von Hofmannsthal (1874-1929), pintores como Oskar Kokoschka (1886-1980), Gustav Klimt (1862-1918) ou Egon Schiele (1890-1918), e não podemos nos esquecer dos grandes médicos, muitos deles membros da nobreza, que desfrutavam, em Viena, de uma posição social que não existia em nenhum outro lugar. Na república, eram honrados nas moedas e nos selos. Em acréscimo, havia grandes entretenimentos: concertos de primeira classe, dois teatros de ópera, o *Burgtheater*, o teatro privado do imperador (que era totalmente acessível ao público), o *Theater inder Josefsstadt*, o teatro do repertório de Max Reinhardt (1873-1943), onde as peças mais originais eram encenadas, e muitos outros teatros subsidiados. Mises era um assíduo frequentador do teatro e, para ele, outras artes refinadas também eram muito importantes. Como um homem culto do continente, obviamente gostava de ler o que nós, na Alemanha, chamamos de *schöngeistige literatur* (e, na França, *belles lettres*) – não somente "ficção". Quando encontrei Mises pela primeira vez, ele lamentou a morte de Robert von Musil durante seu exílio na Suíça. Posso entender por que Mises admirava a obra de Musil, uma alma semelhante e "muito austríaca". Mises precisava das artes para compensar sua melancolia crescente misturada com uma verdadeira indignação diante do colapso gradual da civilização ocidental e da cultura com que estava tão solidamente relacionado.

XIV - Mises nos Estados Unidos

Nos Estados Unidos, Ludwig von Mises encontrou uma ressonância considerável nos círculos chamados conservadores e libertários. Sua carreira universitária, entretanto, foi prejudicada por mesquinhez e preconceitos semelhantes aos que já tinha encontrado em Viena – embora viessem de quadrantes totalmente distintos. Sem a ajuda de fundações generosas, suas condições de vida teriam permanecido bastante limitadas. É fato bem conhecido que livros acadêmicos de nível verdadeiramente alto não se tornam *best-sellers* – embora *Human Action: A Treatise on Economics*[13] [*Ação Humana: Um Tratado sobre Economia*], de 1949, tenha sido selecionado para o Clube do Livro do Mês.

Mises, como poderíamos esperar, tinha uma boa percepção do cenário norte-americano. Descobriu rapidamente as razões sócio-psicológicas que faziam com que o ambiente acadêmico norte-americano tendesse para a esquerda. Nos salões da academia, Mises parecia ser um pensador bastante

---

[13] O tratado está disponível em português na seguinte edição: MISES, Ludwig von. *Ação Humana: Um Tratado de Economia*. Trad. Donald Stewart Jr. São Paulo: Instituto Ludwig von Mises Brasil, 3ª ed., 2010. (N. E.)

excêntrico que trabalhava sob a "limitação germânica" de um modo de raciocinar extremamente sistemático, rígido e inflexível. Não estava, de fato, preparado para se "assimilar" ao entorno. Talvez não fosse apreciado em geral, mas tinha discípulos fiéis e, muito merecidamente, admiradores genuínos. Apregoava o individualismo e era um individualista. Avesso às vacilações, não se esforçava para ser popular, mas sim em viver em prol da verdade. Para muitos norte-americanos e ingleses, algumas de suas ideias pareciam hiperbólicas, como por exemplo a entrega dos correios à iniciativa privada (o que, hoje, é uma realidade em diversos países).

O economista austríaco não era um "companheiro comum", mas sim um cavalheiro da velha guarda e, acima de tudo, um grande acadêmico que redescobriu verdades permanentes esquecidas e ridicularizou novas superstições. Nunca desistiu. Batalhou até seu último suspiro, em 10 de outubro de 1973. Talvez ele se recordasse da primeira linha do Hino Nacional da Polônia, que ouviu com frequência durante a infância: "A Polônia ainda não está perdida"! Desde então, ela se reergueu das cinzas por duas vezes. Bom, a liberdade ainda não está perdida se nós, assim como Ludwig Edler von Mises, realmente lutarmos por ela.

Na época em que Ludwig von Mises (1881-1973) pronunciou a série de conferências reunidas neste volume, na década de 1950, encontrávamo-nos em plena Guerra Fria. Tratava-se de uma batalha que se desenvolvia em várias frentes. O autor entendia que, no país que a liderava do lado ocidental, os Estados Unidos, havia uma certa subestimação do papel das ideias. Assim, desenvolveu a sua exposição em duas frentes. De um lado, reuniu elementos comprobatórios da larga influência do marxismo alcançada no Ocidente e da virtual inexistência de uma crítica sistemática a esta doutrina. Do outro, analisou e refutação de suas teses centrais.

Partiu da tese de que a crítica às doutrinas econômicas de Karl Marx (1818-1883) se limitam à obra daquele que, ao lado do próprio Mises, é considerado um dos fundadores da Escola Austríaca de Economia:

Prefácio à Edição Brasileira

Antonio Paim

Eugen von Böhm-Bawerk (1851-1914), cujas teses foram expostas ainda na década de 1880. A aplicação dessa doutrina na Rússia e no Oriente mereceria, entretanto, uma atualização. No presente trabalho, Mises registra que os marxistas mais ortodoxos tentaram reavivá-las ou reformulá-las. Afirma que *"praticamente não havia nenhuma crítica sensata às doutrinas filosóficas de Karl Marx"*[1].

Na visão de Mises, os Estados, os governos e os partidos conservadores nem sempre se opuseram ao socialismo. Pelo contrário, os funcionários de um governo apresentam tendência a um viés em favor da expansão do poder governamental; poderíamos até afirmar que existe uma "doença profissional" por parte do quadro geral do governo, para favorecer mais e mais atividades governamentais. Foi precisamente este fato, essa propensão dos governos, o que facilitou a

---

[1] Na presente edição, ver: "O Marxismo e a Manipulação dos Homens". p. 147.

adesão ao socialismo – e muitos governos realmente adotaram o socialismo –, que impõe a crítica ao marxismo.

Depois de analisar historicamente aspectos da evolução de diversos países europeus, conclui:

> Não se pode dizer que existe uma real oposição aos ensinamentos e programas sociais do marxismo. Por outro lado, é importante compreender que não há sempre e necessariamente uma ligação entre o antimarxismo, uma filosofia ideológica, e a liberdade econômica.[2]

Prosseguindo, afirma taxativamente que o marxismo se tornou a principal filosofia de nossa época. Assinala que algumas correntes de pensamento atuaram em favor desse desfecho. Cita o positivismo de Auguste Comte (1798-1857) como uma corrente, muito popularizada na Europa e em outros países (o Brasil entre eles, indicamos) e a doutrina muito influente na psicologia norte-americana, o behaviorismo. Escreve que *"Comte era um socialista semelhante a Marx"*[3]. Em relação ao behaviorismo, destaca sua tese central de que as pessoas estariam condicionadas ao capitalismo pelos mais diversos fatores.

Enfatiza que as filosofias se popularizam, em geral, recorrendo a fórmulas reduzidas com que passam a ser citadas. Em relação ao marxismo, difundiu-se a ideia de que temos

---

[2] *Ibidem.*, p. 153.
[3] *Ibidem.*, p. 157.

que aceitá-lo porque Karl Marx, iluminado pela Providência, descobriu a lei geral da evolução histórica.

Conclui que a maior filosofia do mundo de hoje é o materialismo dialético – a ideia da inevitabilidade de que estamos sendo conduzidos ao socialismo. Os livros escritos até hoje não conseguiram contradizer esta tese. As conferências que ora comentamos destinam-se a preencher essa lacuna.

Ao designar conjunto de conferências com o título de *O Marxismo Desmascarado*, Ludwig von Mises encontrou o termo plenamente adequado ao sentido de sua análise. Com efeito, o que mais se destaca nesse conjunto é *mostrar a realidade que se esconde* sob a pretensa cientificidade do marxismo. Sua pretensão é ter tornado científico o conhecimento da sociedade, estabelecendo as leis de seu funcionamento. Vale dizer, teria conseguido revestir de absoluta consistência os conceitos em torno das quais se estrutura. É o que compete avaliar e o faz com extraordinária competência, como tentaremos demonstrar com alguns exemplos extraídos da obra que ora é entregue ao púbico brasileiro em sua própria língua.

Pode-se considerar *classe social* como o conceito central dessa doutrina. Mises desde logo chama a atenção para esta circunstância: em vão o leitor procurará na obra de Marx uma definição precisa de classe social. Ao invés disto, parte do pressuposto de que a simples referência aos interesses de classe levariam os indivíduos e as classes a agir em consonância com tais interesses.

Em face dessa tese, Mises entende que duas perguntas devem ser feitas. Seriam, 1ª) a que fins tais interesses levam as pessoas; e, 2ª) quais métodos as pessoas pretendem usar para atingir tais fins?

A consideração do papel dos sindicatos serve ao nosso autor como exemplo do emaranhado a que conduz a simplificação marxista. Resumo sua argumentação.

Marx declarou que os interesses de uma classe eram óbvios – não poderia haver qualquer dúvida sobre eles – todos deveriam conhecê-los. Então, aparece alguém que não pertence ao proletariado, um escritor e advogado, que diz que os sindicatos estão errados. *"Essa política é inadequada"*, ele diz. *"Vocês devem mudar radicalmente tal política"*[4]. Aqui, toda a ideia e o papel que atribui à classe cai por terra, bem como a dedução que empreende ao afirmar que um indivíduo pode errar alguma vez, mas uma classe como um todo jamais comete erros.

E tem mais. Marx acreditava ter descoberto o que ele mesmo batizou de *lei de ferro dos salários*. Mises apresenta o inteiro teor dessa "lei", que seguiremos.

Segundo essa lei, o valor de um salário é determinado pela quantidade de alimentos e outras necessidades vitais à preservação e reprodução da vida, para sustento dos filhos dos trabalhadores até que cresçam e possam trabalhar nas fábricas. Se o valor dos salários ficar acima do valor dessas necessidades, o número de trabalhadores aumentará e tal aumento o anulará, acarretando a diminuição salarial. Os

---

[4] Na presente edição, ver: "Conflitos de Classe e o Socialismo Revolucionário". p. 97.

salários jamais podem cair abaixo desse ponto vital de necessidade, pois haveria consequente falta de mão de obra.

A essa exposição, Mises adiciona o seguinte comentário que vale a pena transcrever: *"Essa lei considera o trabalhador algum tipo de micróbio ou roedor sem qualquer força de vontade ou livre escolha"*[5].

Na sequência, lembra que considerava essa "lei" como uma descoberta bastante esclarecedora da natureza do capitalismo. Ao mesmo tempo, contudo, alardeava a tese que ele mesmo denominaria de "pauperização absoluta e relativa do proletariado". Justamente a emergência desse polo de pobreza, confrontado ao concomitante polo de riqueza, conduzirá à revolução proletária.

Cabe então perguntar: qual dessas "leis", a precedente (lei de ferro salarial) ou a subsequente (pauperização) tem validade. À primeira vista, uma anula a outra. Por sorte, o curso histórico as ignorou solenemente, poupando-nos de decidir por nossa conta sem o socorro da sapiência de Karl Marx.

Prosseguindo em sua análise, Mises insere interessante comentário, adiante sintetizado.

Ao difundir a ideia de empobrecimento progressivo dos trabalhadores, mostra Mises:

> [...] não percebeu que a principal característica do capitalismo é a produção em larga escala para atender às necessidades das massas, e que o principal objetivo dos capitalistas é produzir

---
[5] *Ibidem.*, p. 98.

para grandes massas. Marx também não compreendeu que no capitalismo o cliente sempre está certo. Na condição de assalariado, o trabalhador não consegue determinar o que precisa ser produzido, mas como cliente, torna-se o patrão e diz ao empregador, o empresário, o que fazer. O patrão deve obedecer às ordens dos trabalhadores, visto que são membros do público comprador.[6]

Logo adiante, Mises apontará outra brutal contradição no enunciado de outra tese central do marxismo.

Por um lado, Marx escreveu sobre a *inevitabilidade* do socialismo. Mas, por ouro lado, organizou um movimento socialista, um partido socialista, declarou repetidamente que o socialismo era revolucionário e que a derrubada do governo pela força era necessária para permitir o advento do socialismo. Em que ficamos, no final das contas: acontecerá espontânea e inexoravelmente, ou precisará ser provocado esse tal advento do socialismo?

Outra questão delicada seria aquela suscitada pelas divergências entre os próprios marxistas. Mises questiona: se os proletários devem pensar segundo os *"interesses"* de sua classe, como pode haver discordância entre os proletários, quando um deles é denominado de *"traidor social"*[7]? Depois de Karl Marx e de Friedrich Engels (1820-1895), o grande homem do comunismo foi o alemão Karl Kautsky (1854-1938). Em 1919, quando Vladimir Lenin (1870-1924) tentou

---

[6] *Ibidem.*, p. 99.
[7] *Ibidem.*, p. 104-05.

revolucionar o mundo inteiro, Karl Kautsky se opôs à ideia. E, devido a esse desacordo, o ex-grande homem do partido se tornou, da noite para o dia, um "traidor social" – além de vários outros nomes.

Como se vê, nem é necessário recorrer à evolução do curso histórico para desacreditar as predições de Karl Marx. Basta seguir o desenvolvimento de suas teses para encontrar, na página seguinte, algo que anula e desacredita o que foi dito precedentemente. É o que nos mostram, de maneira concisa e convincente, as conferências sobre as quais buscamos dar uma breve notícia.

Há ainda um outro postulado de Marx cujo comentário de Mises caberia registrar. Diz respeito ao entendimento de que, na sociedade, são as forças produtivas que criam todo o resto, o que chama de "superestrutura".

Mises destaca que o *"materialismo dialético afirma que as forças produtivas materiais vêm ao mundo – não se sabe como elas vêm, nem de onde vêm"*[8]. Ademais, toda a criação humana, a cultura e seus resultados materiais passam a se revestir de uma estrutura de classe, inclusive a ciência. O mais grave é que esse enunciado dogmático, que no fundo se reduz à "sociologia" do materialismo dialético, encontra-se em duas páginas constantes do Prefácio ao frustrado livro *Kritik der Politischen Ökonomie* [*Contribuição à Crítica da Economia Política*], de 1859. É depois de sua publicação e insucesso que Marx decidiu elaborar a obra *Das Kapital* [*O Capital*], cujo primeiro volume foi lançado em 1867, e

---

[8] Na presente edição, ver: "O Marxismo e a Manipulação dos Homens". p. 149.

não mais voltaria ao assunto. Engels ressuscitou esse texto ao incluí-lo no terceiro volume de *O Capital*, lançado postumamente em 1894, que, não concluído por Marx, reúne textos dispersos de sua autoria.

Em seu texto, Mises demonstra cabalmente que Marx estava tão imbuído do que supunha que seria o desenvolvimento da sociedade em geral, que manifesta o mais solene desinteresse pelo curso real dos acontecimentos. Para comprovar essa conclusão, desvenda as implicações da tese marxista de que o capitalismo promoveria uma espécie de equalização mundial entre as nações. Indica que, no fundo, ignorou o princípio da nacionalidade e o papel que o nacionalismo exerce em toda parte, inclusive na Europa. A esse propósito, expressa a seguinte observação:

> Marx não tinha a habilidade de aprender pela observação de acontecimentos políticos e pela literatura política publicada na época. Para ele, praticamente nada mais existia, exceto os livros dos economistas clássicos que encontrou na biblioteca do Museu Britânico e as audiências das Comissões Parlamentares Britânicas. Nem sequer sabia o que acontecia no próprio bairro. Não percebeu que muitas pessoas estavam lutando, não pelos interesses do proletariado, mas pelos princípios da nacionalidade[9].

---

[9] Na presente edição, ver: "Nacionalismo, Socialismo e a Revolução Violenta". p. 133-34.

E, logo adiante:

O princípio da nacionalidade foi ignorado completamente por Marx. Este princípio pregava que cada grupo linguístico forma um Estado independente e que todos os membros de um grupo dessa natureza devem ser reconhecidos e unificados. Esse foi o princípio catalizador dos conflitos europeus[10].

Mises afirma que Karl Marx e seu parceiro Friedrich Engels não gostavam do movimento nacionalista e nunca tomaram conhecimento dele. Ele não se encaixava em seus planos ou programas.

Já em 1848, considerava que o socialismo estava próximo. Levando em conta essa teoria, não havia qualquer razão para a constituição de um Estado separado linguisticamente. Um Estado desse tipo só poderia ser temporário. Marx simplesmente presumia que a era das nacionalidades havia chegado ao fim e que estávamos às vésperas de uma era em que não existiriam mais quaisquer diferenças entre os homens, que passariam a ser todos iguais. Nunca houve qualquer alusão, nos escritos de Marx, ao idioma que as pessoas usariam em seu projeto de Estado mundial, ou a nacionalidade do ditador desse Estado.

Na idealização desse mundo a que o proletariado dará nascedouro, especificamente no tocante à guerra, Mises afirma que Marx teria sofrido influência dos liberais da Escola de Manchester, o que obviamente não pode ser aceito pelos

---

[10] *Ibidem.*, p. 134.

marxistas. Mises argumenta, contudo, em que pese a esse mal-estar, foram os Liberais de Manchester que avançaram a tese segundo a qual, estabelecida a liberdade de comércio, desaparecerá a causa das guerras.

Textualmente o economista austríaco afirma:

> O uso do termo "liberalismo de Manchester" sempre como um insulto nos mostra sua tendência de esquecer o essencial da famosa declaração do Congresso de Manchester que deu origem ao termo – que no mundo do livre comércio já não há qualquer razão para as nações lutarem entre si. Se existe liberdade de comércio e cada nação pode desfrutar dos produtos de todas as outras nações, a causa fundamental da guerra desaparece. Os príncipes estão interessados em aumentar o tamanho territorial de suas províncias para adquirir mais renda e poder, mas as nações, como instituições, não estão interessadas nisso, pois tal expansão não faz qualquer diferença para o livre comércio. E na ausência de barreiras de imigração, não importa para o cidadão se o seu país é grande ou pequeno. Por esta razão, segundo os liberais de Manchester, a guerra desaparecerá sob o regime democrático popular. O povo não será, então, a favor da guerra porque nada têm a ganhar – apenas têm de pagar a conta e morrer na guerra[11].

Marx pressupôs que isso se aplicaria também ao mundo intervencionista que se desenvolvia a seus próprios olhos. Esse foi um dos equívocos fundamentais do marxismo.

---

[11] *Ibidem.*, p. 137.

Marx não era um pacifista. Nunca declarou que guerra era algo de ruim.

Essa doutrina terá induzido a Internacional Comunista a discutir a paz, declarando que todos eram proletários e que nunca lutariam em guerras da burguesia.

Outra solução improvisada seria apontada por Mises no caso da denominação dos objetivos do movimento comunista.

O que Marx pregava era o comunismo. Seu manifesto de 1848 preconizava o comunismo. O termo socialismo, quando introduzido na segunda metade da década de 1830, significava exatamente o mesmo que comunismo, ou seja, a estatização da economia, o fim da iniciativa privada.

No início, a denominação de comunismo era a mais popular, mas paulatinamente caiu no esquecimento e o termo socialismo foi adotado quase que exclusivamente.

A bandeira comunista era aquela içada por Lenin. Contudo, vitorioso denominou a nova Rússia de União das Repúblicas Socialistas Soviéticas (URSS). Como era isto, afinal? A estatização da economia não levou à igualdade da remuneração, circunstância de que se valiam os críticos do regime.

No final da década de 1920, Josef Stalin (1878-1953) tentou, na Terceira Internacional, atribuir outro sentido ao regime comunista, proposta que não foi aceita, tendo a URSS mantido inalterada sua denominação. Em face de tal resultado, contentou-se em postular que o socialismo seria o estágio inferior, e o comunismo o superior. No estágio inferior, manter-se-ia a diferença de remuneração, adiando a igualdade para mais tarde.

De nossa parte, cumpre-nos lembrar que esses arranjos acabavam sempre apresentados numa roupagem teórica, de forma a levar à suposição que se tratava de significativos avanços do marxismo.

O enunciado sintético a que procedemos abrange as cinco primeiras conferências, dedicadas à parte da obra de Marx que compreenderiam suas teses de índole filosófica. As quatro últimas conferências dizem respeito a questões relativas à teoria econômica. Como observará o leitor, as teses ali apresentadas fazem parte do que, contemporaneamente, integram o que se considera como "ciência econômica", isto é, testadas pela experiência e contrapostas àquelas contagiadas pela ideologia.

"*Algumas pessoas dizem que o capitalismo está morrendo, pois o espírito de concorrência não existe mais como antes e porque as grandes empresas estão se tornando burocráticas. No entanto, o capitalismo não está morrendo; as pessoas o estão assassinando*"

Dr. Ludwig Edler von Mises

As palestras de Ludwig von Mises (1881-1973) sobre *O Marxismo Desmascarado* foram ministradas na Biblioteca Pública de São Francisco, na Califórnia, nos Estados Unidos, entre 23 de junho e 3 de julho de 1952, sob patrocínio da revista *The Freeman*. As conferências foram taquigrafadas, palavra por palavra, pela sra. Bettina Bien Greaves, que gentilmente disponibilizou as transcrições à Foundation for Economic Education (FEE), para que fossem publicadas. A sra. Greaves foi membro sênior da FEE por quase cinquenta anos, até se aposentar em 1999. Juntamente com o finado marido, Percy L. Greaves Jr. (1906-1984), foi amiga e colaboradora de longa data de Ludwig von Mises. Poucas pessoas neste mundo estão tão familiarizadas com as ideias e os trabalhos de Mises.

A publicação dessas palestras foi viabilizada pela generosidade do sr. Sheldon Rose de Farmington Hills, em Michigan, da Richard

Agradecimentos

E. Fox Foundation, de Pittsburgh, na Pensilvânia, e, principalmente, pelo incansável apoio do diretor executivo desta instituição, sr. Michael Pivarnik, pelo dedicado interesse nas ideias da Escola Austríaca de Economia e de Ludwig von Mises em particular.

O reconhecido apuro profissional da sra. Beth Ann Hoffman (1950-2008), editora executiva da publicação mensal da FEE intitulada *The Freeman: Ideas on Liberty*, foi inestimável na supervisão de toda a preparação do manuscrito. Seu olhar perspicaz a todos os detalhes se reflete na qualidade do produto final.

Foundation for Economic Education
Irvington-on-Hudson, New York

O economista austríaco Ludwig von Mises (1881-1973) ministrou estas nove palestras que intitulamos *O Marxismo Desmascarado* na Biblioteca Pública de São Francisco, na Califórnia, nos Estados Unidos, entre 13 de junho e 23 de julho de 1952, sob patrocínio da revista *The Freeman*. Um professor de história, bolsista do programa, escreveu posteriormente à revista:

> As palestras foram instigantes, estimulantes e altamente compensadoras, como jamais vi – uma clássica exposição das virtudes do individualismo e dos malefícios do socialismo, amparadas por impressionante arcabouço acadêmico [...]. Não quero dizer que me converti ao conjunto de ideias defendidas pelo dr. Mises e pela revista *The Freeman*, mas qualquer aluno ou professor das ciências sociais que não refletir profundamente

Introdução

Richard M. Ebeling

sobre essas ideias é negligente e está mal informado, no mínimo. Esse sentimento me foi incutido pelo seminário. Pessoalmente, tenho certeza de que minha apreciação por esses conceitos é bem superior do que era um mês atrás[1].

Vale a pena recordar o cenário global em 1952, quando Ludwig von Mises ministrou essas palestras. O socialismo soviético se expandia em todo o mundo, com o fim da Segunda Guerra Mundial deixando toda a Europa Oriental nas mãos da União Soviética. Em 1949, a China continental era controlada pelos exércitos comunistas de Mao Tsé-Tung (1893-1976). Em 25 de junho de 1950, eclodiu a Guerra da Coreia, e, em 1952, os exércitos norte-americanos, sob a bandeira da

---

[1] MILLER, Robert. "From a History Teacher". *The Freeman*, Volume 2, Number 23 (August 11, 1952): 752, 782.

Organização das Nações Unidas (ONU), enfrentavam um impasse sangrento no Paralelo 38 contra as forças da Coreia do Norte e da China Comunista. A França estava imersa em infindáveis conflitos coloniais na Indochina contra a guerrilha comunista de Ho Chi Minh (1890-1969).

No Ocidente, inúmeros intelectuais estavam convencidos que a 'história' pendia inelutavelmente para o socialismo sob a liderança do camarada Josef Stalin (1878-1953) no Kremlin. Os partidos comunistas na França e na Itália angariavam grande contingente de afiliados e seguiam todas as reviravoltas ideológicas determinadas por Moscou. Mesmo muitos dos que rejeitavam a brutalidade do socialismo ao estilo soviético ainda acreditavam que um planejamento econômico era inevitável. Charles Edward Merriam (1874-1953), um proeminente cientista político da Universidade de Chicago chegou a declarar, em 1950, que *"o planejamento está por vir, não há dúvida sobre isso. A única questão é se será o planejamento democrático de uma sociedade livre ou se terá um caráter totalitário"*[2].

Tanto na Europa como nos Estados Unidos, o pressuposto era de que o capitalismo, quando desregulamentado, somente levaria à exploração, à miséria e à injustiça social. Os governos, em ambos os lados do Atlântico, introduziam políticas intervencionistas e de bem-estar social cada vez mais rigorosas para mitigar a suposta crueldade da economia de mercado. Por conta da "situação crítica" da Guerra da Coreia,

---

[2] MERRIAM, Charles E. "The Place of Planning". *In*: HARRIS, Seymour E. (Ed.). *Saving American Capitalism*. New York: Alfred A. Knopf, 1950. p. 161.

o governo norte-americano havia sobrecarregado ainda mais a população com um abrangente sistema de salários e controles de preços que impactava negativamente quase todos os aspectos da atividade econômica[3].

As obras de Karl Marx (1818-1883) constituíam a fonte e ímpeto primário da polarização global em direção ao socialismo. Marx preconizava ter descoberto as "leis" imutáveis do desenvolvimento histórico humano que levariam ao fim do capitalismo e triunfo do socialismo, seguidos da transição final para um abençoado mundo comunista livre da escassez de recursos. Durante o estágio socialista intermediário que levaria ao comunismo, Marx declarou que haveria uma "ditadura revolucionária do proletariado" que impediria que remanescentes da classe dominante do velho capitalismo retomassem o poder e também "reeducaria" os trabalhadores, elevando o nível de conscientização e desvencilhando-lhes dos resíduos da mentalidade burguesa anterior[4].

---

[3] Sobre a importância do sistema de precificação do livre mercado em tempos de crise durante guerras, ver: MISES, Ludwig von. *Human Action: A Treatise on Economics*. New York: Foundation for Economic Education, 4th rev. ed., 1996. pp. 825-28. [Em língua portuguesa, ver: MISES, Ludwig von. *Ação Humana: Um Tratado de Economia*. Trad. Donald Stewart Jr. São Paulo: Instituto Ludwig von Mises Brasil, 3ª ed., 2010. p. 927-36. (N. E.)]. Ver, também os ensaios "Prices versus Reasoning" e "The Economy of Capital" de F. A. Hayek, ambos de 1939, publicados atualmente em: *The Collected Works of F. A. Hayek – Volume X: Socialism and War*. Ed. Bruce Caldwell. Chicago: University of Chicago Press, 1997. p. 151-60.

[4] MARX, Karl. "Critique of the Gotha Program" (1875). *In*: TUCKER, Robert C. (Ed.). *The Marx-Engels Reader*. New York: W. W. Norton, 1972. p. 382-98. [A obra está disponível em português como: MARX, Karl. *Crítica do Programa de Gotha*. Pref. Michael Löwy; posf. Virgínia Fontes; trad. Rubens Enderle. São Paulo: Boitempo, 2012. (N. E.)].

Marx insistia que o fator que tornava todo o processo incontornável e irreversível era o fato de os meios físicos de produção seguirem transformações tecnológicas em uma série de estágios históricos que estariam além do controle do homem. Cada um desses estágios de transformação requer um conjunto específico de relações institucionais para o desenvolvimento completo do potencial de tal tecnologia. O que os homens, em sua visão limitada e subjetiva do mundo, creem ser os fundamentos imutáveis da vida humana – moralidade, família, propriedade, crença religiosa, costumes e tradições etc. – nada mais são que meros elementos temporais de uma "superestrutura" social que serve aos propósitos das forças materiais objetivas de produção durante cada uma dessas épocas históricas. Sendo assim, mesmo tendo "consciência" sobre nós mesmos e o mundo à nossa volta, somos um produto de nosso papel específico nesse processo de evolução histórica[5].

Segundo Marx, a posição de cada homem em uma "classe" na sociedade é determinada por sua relação de propriedade com os meios de produção. Os detentores da propriedade dos meios de produção em uma sociedade capitalista devem, por necessidade histórica, "explorar" os outros que lhes oferecem trabalho por um preço. A classe capitalista vive do trabalho da classe trabalhadora ao expropriar, sob a forma de "lucro", de um quinhão do que os

---

[5] MARX, Karl. "A Contribution to the Critique of Political Economy" (1859). *In*: TUCKER. *The Marx-Engels Reader. Op. cit.*, p. 4-5. [Em português, ver: MARX, Karl. *Contribuição à Crítica da Economia Política*. Pref. e trad. Florestan Fernandes. São Paulo: Expressão Popular, 2007. (N. E.)].

trabalhadores, a serviço deles, produziram. Decorre, daí o conflito irreconciliável no tocante às recompensas materiais do trabalho humano. Esse conflito atinge seu clímax com a revolucionária derrota dos exploradores pelo proletariado, que passa a sofrer uma crescente miséria econômica nos estertores finais do sistema capitalista[6].

Na nova ordem socialista que substituirá o capitalismo, os meios de produção serão nacionalizados e terão um planejamento central visando melhores condições de vida para a vasta maioria da humanidade, em detrimento do lucro e dos benefícios dos proprietários capitalistas. O planejamento econômico gerará prosperidade material altamente superior a qualquer prosperidade vivenciada no capitalismo. Os avanços tecnológicos e o aumento da produção eliminarão a pobreza e também impulsionarão a sociedade a tal nível de abundância material que todas as preocupações e necessidades físicas serão coisas do passado. Esse estágio final do comunismo criará um paraíso na Terra para toda a humanidade[7].

---

[6] MARX, Karl & ENGELS, Friedrich. "Manifesto of the Communist Party" (1848). *In*: TUCKER. *The Marx-Engels Reader. Op. cit.*, 331-62. [Dentre as inúmeras edições em língua portuguesa, recomendamos a seguinte: MARX, Karl & ENGELS, Friedrich. *Manifesto do Partido Comunista*. Org. e intr. Marco Aurélio Nogueira; Trad. Marco Aurélio Nogueira e Leandro Konder. Petrópolis, Vozes, 15ª ed., 2010. (N. E.)].

[7] Sobre o apelo do paternalismo, planejamento e paraíso na Terra ao longo dos séculos, ver: GRAY, Alexander. *The Socialist Tradition: Moses to Lenin*. New York: Harper & Row, 1968; SHAFAREVICH, Igor. *The Socialist Phenomenon*. New York: Harper & Row, 1980.

I - LUDWIG VON MISES: UM CRÍTICO DO SOCIALISMO

Houve muitos críticos do socialismo e do marxismo no século XIX e no início do século XX. Um dos mais proeminentes foi o economista francês Paul Leroy-Beaulieu (1843-1916), que em 1885 escreveu uma análise extremamente inteligente e devastadora do coletivismo e de seus perigos para a liberdade pessoal e a prosperidade econômica[8]. Em 1896, um dos professores de Ludwig von Mises na Universidade de Viena, o mundialmente aclamado economista austríaco Eugen von Böhm-Bawerk (1851-1914), publicou a crítica mais prejudicial à teoria de Marx e ao conceito subjacente de exploração do trabalho pelo regime capitalista[9]. Adicionalmente, romances anti-utópicos, altamente eficientes, descreveram os efeitos desastrosos que um regime socialista poderia acarretar se tomasse o poder e impusesse um planejamento central à sociedade[10].

Entretanto, nenhum desses escritores foi tão a fundo para demonstrar a inerente inviabilidade do sistema de

---

[8] LEROY-BEAULIEU, Paul *Collectivism*. London: John Murray, 1908. Sobre Leroy-Beaulieu e outras críticas iniciais ao planejamento econômico socialista, ver: EBELING, Richard M. "Economic Calculation Under Socialism: Ludwig von Mises and His Predecessors". *In*: *Austrian Economics and the Political Economy of Freedom*. Northampton: Edward Elgar, 2003. pp. 101-35.

[9] BÖHM-BAWERK, Eugen von. "Karl Marx and the Close of His System" (1896). *In*: *Shorter Classics of Eugen von Böhm-Bawerk*. South Holland: Libertarian Press, 1962. p. 201-302. Ver, também: JOSEPH, H. W. B. *The Labor Theory of Value in Karl Marx*. London: Oxford University Press, 1923.

[10] RICHTER, Eugene. *Pictures of the Socialistic Future*. London: Swan Sonnenschein, 1907.

planejamento central como Ludwig von Mises. Durante a Primeira Guerra Mundial e logo após o seu desfecho havia uma confiança acalorada no advento do planejamento central do governo. Os controles sobre salários e preços e as comissões de planejamento de produção durante a guerra, impostos, praticamente, sobre todas as nações beligerantes foram estudados por muitos dos precursores do planejamento dos tempos de paz que se seguiu. Após a Revolução Bolchevique na Rússia em 1917, o regime marxista de Vladimir Lenin (1870-1924) impôs o "comunismo de guerra" em 1918, anunciando-o não somente como um dispositivo de emergência para combater os Exércitos Brancos anticomunistas durante os três anos da guerra civil na Rússia, mas também como o grande salto em direção à sociedade totalmente planejada. E após o final da guerra, em novembro de 1918, os novos governos dos partidos social-democratas na Alemanha e Áustria declararam que a era da "socialização" e do planejamento econômico havia finalmente chegado[11].

Em 1919, em uma reunião da Sociedade Econômica Austríaca, Mises apresentou o artigo *Die Wirtschaftsrechnung im sozialistischen Gemeinwesen* [*O Cálculo Econômico em uma Comunidade Socialista*], publicado em uma grande revista especializada, em língua alemã, em 1920[12]. Incorporou esse

---

[11] Sobre o fracasso dessas primeiras tentativas de nacionalização e planejamento na Rússia, Alemanha e Áustria, ver: SHADWELL, Arthur. *The Breakdown of Socialism*. London: Ernest Benn, 1926. p. 23-131.
[12] MISES, Ludwig von. "Economic Calculation in the Socialist Commonwealth". *In*: HAYEK, F. A. (Ed.). *Collectivist Economic Planning: Critical Studies on the Problem of Socialism*. London: George Routledge, 1935. pp. 87-130. Reimpres-

artigo como a peça principal de um abrangente tratado sobre coletivismo, publicado, em 1922, com o título *Die Gemeinwirtschaft: Untersuchungen über den Sozialismus* [*A Economia Coletiva: Estudos sobre o Socialismo*] e traduzido em 1936 para a língua inglesa como *Socialism: An Economic and Sociological Analysis* [*Socialismo: Uma Análise Econômica*][13].

Mises observou que a maioria dos críticos ao socialismo havia corretamente apontado que um planejamento abrangente do governo nas questões econômicas geraria a pior tirania jamais vista na história humana. Se toda a produção, emprego e distribuição da produção estivessem totalmente sob o monopólio do Estado, o destino e sina de cada indivíduo estaria à mercê da autoridade política. Além disso, esses primeiros oponentes ao socialismo haviam argumentado de maneira convincente que com o fim da propriedade privada e da livre empresa, os indivíduos perderiam grande parte da motivação intrínseca pelo desenvolvimento da indústria, pela inovação e o empenho que caracterizam uma economia de mercado.

---

so como: MISES, Ludwig von. "Economic Calculation in the Socialist Commonwealth". KIRZNER, Israel M. (Ed.). *Classics in Austrian Economics: A Sampling in the History of a Tradition – Volume III*. London: William Pickering, 1994. p. 3-30. [Em língua portuguesa o texto está disponível na seguinte edição: MISES, Ludwig von. *O Cálculo Econômico em uma Comunidade Socialista*. Apres. Gary North; prefs. Fabio Barbieri & Yuri N. Maltsev; intr. Jacek Kochanowicz; posf. Joseph T. Salerno; trad. Leandro Roque. São Paulo: LVM, 2017. (N. E.)].

[13] MISES, Ludwig von. *Socialism: An Economic and Sociological Analysis*. Pref. F. A. Hayek; trad. J. Kahane. Indianapolis: Liberty Fund, 1992. Posteriormente, Mises refinou sua crítica ao planejamento central socialista em: MISES. *Human Action. Op. cit.*, pp. 200-31, 689-715. [MISES. *Ação Humana. Op. cit.*, p. 249-83; 783-812].

No entanto, Mises afirmou que o ponto que não fora detalhadamente averiguado e contestado era se um sistema econômico socialista seria viável na prática. Ou seja, seriam os planejadores centrais socialistas capazes de gerenciar racional e eficientemente as questões cotidianas da vida econômica?

A resposta de Mises foi "não". No mercado econômico, a produção é direcionada pela demanda esperada do público consumidor. Empresários e empreendedores, na busca por lucros e ao evitar prejuízos, ao oferecer bens e serviços que os consumidores desejam adquirir, devem direcionar os recursos disponíveis de modo a minimizar os custos de produção em relação ao faturamento esperado.

O preço (monetizado) em dinheiro tanto para bens de consumo como para os meios de produção simplifica o processo. Os preços dos bens de consumo sinalizam a empresários o que os consumidores querem. Os preços dos meios de produção – terreno, trabalho e capital – sinalizam os custos da produção desses bens, em combinações variadas dos diversos tipos de recursos e matérias primas. A tarefa dos empreendedores é selecionar um *mix* que possa minimizar os custos da oferta desses bens no mercado, na quantidade e qualidade demandada pelos consumidores.

O preço atribuído a esses recursos (seja o terreno, o trabalho ou o capital) reflete seu valor em diversas possibilidades de usos e combinações, conforme representado pelas ofertas de compra ou aluguel de terreno e equipamentos por parte dos empreendedores concorrentes que também buscam esses recursos para algum propósito de produção no mercado. A não ser que o preço esperado para produtos acabados consiga cobrir os custos atribuídos ao uso de diversos recursos para produzi-los, tal produção não será rentável – será um desperdício alocar tais recursos à produção. Como Mises posteriormente explicou em seu livro *Bureaucracy* [*Burocracia*], de 1944:

> Para o empreendedor em uma sociedade capitalista, cada fator de produção envia um aviso por meio de seu preço: "não me toque, estou reservado para a satisfação de outra necessidade mais urgente" No socialismo, porém, esses fatores de produção ficam calados. Não dão nenhuma dica para o planejador[14].

Isso significa que o sistema de precificação de um livre mercado competitivo tende a garantir que os escassos recursos da sociedade sejam alocados e usados da forma que melhor reflita os desejos de todos nós, consumidores. Já que mudanças constantes são um dos elementos inevitáveis do mundo em que vivemos, qualquer alteração na demanda dos consumidores e qualquer modificação na disponibilidade e usos desses recursos escassos se refletem em mudanças na estrutura de mercado dos preços relativos. Tais mudanças na estrutura dos preços de mercado indicam tanto a produtores quando a consumidores que devem ajustar suas decisões de compra, venda e produção a partir das novas circunstâncias.

---

[14] MISES, Ludwig von. *Bureaucracy*. New Haven: Yale University Press, 1944. p. 29. [Em português ver a seguinte edição: MISES, Ludwig von. *Burocracia*. Ed. e pref. Bettina Bien Greaves; apres. Jacques Rueff; pref. Alex Catharino; Posf. William P. Anderson; trad. Heloísa Gonçalves Barbosa. São Paulo: LVM, 2017. (N. E.)].

A provocação de Mises aos socialistas foi argumentar se essa "racionalidade" do mercado por eles defendida, que constantemente coordena os preços de venda com os preços de custo, e a oferta com a demanda, inexistiria absolutamente em um sistema de planejamento central. Os preços são gerados pelos participantes das atividades de compra e venda no mercado. No entanto, comprar e vender são possíveis somente com a instituição da propriedade privada, sob a qual bens e recursos pertencem a alguém, são usados e transferidos pela troca voluntária e decidida pelos que os detêm.

Além disso, a complexa rede de transações de mercado no capitalismo é viabilizada por um meio de troca comumente aceito – a moeda. Quando todos os bens e serviços são comprados e vendidos no mercado utilizando um meio de troca, seus respectivos valores de troca são expressos no mesmo denominador comum: os preços em dinheiro. Este denominador comum (o preço em dinheiro) permite o processo de "cálculo econômico", ou seja, a comparação dos custos relativos com os preços de venda.

O objetivo primordial de praticamente todos os socialistas no século XIX era abolir a propriedade privada, a competição de mercado e os preços em dinheiro. Em seu lugar, o Estado nacionalizaria os meios de produção, e como "depositário" dos interesses da "classe trabalhadora" efetuaria o planejamento central de todas as atividades econômicas da sociedade. A agência de planejamento central determinaria o que seria produzido, como e onde seria produzido, e a seguir, distribuiria a produção aos membros do novo "paraíso dos trabalhadores".

Mises demonstrou que o fim da propriedade privada significaria o fim da racionalidade econômica. Sem a propriedade privada dos meios de produção – e sem um mercado competitivo no qual empreendedores concorrentes negociem o preço dos recursos a partir de suas estimativas de respectivos valores para a produção dos bens almejados pelo público consumidor, visando lucros – não seria possível saber os custos reais e verdadeiros de oportunidade entre os usos potenciais alternativos aos quais poderiam ser aplicados. Consequentemente, ao tomarem suas decisões de compra, como poderiam os planejadores centrais saber se estariam ou não fazendo uso inapropriado e desperdiçando os recursos da sociedade? Mises assim resumiu o dilema:

> Não é uma vantagem desconhecer se o que se está fazendo é um meio adequado para atingir os fins pretendidos. A gestão socialista seria como uma pessoa forçada a passar a vida com os olhos vendados[15].

Ainda que o sistema socialista não fosse controlado por ditadores brutais, mas dirigido por "anjos" humanos que só almejassem fazer o "bem" para a humanidade, e até mesmo se os incentivos ao trabalho e desenvolvimento da indústria não fossem reduzidos ou eliminados pela abolição da propriedade privada, Mises foi capaz de demonstrar que a estrutura institucional de um regime socialista impossibilitava a produção de um "paraíso material na Terra" melhor que a eficiência

---

[15] Idem. *Ibidem.*, p. 30.

produtiva e inovadora de uma economia funcional de livre mercado[16]. Isso permitiu a Mises declarar no início dos anos 1930, quando o atrativo do planejamento socialista atingiu o apogeu em todo o mundo, que:

> Da perspectiva tanto política como histórica, esta prova é, por certo, a mais importante descoberta da teoria econômica [...] por si só permitirá que futuros historiadores compreendam como a vitória do movimento socialista não resultou na criação de uma ordem socialista da sociedade[17].

II - Palestras de Mises em São Francisco

Ludwig von Mises acreditava que qualquer crítica abrangente ao socialismo deveria contemplar mais do que sua inviabilidade como sistema econômico, independente de quão fundamental isso fosse para a argumentação contra o socialismo. Era igualmente necessário contestar e refutar os fundamentos filosóficos e políticos das concepções socialistas e marxistas sobre o homem e a sociedade. No livro de 1922 sobre o socialismo buscou atingir esse objetivo com alto grau de detalhamento. Também retomou o tema alguns anos após

---

[16] EBELING, Richard M. "Why Socialism is 'Impossible'". *The Freeman: Ideas on Liberty*, Volume 54, Number 8 (October 2004): 8-12.

[17] MISES, Ludwig von. "On Development of the Subject Theory of Value" (1931). *In*: *Epistemological Problems of Economics*. Pref. Ludwig M. Lachmann; trad. George Reisman. New York: New York University Press, 1981. p. 157.

ministrar estas palestras em São Francisco, na obra *Theory and History* [*Teoria e História*][18], de 1957.

O que Mises ofereceu aos participantes destas palestras ministradas no final de junho e início de julho de 1952 foi uma clara compreensão e discernimento sobre os erros e equívocos fundamentais encontrados nas teorias de materialismo dialético e de luta de classes de Marx. Ofereceu também uma análise histórica dos reais benefícios da Revolução Industrial que coincidiram com o surgimento da moderna sociedade capitalista. Ademais, Mises explicou o papel da poupança, dos investimentos e do sistema de lucro e perdas serviram como os motores do progresso econômico e cultural e como conceitos que auxiliaram a eliminar a pobreza que castigaram a humanidade ao longo da maior parte da história.

Como o leitor verá, em uma conferência particularmente esclarecedora, Mises discute a natureza e o mecanismo dos mercados de capitais e a importância de taxas de juros baseadas no mercado e livres da manipulação do governo e da inflação. Demonstra, além disso, que o investimento estrangeiro em regiões subdesenvolvidas do mundo não teria sido a causa da pobreza ou exploração da população, como os socialistas constantemente argumentam, mas sim, fonte de

---

[18] MISES, Ludwig von. *Theory and History: An Interpretation of Social and Economic Evolution*. Indianapolis: Liberty Fund, 2005. [A obra será em breve lançada pela LVM Editora e atualmente se encontra disponível em português na seguinte edição: MISES, Ludwig von. *Teoria e História: Uma Interpretação da Evolução Social e Econômica*. Pref. Murray N. Rothbard; trad. Rafael de Sales Azevedo. São Paulo: Instituto Ludwig von Mises Brasil, 2014. (N. E.)].

aceleramento da prosperidade e de melhorias para dezenas de milhões de pessoas nesses países.

Todos esses argumentos e análises estão inseridos no contexto mais amplo do individualismo *versus* coletivismo, da importância da liberdade para a dignidade e melhoria de vida de todos os seres humanos e dos perigos de sacrificar a liberdade e a propriedade particular ao estado paternalista. Ao longo de todas as palestras, o leitor apreende a visão do ideal clássico-liberal de uma sociedade livre e próspera.

Assim como na série anterior de palestras que Ludwig von Mises ministrou em 1951, publicadas pela Foundation for Economic Education (FEE) sob o título de *The Free Market and Its Enemies*[19] [*O Livre Mercado e seus Inimigos*], a qualidade peculiar de *O Marxismo Desmascarado* é mostrar Mises no papel de professor. Diferente de seus trabalhos mais longos e formais, estas conferências são temperadas com a leveza e o tom da palavra oral e oferecem vários exemplos ilustrativos da história e de casos reais em que prevaleceu o bom senso.

As palestras, assim como as anteriormente mencionadas acima, foram taquigrafadas, palavra por palavra, por Bettina Bien Greaves, membro sênior da Foundation for Economic Education (FEE). A sra. Greaves é uma das principais especialistas das ideias e obras de Ludwig von Mises, e sua

---

[19] MISES, Ludwig von. *The Free Market and Its Enemies: Pseudo-Science, Socialism, and Inflation*. Irvington-on-Hudson: Foundation for Economic Education, 2004. [O livro está disponível em português como: MISES, Ludwig von. *O Livre Mercado e seus Inimigos: Pseudociência, Socialismo e Inflação*. Ed. e intr. Richard M. Ebeling; apres. Helio Beltrão; pref. Jeffrey A. Tucker; posf. Joseph T. Salerno; trad. Maria Alice Capocchi Ribeiro. São Paulo: LVM, 2017 (N. E.)].

profunda admiração pelas contribuições de Mises para a teoria e política econômica se reflete no cuidado com que transcreveu estas páginas para posterior publicação. Tais conferências não estariam disponíveis como impresso hoje, não fosse sua dedicação e diligência acadêmica, pelas quais somos profundamente gratos.

Quando Mises ministrou estas palestras, o socialismo marxista parecia estar conquistando todo o mundo. Não obstante a queda do Muro de Berlim em 9 de novembro de 1989 e o colapso da União Soviética em 25 de dezembro de 1991, as críticas marxistas à sociedade capitalista ainda permeiam as palavras daqueles que persistentemente anseiam pelo fim da liberdade humana e da economia de mercado[20]. Por essa razão, as palavras proferidas por Mises mais de cinquenta anos atrás ainda são carregadas de significado nos dias de hoje.

Entretanto, agora desejamos que o leitor, neste livro, simplesmente se delicie ao "ouvir" as palavras de um dos maiores economistas do século XX.

---

[20] EBELING, Richard M. "Is the 'Specter of Communism' Still Haunting the World?". *Notes from FEE* (March 2006).

O MARXISMO DESMASCARADO
DA DESILUSÃO À DESTRUIÇÃO

Primeira Palestra

1

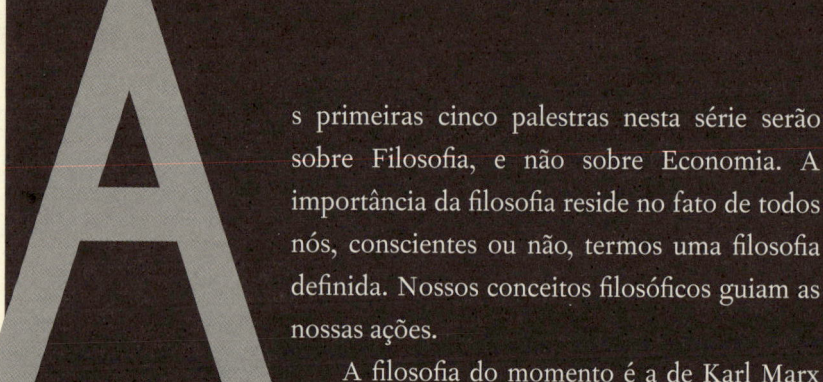

As primeiras cinco palestras nesta série serão sobre Filosofia, e não sobre Economia. A importância da filosofia reside no fato de todos nós, conscientes ou não, termos uma filosofia definida. Nossos conceitos filosóficos guiam as nossas ações.

A filosofia do momento é a de Karl Marx (1818-1883), a personalidade mais marcante de nossa era. Marx e suas ideias – ideias que não inventou, desenvolveu ou aperfeiçoou, mas que unicamente combinou para formar um sistema – são bastante aceitas hoje, até mesmo por muitos dos que enfaticamente declaram-se anticomunistas e antimarxistas. Em grande medida, mesmo sem saber, muitas pessoas são marxistas filosóficos, apesar de usar variada terminologia para denominar suas ideias filosóficas.

A Mente, o Materialismo e o Destino do Homem

Os marxistas falam atualmente de um marxismo-leninismo-stalinismo. Obras são escritas na Rússia, hoje, sobre as contribuições de Vladimir Ilyich Lenin (1870-1924) e Josef Stalin (1879-1953). Ainda assim, o sistema permanece o mesmo dos dias de Karl Marx; o marxismo está, na verdade, fossilizado. A única contribuição de Lenin foi oferecer fortes ofensivas contra os adversários. E Stalin em nada contribuiu. Dessarte, é questionável chamar qualquer dessas contribuições de "nova", principalmente se lembrarmos de que o principal aporte de Marx a essa filosofia foi publicado originalmente em 1859[1].

Ideias levam um bom tempo para conquistar o mundo. Quando Karl Marx morreu em 1883, de modo geral, seu nome era desconhecido.

---

[1] MARX, Karl. *A Contribution to the Critique of Political Economy*. Trad. S.W. Ryazanskaya. Moscow: Progress Publishers, 1970. [Em português, ver: MARX, Karl. *Contribuição à Crítica da Economia Política*. Pref. e trad. Florestan Fernandes. São Paulo: Expressão Popular, 2007. (N. E.)]

Poucos jornais publicaram, em breves linhas, notas sobre a sua morte. Eugen von Böhm-Bawerk (1851-1914) publicou uma crítica às ideias econômicas marxistas[2] em 1896, mas somente vinte anos mais tarde as pessoas começaram a considerar Marx um filósofo.

As ideias e a filosofia de Marx realmente dominam nossa era. A interpretação de acontecimentos atuais e da história em livros populares, bem como em escritos filosóficos, romances, peças, dentre outros, são, em geral, marxistas. No âmago está a filosofia marxista da história, da qual tomou-se por empréstimo o termo "dialética", aplicado a todas as ideias de Marx. Entretanto, isso não é tão importante quanto compreender o que realmente significa o materialismo marxista.

O materialismo tem dois significados distintos. O primeiro se refere exclusivamente a problemas éticos. Um homem materialista só se interessa por coisas materiais – alimento, bebida, segurança – e não por arte, cultura e coisas desse tipo. Nesse sentido, a maioria dos homens é materialista. O segundo significado do materialismo se refere a um grupo especial de soluções propostas a um problema filosófico básico – a relação entre a mente ou alma humana, por um lado, e o corpo humano e suas funções fisiológicas, por outro. Diversas respostas ao problema já foram propostas – dentre as quais, respostas religiosas. Sabemos que há uma relação entre o corpo e a mente – a prática cirúrgica comprovou que

---

[2] BÖHM-BAWERK, Eugen von. "The Unresolved Contradiction in the Economic Marxian System". *In: Shorter Classics of Eugen von Böhm-Bawerk*. South Holland: Libertarian Press, 1962. p. 201-302.

certos danos ao cérebro geram alterações no funcionamento da mente humana. No entanto, os materialistas desta segunda vertente explicam todas as manifestações da mente humana como produtos do corpo.

Entre esses materialistas filosóficos, há duas escolas de pensamento:

A) Uma escola considera o homem uma máquina. Esta vertente de materialistas e mecanicistas preconiza que esses problemas são muito simples – a "máquina" humana trabalha com a mesma precisão de qualquer outra máquina. Um francês, Julien de La Mettrie (1709-1751), escreveu um livro sobre essa ideia, *L'Homme Machine*[3] [*O Homem-Máquina*] de 1748; e hoje muitos ainda insistem em explicar todas as operações da mente humana, direta ou indiretamente, como se fossem operações mecânicas. Por exemplo, vejamos a *Encyclopaedia of the Social Sciences*[4] [*Enciclopédia das Ciências Sociais*]. Um de seus colaboradores, Horace M. Kallen (1882-1974), professor da New School for Social Research (NSSR), argumenta que uma criança recém-nascida é como um automóvel Ford – pronta para funcionar. Talvez seja! No entanto, uma máquina, um Ford recém-nascido, não funciona ou faz nada sozinho – são sempre os homens, alguns homens que fazem algo utilizando a máquina. Alguém precisa operar a máquina, pois quando a intervenção humana para, a máquina também

---

[3] Em língua portuguesa a obra está disponível na seguinte edição: LA METTRIE, Julien Offray de. *O Homem Máquina*. Trad. Antonio Carvalho. Lisboa: Editorial Estampa, 1982. (N. E.)

[4] KALLEN, Horace M. "Behaviorism". *In*: *Encyclopaedia of the Social Sciences*. New York: Macmillan Publishers, 1930. 15v. Vol. II, p. 498. (N. E.)

para. Precisamos indagar a esse professor: "Quem opera a máquina?" A resposta poria por terra a doutrina materialista da máquina.

As pessoas, às vezes, também argumentam que precisamos "alimentar" a máquina, como se estivesse viva. Naturalmente, não está. Outras pessoas também dizem que a máquina sofre um "colapso nervoso". Como, todavia, pode uma máquina sem nervos sofrer um colapso nervoso? Essa doutrina da máquina tem sido retomada repetidamente, mas não é realista. Não precisamos nos preocupar com ela, pois nenhum homem sério realmente acredita nisso.

B) A doutrina fisiológica apresentada pela segunda vertente de materialistas é mais relevante. Formulada de maneira primitiva por Ludwig Feuerbach (1804-1872) e Karl Vogt (1817-1895) na juventude de Karl Marx. Segundo eles, os pensamentos e as ideias são "meras" "secreções" do cérebro (nenhum filósofo materialista hesita em usar o termo "mera". Não significa nada além de: "Isso significa que sei algo, mas não consigo explicá-lo"). Hoje, os cientistas sabem que certas condições patológicas geram certas secreções, e que determinadas secreções causam certas atividades no cérebro. Entretanto, tais secreções são quimicamente as mesmas para todas as pessoas nas mesmas situações e condições. Entretanto, ideias e pensamentos nunca são os mesmos para todas as pessoas em uma mesma situação e condição, são sempre diferentes.

Em primeiro lugar, ideias e pensamentos não são tangíveis. Em segundo lugar, os mesmos fatores externos produzem reações diferentes nas pessoas. Uma maçã, certa vez, caiu de uma árvore e atingiu um jovem chamado Isaac Newton (1643-1727). Isso poderia ter acontecido a vários outros jovens em ocasiões anteriores, mas este evento em particular intrigou este jovem em particular, e ele desenvolveu ideias a partir disso.

As pessoas, contudo, nem sempre têm os mesmos pensamentos quando se deparam com os mesmos fatos. Por exemplo, na escola alguns aprendem, mas outros não. Há diferenças entre os homens.

Bertrand Russell (1872-1970) indagou: *"Qual a diferença entre homens e pedras?"*, para declarar não haver qualquer diferença, exceto de que os homens reagem a mais estímulos do que as pedras. Na verdade, há uma diferença sim: pedras reagem seguindo um padrão definido e passível de ser conhecido; podemos prever o que acontecerá a uma pedra quando exposta a certas condições. Os homens, no entanto, não reagem todos da mesma maneira sob as mesmas condições. Não podemos estabelecer categorias de reações para os homens. Sendo assim, mesmo quando muitas pessoas acreditam que o materialismo fisiológico é uma solução, ele na verdade nos leva a um beco sem saída. Se fosse realmente "a" solução a esse problema, isso significaria que em qualquer acontecimento, conseguiríamos saber como qualquer pessoa reagiria. No entanto, não podemos nem mesmo imaginar as consequências se todos soubéssemos os que todas as outras pessoas fariam.

Karl Marx não era um materialista na primeira acepção – no sentido da máquina. Entretanto, o conceito fisiológico era bastante popular na sua época. Não sabemos exatamente o que influenciou Marx, pois ele tinha seus próprios ódios e invejas. Karl Marx odiava Karl Vogt, o expoente do materialismo fisiológico. Tão logo os materialistas como Vogt começaram a falar de política, Marx declarou que tinham ideias ruins; o que significa que Marx os odiava também.

Marx desenvolveu o que considerava ser um sistema novo. Segundo sua interpretação materialista da história, as "forças produtivas materiais" (esta é a tradução literal do alemão) constituíam as bases de tudo. Cada estágio das forças produtivas materiais corresponde a um estágio definido das relações de produção. As forças produtivas materiais determinam as relações de produção, ou seja, o tipo de propriedade que existe no mundo. E as relações de produção, por sua vez, determinam a superestrutura. Na terminologia de Marx, o capitalismo ou o feudalismo constituem relações de produção. Cada um deles necessariamente causado por um estágio específico das forças produtivas materiais. Em 1859, Karl Marx declarou que um novo estágio de forças produtivas materiais geraria o socialismo.

Mas o que são essas forças produtivas materiais? Da mesma forma como Marx jamais definiu o que "classe" significava, nunca definiu exatamente o que eram as forças produtivas materiais. Ao analisarmos suas obras, descobrimos que essas forças são as ferramentas e as máquinas. Em um de seus livros *Misère de la philosophie*[5] [*A Miséria da Filosofia*], escrito originariamente em francês em 1847, Marx exemplifica esse

---

[5] Em língua portuguesa a obra está disponível na seguinte edição: MARX, Karl. *Miséria da Filosofia*. Trad. J. C. Morel. São Paulo, Ícone, 2004. (N. E.)

ponto com a famosa afirmativa que *"o moinho manual cria o feudalismo, e o moinho a vapor cria a sociedade capitalista"*⁶. Não nesse livro, mas em outras obras, afirmou que outras máquinas virão e criarão o socialismo.

Marx esforçou-se para evitar a interpretação geográfica do progresso, pois tal interpretação já estava desacreditada. O que definia como "ferramentas" eram as bases do progresso. Karl Marx e Friedrich Engels (1820-1895) acreditavam que novas máquinas seriam desenvolvidas e levariam ao socialismo. Exultavam a cada nova máquina, acreditando que o socialismo chegaria em breve. No livro francês de 1847, Marx criticou os que valorizavam a divisão do trabalho, afirmando que o que realmente era importante eram as ferramentas.

Não podemos esquecer que ferramentas não caem do céu. São os produtos de ideias. Para explicar ideias, Marx afirmou que as ferramentas, as máquinas – as forças produtivas materiais – se refletem no cérebro dos homens e se transformam em ideias. No entanto, ferramentas e máquinas são, elas mesmas, os produtos das ideias. Além disso, antes de máquinas surgirem, deve existir a divisão de trabalho, e ainda antes da divisão do trabalho, ideias precisas têm de ser desenvolvidas. A origem dessas ideias não pode ser explicada por algo que é possível somente na sociedade que é, ela mesma, produto de ideias.

---

⁶ *"Le moulin à bras vous donnera la société avec le souzerain; le moulin à vapeur, la société avec le capitaliste industriel"*. MARX, Karl. *Misère de la philosophie: Réponse à la Philosophie de la misère de M. Proudhon.* Paris / Bruxelas: A. Frank / C. G. Vogler, 1847. p. 100.

O termo "material" fascinava as pessoas. Para explicar mudanças de ideias e de pensamentos, mudanças em tudo o que é produto de ideias, Marx as reduziu a mudanças em ideias tecnológicas. Nesse quesito, não foi nada original. Por exemplo, Hermann Ludwig Ferdinand von Helmholtz (1821-1894) e Leopold von Ranke (1795-1886) interpretaram a história como a história da tecnologia.

É tarefa da história explicar porque invenções específicas foram colocadas em prática por pessoas que tinham todo o conhecimento físico necessário para sua construção. Por que, por exemplo, os antigos gregos, que tinham o conhecimento técnico, não construíram ferrovias?

Assim que uma doutrina se torna popular, é simplificada de modo a ser compreendida pelas massas. Karl Marx afirmou que tudo depende das condições econômicas. Conforme afirmou no já citado livro francês de 1847, *Misère de la philosophie*, a história das fábricas e das ferramentas se desenvolveu de maneira independente. Segundo Max, todo o movimento da história humana surge como corolário do desenvolvimento das forças produtivas materiais, das ferramentas. Com a evolução das ferramentas, a construção da sociedade muda, e como consequência, tudo o mais também muda. Por "tudo o mais", referia-se à "superestrutura". Autores marxistas posteriores explicavam tudo que se relacionava à superestrutura como resultante de mudanças específicas nas relações de produção. E explicavam tudo que se relacionava às relações de produção como resultante de mudanças nas ferramentas e máquinas. Isso constituiu uma vulgarização, uma simplificação da doutrina marxista pela qual Marx e Engels não foram totalmente responsáveis. Criaram muitos disparates, mas não são responsáveis por todos os disparates de hoje.

Qual a influência desta doutrina marxista nas ideias? O filósofo René Descartes (1596-1650), que viveu no início do século XVII, acreditava que o homem tinha uma mente e pensava, ao passo que os animais eram meras máquinas. Karl Marx contra-argumentou, evidentemente, que Descartes vivera em uma época na qual as *Manufakturperioden*, as ferramentas e maquinaria, estavam em um estágio no foi forçado a explicar a própria teoria afirmando que animais eram máquinas. O suíço Albrecht von Haller (1708-1777), que não gostava da igualdade perante a lei do governo liberal, defendeu a mesma noção no século XVIII. Entre esses dois homens viveu de Julien de La Mettrie (1709-1751), que, também, explicou o homem como máquina. Sendo assim, o conceito marxista segundo o qual as ideias são produtos das ferramentas e máquinas de uma era específica é facilmente refutado.

John Locke (1632-1704), conhecido filósofo do empirismo, declarou que tudo que ocupa a mente dos homens provém da experiência sensual. Karl Marx argumentava que John Locke era o porta-voz da doutrina de classe da burguesia. Isso nos leva a duas conclusões diferentes das obras de Marx: (1) A interpretação de Marx para Descartes é que o filósofo vivera em uma época em que começaram a aparecer as máquinas e, portanto, explicava os animais como máquinas; e (2) A interpretação de Marx para a inspiração de Locke – de ser oriunda de um representante dos interesses da classe burguesa. Temos aqui duas explicações incompatíveis para a fonte das ideias. A primeira explicação, que as ideias se baseiam nas forças produtivas materiais nas ferramentas e máquinas é incompatível com a segunda explicação, a saber, que os interesses de classes determinam as ideias.

Segundo Marx, todos somos forçados – pelas forças produtivas materiais – a pensar de tal maneira que o resultado revele nossos interesses de classes. Pensamos como nossos "interesses" nos forçam a pensar, segundo os nossos "interesses de classe" Os "interesses" independem de nossa mente e de nossos ideais – existem em um mundo separado das nossas ideias. Por conseguinte, a produção de nossas ideias não é verdadeira. Antes de Karl Marx, a noção de "verdade" não tinha qualquer significado para todo o período histórico. O que era produzido pelo pensamento humano no passado, era sempre "ideologia", não verdade.

"*Les idéologues*", na França, foram muito propagados por Napoleão Bonaparte (1769-1821), que dizia que tudo ficaria bem na França não fosse por tais "*idéologues*"[7]. Entretanto, Napoleão foi derrotado, deixou o exército na Rússia, retornou sozinho, incógnito e reapareceu em Paris, no final

---

[7] De acordo com o pensador norte-americano Russell Kirk (1918-1994), no livro *The Politics of Prudence* [*A Política da Prudência*], o termo *"ideologia"* foi cunhado no período napoleónico por Antoine-Louis-Claude Destutt de Tracy (1754-1836), autor da obra *Les Elements d'Ideologie* [*Os Elementos da Ideologia*], na qual propõe uma larga reforma educacional, fundada sobre uma assim chamada ciência de ideias. A discussão kirkiana acerca da temática é apresentada em: KIRK, Russell. "Os Erros da Ideologia". *In*: *A Política da Prudência*. Apres. Alex Catharino; intr. Mark C. Henrie; trad. Gustavo Santos e Márcia Xavier de Brito. São Paulo: É Realizações, 2013. p. 91-102. Ver, também, as notas explicativas que elaboramos para o ensaio, publicadas nas páginas 351 e 352 do mesmo volume. (N. E.)

de dezembro de 1812, pondo a culpa por todos os males que se abateram na França nos maus "*idéologues*", que influenciaram o país.

Karl Marx empregou ideologia em um sentido diverso[8]. Segundo ele, ideologia era uma doutrina desenvolvida por membros de uma classe, e essas doutrinas *não* eram necessariamente verdades, mas meras expressões dos interesses da classe em questão. Naturalmente, um dia haverá uma sociedade sem classes. Uma única classe – o proletariado – preparará o caminho para a sociedade sem classes. A verdade de hoje é a ideia do proletariado. Os proletários abolirão todas as classes e então a Era de Ouro chegará, a sociedade sem classes.

Joseph Dietzgen (1828-1888) foi chamado de proletário por Karl Marx, mas seria considerado um burguês insignificante se Marx tivesse mais informações a respeito dele. Oficialmente, Marx aprovava todas as ideias de Dietzgen, mas em sua correspondência privada com Ferdinand Lassalle (1825-1864) expressou algumas discordâncias. Não existe uma lógica universal; cada classe tem sua lógica particular. Naturalmente, a lógica do proletariado já é a verdadeira lógica do futuro (essas pessoas ficaram ofendidas quando os racistas se apossaram das mesmas ideias, argumentando que as várias raças têm lógicas diferentes, mas a lógica ariana é a verdadeira lógica).

---

[8] A principal exposição marxista acerca da temática se encontra em: MARX, Karl & ENGELS, Friedrich. *A Ideologia Alemã*. Intr. Jacob Gorender; trad. Luis Claudio de Castro e Costa. São Paulo: Martins Fontes, 2008. (N. E.)

A sociologia do conhecimento[9] de Karl Mannheim (1893-1947) cresceu a partir das ideias de Adolf Hitler (1889-1945). Todo o mundo pensa em ideologias – isto é, falsas doutrinas. Entretanto, há uma classe de homens que goza de um privilégio especial – Marx os denominava "intelectuais livres"[10]. Tais intelectuais têm o privilégio de descobrir verdades que não constituem ideologias.

A influência desse conceito de "interesses" é enorme. Primeiramente, lembremos que essa doutrina não argumenta que os homens agem e pensam segundo o que consideram ser os próprios interesses. Em segundo lugar, lembremos que os homens classificam os "interesses" como sendo independentes dos pensamentos e ideias dos homens. Esses interesses independentes forçam os homens a pensar e agir de forma definida. Como exemplo da influência desse conceito em nosso modo de pensar atual, posso mencionar um senador

---

[9] Em língua portuguesa a principal exposição dessa ideia foi publicada em: MANNHEIM, Karl. *Ideologia e Utopia: Introdução à Sociologia do Conhecimento*. Trad. Emilio Willems. Rio de Janeiro: Zahar, 1972. (N. E.)

[10] Além do próprio Karl Marx e do sociólogo húngaro Karl Mannheim, diversos autores influenciados pela tradição marxista utilizaram em suas análises o conceito de "intelectuais livres", merecendo destaque os trabalhos do sociólogo francês Pierre Bourdieu (1930-2002), do historiador britânico Eric J. Hobsbawm (1917-2012), do sociólogo polonês Zygmunt Bauman (1925-2017) e do filósofo e crítico literário britânico Terry Eagleton. Ver: BOURDIEU, Pierre. "Como Liberar os Intelectuais Livres". *In*: *Questões de Sociologia*. Trad. Jeni Vaitsman. Rio de Janeiro: Marco Zero. 1983. p. 54-62; HOBSBAWM, Eric J. *Tempos Fraturados: Cultura e Sociedade no Século XX*. Trad. Berilo Vargas. São Paulo: Companhia das Letras, 2013.; BAUMAN, Zygmunt. *Modernidade e Ambivalência*. Trad. Marcus Penchel. Rio de Janeiro: Jorge Zahar Editor, 1999; EAGLETON, Terry. *Ideologia: Uma Introdução*. Trad. Luís Carlos Borges e Silvana Vieira. São Paulo: Boitempo Editorial / Editora UNESP, 1997. (N. E.)

norte-americano – não um democrata – que declarou que as pessoas votam segundo seus "interesses"; não disse "segundo o que consideram ser seus interesses". Essa é uma ideia de Marx – pressupondo que "interesses" sejam algo definido e desvinculado das ideias de uma pessoa. Esse conceito de doutrina de classe foi inicialmente desenvolvido por Karl Marx no *Manifesto do Partido Comunista*[11].

Nem Engels nem Marx pertenciam ao proletariado. Engels era muito rico. Caçava raposas trajando casaco vermelho – esse era o passatempo dos ricos. Considerava sua namorada muito abaixo de seu nível social para casar-se com ela. Ela morreu, e sua irmã a sucedeu como namorada. Engels finalmente casou-se com a irmã, mas somente próximo à sua morte – somente dois dias antes de ela falecer.

Karl Marx nunca ganhou muito dinheiro. Recebia algum dinheiro como colaborador regular do *The New York Tribune*, mas era quase totalmente sustentado por seu amigo Friedrich Engels. Karl Marx não era proletário, mas o filho do advogado abastado Heinrich Marx (1777-1838). A mulher de Karl Marx, Jenny von Westphalen (1814-1881), era filha de Ludwig von Westphalen (1770-1842), um rico *Junker* prussiano, e o seu cunhado Edgar von Westphalen (1819-1890) foi chefe da polícia prussiana.

Sendo assim, esses dois homens, Marx e Engels, que argumentavam que a mente proletária era diferente da mente

---

[11] A obra foi publicada em língua portuguesa em diferentes edições, dentre as quais citamos a seguinte: MARX, Karl & ENGELS, Friedrich. *Manifesto do Partido Comunista*. Org. e intr. Marco Aurélio Nogueira; trad. Marco Aurélio Nogueira e Leandro Konder. Petrópolis, Vozes, 15ª ed., 2010. (N. E.)

burguesa, encontravam-se em uma posição um tanto estranha. Decidiram então incluir uma passagem no *Manifesto do Partido Comunista* para explicar: *"Na hora certa, alguns membros da burguesia se unem às classes em ascensão"*. No entanto, se é possível para alguns homens se libertar da lei de interesses de classes, logo, tal lei não mais constitui uma lei geral.

A ideia de Karl Marx era que as forças produtivas materiais guiavam os homens de um estágio a outro, até alcançarem o socialismo, o ápice desse processo. Marx declarou que o socialismo não pode ser planejado antecipadamente; a história se encarregará desse processo. Na visão de Marx, aqueles que dizem como o socialismo se instalará são apenas "utópicos".

O socialismo já estava intelectualmente derrotado quando Marx escreveu. Marx respondia aos críticos que seus opositores eram meros "burgueses". Não era necessário derrotar os argumentos dos opositores, mas somente desmascarar seu histórico burguês. E como a doutrina deles era apenas a ideologia burguesa, não era necessário lidar com isso. Isso significava que nenhum burguês poderia escrever qualquer coisa a favor do socialismo. Dessa maneira, todos esses escritores ansiavam por provar que eram proletários. Seria adequado mencionar aqui, também, que o antecessor do socialismo francês, Claude Henri de Rouvroy (1760-1825), o Conde de Saint-Simon, descendia de uma famosa família nobre de duques e de condes.

Simplesmente não é verdade que as invenções progridem porque as pessoas buscam por fins práticos, e não por verdades.

Quando Karl Marx publicou seus livros, o pensamento alemão era dominado por Georg Wilhelm Friedrich Hegel (1770-1831), professor na Universidade de Berlim. Hegel havia desenvolvido a doutrina da evolução filosófica da história. Em alguns aspectos, suas ideias eram diversas, até mesmo opostas, às de Marx. Hegel foi o homem que destruiu o pensamento e a filosofia alemães por mais de um século, no mínimo.

Descobriu uma advertência nos trabalhos de Immanuel Kant (1724-1804) o qual afirmou que a filosofia da história só pode ser escrita por um homem que tenha a coragem de pretender ver o mundo pelos olhos de Deus. Hegel acreditava que tinha os "olhos de Deus", que conhecia o fim da história, que conhecia os planos de Deus. Afirmou que o *Geist* [Espírito] se desenvolve e se manifesta ao longo da evolução da história. Portanto, o curso inevitável da história é evoluir de condições menos satisfatórias para condições mais satisfatórias.

Em 1825, Hegel declarou que havíamos atingido um estado de coisas maravilhoso. Considerava o reino prussiano de Frederico Guilherme III (1770-1840) e a Igreja Prussiana Unida a perfeição do governo secular e espiritual. Marx declarou, assim como Hegel o havia feito, que existia história no passado, mas que não haveria qualquer história no futuro após alcançarmos um estado satisfatório. Dessa maneira, Marx adotou o sistema hegeliano, embora utilizasse as forças materiais produtivas em vez do *Geist* [Espírito]. As forças produtivas materiais passam por muitos estágios. O estágio atual é muito ruim, mas há algo em seu favor – ser um estágio preliminar necessário para o surgimento do estado perfeito do socialismo. E o socialismo está prestes a chegar.

Hegel era chamado de o filósofo do absolutismo prussiano. Faleceu em 14 de novembro de 1831. Sua escola pensava em termos de esquerda e direita (a esquerda não gostava do governo prussiano e da Igreja Prussiana Unida). Essa distinção entre esquerda e direita vigora desde então. No Parlamento Francês, os que não gostavam do governo do rei se sentavam à esquerda da assembleia. Hoje, ninguém quer sentar-se à direita.

Originariamente, isto é, antes de Karl Marx, o termo "direita" indicava os que apoiavam um governo representativo e as liberdades civis, em contrapartida aos de "esquerda", favoráveis ao absolutismo real e ausência de direitos civis. O surgimento das ideias socialistas alterou o significado dos termos. Alguns membros da "esquerda" expressavam suas opiniões abertamente. Por exemplo, Platão (427-347 a.C.) foi sincero ao dizer que um filósofo deveria governar. Auguste Comte (1798-1857) afirmou que a liberdade foi necessária no passado, pois permitiu que publicasse seus livros, mas agora que seus livros já estavam publicados, a liberdade não era mais necessária. Da mesma maneira, Étienne Cabet (1788-1856) definiu três classes de livros – os livros ruins, que deveriam ser queimados; os livros intermediários, que deveriam ser retificados, e os restantes, os "bons livros". Por isso, havia grande confusão sobre fixar as liberdades civis aos cidadãos do Estado socialista. Isso se deu porque as ideias marxistas não haviam se desenvolvido em países com liberdades civis, mas sim em países onde as pessoas não tinham liberdades civis.

Nikolai Bukharin (1888-1938), autor comunista que viveu em um país comunista, escreveu um panfleto em 1917[12] no qual afirmava que clamaram pela liberdade de imprensa, pensamento e liberdades civis no passado porque eram da oposição e precisavam dessas liberdades para vencer. Agora que venceram, não havia mais necessidade de tais liberdades civis. (Bukharin foi julgado e condenado à morte no Grande Expurgo, Tribunal Revolucionário de Moscou em março de 1938). Se Bukharin fosse um comunista norte-americano, provavelmente ainda estaria vivo e livre para escrever mais panfletos justificando porque a liberdade não é necessária.

Tais peculiaridades da filosofia marxista só podem ser explicadas pelo fato de Marx, embora morando na Grã-Bretanha, não lidava com as situações peculiares na Grã-Bretanha, onde sentia que as liberdades civis não mais se justificavam, mas com as situações da Alemanha, da Itália e de outros países onde as liberdades civis ainda eram necessárias. Vemos, assim, que a distinção entre direita e esquerda, que foi significativa nos dias da Revolução Francesa, não tinha mais significado algum.

---

[12] BUKHARIN, Nikolai. "The Russian Revolution and Its Significance". *The Class Struggle*, Volume I, Number 1 (May-June, 1917): 14-33.

Segunda Palestra

2

Karl Marx supôs que os "interesses" eram independentes das ideias e dos pensamentos. Declarou que o socialismo era o sistema ideal para o proletariado. Disse ainda que os interesses de classe determinam o modo de pensar dos indivíduos. Tal situação, afirmou, causa conflitos inconciliáveis entre as várias classes. Marx, posteriormente, retomou o ponto de onde partiu – a saber, que o socialismo é o estado ideal.

Os conceitos fundamentais no *Manifesto do Partido Comunista*, de 1848, eram "classe" e "conflito de classes". Marx, porém, jamais definiu "classe" até falecer em 1883, trinta e cinco anos após a publicação do *Manifesto do Partido Comunista*. Nesses trinta e cinco anos, publicou muitas obras, mas em nenhuma delas esclareceu o que queria indicar pelo termo "classe". Após sua morte, Friedrich Engels publicou o

Luta de Classe e o Socialismo Revolucionário

manuscrito inacabado do terceiro volume de *Das Kapital* [*O Capital*]. Engels declarou ter encontrado tal manuscrito na escrivaninha de Marx após sua morte, mas Marx deixara de trabalhar nele muitos anos antes de morrer. Em um capítulo de três páginas desse volume, Marx define o que *não era* uma "classe". No entanto, mesmo pesquisando em todos os seus escritos, jamais encontraremos a definição de "classe". Na verdade, as "classes" não existem na natureza. É o nosso raciocínio – nosso modo de pensar em categorias – que estabelece a construção de "classes". A questão não é se as classes sociais existem no sentido dos conceitos de Karl Marx, mas sim se podemos usar o conceito de "classes sociais" no sentido que Marx lhes atribuiu. Não, não podemos.

Marx não compreendeu que o problema dos "interesses" de um indivíduo ou de uma classe não pode ser resolvido simplesmente por referirmos ao fato de existir tal interesse e de os homens deverem agir segundo os próprios interesses.

Duas perguntas têm de ser feitas: (1) A que fins tais "interesses" levam as pessoas? (2) Quais métodos as pessoas pretendem usar para atingir tais fins?

A Primeira Internacional era um pequeno grupo de pessoas, um comitê de uns poucos homens em Londres, amigos e inimigos de Karl Marx. Alguém sugeriu que cooperassem com o movimento sindicalista britânico. Em 1865, Marx leu um artigo, na reunião do Comitê da Internacional, intitulado *Value, Price, and Profit* [*Salário, Preço e Lucro*], um dos poucos trabalhos escritos em inglês, no qual salientava que os métodos do movimento sindical eram inadequados e precisavam ser alterados. Parafraseando o texto:

> Os sindicatos desejam melhorar o destino dos trabalhadores dentro da estrutura do sistema capitalista – isto é inútil e impossível. Dentro da estrutura do sistema capitalista, não há qualquer possibilidade de melhorar as condições dos trabalhadores. O melhor resultado que poderia ser obtido com tais métodos é um sucesso de curto prazo. Os sindicatos devem abandonar esta política "conservadora" e adotar uma política revolucionária. Devem lutar pela extinção da sociedade de salários da forma como está atualmente estruturada, e lutar pelo advento do socialismo.

Karl Marx não teve coragem de publicar esse artigo em vida; o texto foi publicado somente após sua morte, por Eleanor Marx (1855-1898), uma de suas filhas. Não queria antagonizar os sindicatos trabalhistas, pois ainda nutria esperanças de abandonarem a antiga linha teórica.

Vemos aqui um óbvio conflito de opiniões entre os proletários sobre os métodos de ação adequados. Os sindicatos proletários e Karl Marx discordavam sobre o que era ou não "interesse" dos proletários. Marx declarou que os "interesses" de uma classe eram óbvios – não poderia haver qualquer dúvida sobre eles – todos deveriam conhecê-los. Então, aparece alguém que não pertence ao proletariado, um escritor e advogado que diz que os sindicatos estão errados. "Essa política é inadequada", disse. "Vocês devem mudar radicalmente tal política". Aqui, todo o conceito de classe cai por terra, o conceito que um indivíduo, às vezes, pode errar, mas uma classe, como um todo, jamais comete erros.

As críticas às doutrinas marxistas sempre foram superficiais, pois jamais salientaram como Karl Marx se contradisse e como não conseguiu explicar suas ideias. Eugen Böhm-Bawerk ofereceu uma boa crítica, mas não cobriu todo o sistema[13]. Críticos de Marx nem mesmo chegaram a descobrir as contradições mais evidentes de Marx.

Karl Marx acreditava na "lei de ferro dos salários" (*Iron law of wages*), aceitando-a como a base fundamental de sua doutrina econômica[14]. Não gostava do termo em alemão para essa lei, a "lei de bronze dos salários" (*Das eherne ökonomische Gesetz*) sobre a qual Ferdinand Lassalle havia publicado um

---

[13] BÖHM-BAWERK, Eugen von. "The Unresolved Contradiction in the Economic Marxian System". *Op. cit.*, p. 201-302.

[14] A principal análise de Karl Marx acerca da temática aparece na obra *Kritik des Gothaer Programms* [*Crítica ao Programa de Gotha*] de 1875. Em língua portuguesa, ver: MARX, Karl. *Crítica ao Programa de Gotha*. Pref. Michael Löwy; posf. Virgínia Fontes; trad. Rubens Enderle. São Paulo: Boitempo, 2012. (N. E.).

panfleto[15]. Karl Marx e Ferdinand Lassalle não eram amigos, mas sim antagonista, sérios adversários. Marx declarou que a única contribuição de Lassalle era o termo propriamente dito, a "lei de bronze dos salários". E que acima de tudo, o termo havia sido tomado do dicionário e de Johann Wolfgang von Goethe (1749-1832)[16].

A "lei de ferro dos salários" ainda sobrevive em vários livros didáticos, nas mentes de políticos e, consequentemente, em muitas de nossas leis. Segundo essa "lei", o valor de um salário é determinado pela quantidade de alimentos e outras necessidades vitais à preservação e reprodução da vida, para o sustento dos filhos dos trabalhadores até crescerem e poderem trabalhar nas fábricas. Se o valor dos salários subir acima do valor dessas necessidades, o número de trabalhadores aumentaria e tal aumento acarretaria diminuição salarial. Os salários jamais poderiam cair abaixo desse ponto vital de necessidades, pois haveria consequente falta de mão de obra. Essa lei considera o trabalhador algum tipo de micróbio ou roedor sem qualquer força de vontade ou livre escolha.

Se acreditarmos ser absolutamente impossível no sistema capitalista que os salários se desviem desse valor, como ainda podemos afirmar, como Karl Marx o fez, a respeito do

---

[15] LASSALLE, Ferdinand. *Offenes Antwortschreiben*. Zürich: Verlag von Meyer & Zeller 1863. (N. E.)

[16] Karl Marx também criticou Ferdinand Lassalle por usar o termo *Arbeiterstand* (estado do trabalho). Marx declarou que Lassalle estava se confundindo, mas nunca explicou em que sentido estava se confundindo. [A expressão *Nach ewigen, ehrnen, Großen Gesetzen* (Por eternas leis, grandes e de bronze) foi empregada por Johann Wolfgang von Goethe no poema *Das Göttliche* [*O Divino*], de 1783. (N. E.)]

empobrecimento progressivo dos trabalhadores como inevitável? Há uma contradição insolúvel entre o conceito marxista da lei de ferro dos salários, segundo a qual os salários permanecerão em um patamar tal que seja suficiente para sustentar a progênie de trabalhadores, até que eles mesmos possam se tornar trabalhadores, e sua filosofia da história, que afirma que os trabalhadores empobrecerão cada vez mais até se rebelarem e assim, causarem o advento do socialismo. Naturalmente, ambas as doutrinas são inaceitáveis. Mesmo cinquenta anos atrás, os principais escritores socialistas eram forçados a lançar mão de outras tramas elaboradas para sustentar suas teorias. O que nos surpreende é que, ao longo do século que se passou desde que Marx publicou suas obras, ninguém atentou para essa contradição. E essa contradição não é única em Marx.

O que realmente destruiu Karl Marx foi a ideia do empobrecimento progressivo dos trabalhadores, pois não percebeu que a principal característica do capitalismo é a produção em larga escala para atender às necessidades das massas, e que o principal objetivo dos capitalistas é produzir para grandes massas. Marx também não compreendeu que no capitalismo o cliente sempre está certo. Na condição de assalariado, o trabalhador não consegue determinar o que precisa ser produzido, mas como cliente, torna-se o patrão e diz ao empregador, o empresário, o que fazer. O patrão deve obedecer às ordens dos trabalhadores, visto que são membros do público comprador. A sra. Beatrice Webb (1858-1943)[17],

---

[17] Filha do empresário Richard Potter (1817-1892) e de Lawrencina Heyworth (1821-1882), a filha de um rico comerciante, foi uma das figuras mais proeminentes

assim como outros socialistas, era filha de um abastado empresário. Como outros socialistas, considerava o pai um autocrata que dava ordens a todo mundo. Ela não percebeu que o pai estava sujeito à soberania das ordens dos clientes no mercado. A "grande" sra. Webb não era mais esperta que o mais idiota dos meninos de recado ao pensar que o patrão só sabe dar ordens.

Karl Marx não tinha dúvida alguma sobre quais fins os homens almejam. Também não tinha dúvidas sobre os melhores métodos para atingir esses fins. Como é possível que um homem tão letrado, que interrompia suas leituras somente para escrever, não tenha compreendido a discrepância das ideias que apresentou?

Para responder a essa pergunta, devemos voltar no tempo e analisar o modo de pensar dos homens de sua época. Nesse período, Charles Darwin (1809-1882) escreveu *On the Origin of Species*[18] [*A Origem das Espécies*], lançado em 1859. O modismo

---

do socialismo fabiano britânico juntamente com o marido Sidney Webb (1859-1947), um político trabalhista que figura entre os fundadores da London School of Economics (LSE). O ativismo do casal, que recebeu em 1929 o título de Barão Passfield e de Baronesa Passfield, foi possível por conta da herança deixada pelo pai de Beatrice Webb. Ambos colaboraram bastante com a propaganda do regime de Josef Stalin em países democráticos ocidentais. (N. E.)

[18] A tradução em português, baseada na primeira edição em inglês de 1859, é a seguinte: DARWIN, Charles. *A Origem das Espécies*. Pref. Nelio Bizzo; trad. Daniel Moreira Miranda. São Paulo: Edipro, 2018. Sem os inúmeros acréscimos feitos pelo autor, em decorrência de críticas recebidas, o texto da primeira edição da obra de Charles Darwin foi a versão que mais influenciou os autores materialistas de sua época, incluindo Karl Marx. O cientista britânico costuma ser acusado por alguns analistas de ter feito concessões aos religiosos nas edições posteriores deste trabalho. A edição definitiva da obra é a sexta, lançada em 1872, que serviu

intelectual da época via os homens simplesmente da perspectiva de membros da classe zoológica dos mamíferos, que agiam com base nos instintos. Marx não considerou a evolução da humanidade acima do nível de homens muito primitivos. Para ele, o trabalho não qualificado era o tipo normal de trabalho, ao passo que o trabalho qualificado era a exceção. Em um de seus livros escreveu que o progresso tecnológico das máquinas causa o desaparecimento de especialistas, pois máquinas podem ser operadas por qualquer pessoa, sem a necessidade de qualquer habilidade para tal. Portanto, no futuro, o tipo normal de homem seria o não especialista.

Com relação a muitas ideias, Marx pertencia a uma época bem anterior, principalmente no tocante ao desenvolvimento de sua filosofia da história. Marx substituiu a evolução do *Geist* [Espírito] de Hegel pela evolução dos fatores materiais da produção. Não percebeu que tais fatores – ferramentas e máquinas – são na verdade produtos da mente humana. Declarou que ferramentas e máquinas, as forças produtivas materiais, inevitavelmente resultariam no socialismo. Sua teoria foi denominada "materialismo dialético" [*Dialektische Materialismus*], abreviada pelos socialistas como *"diamat"* [диамат].

[Em um aparte, dr. Mises relatou a visita a uma escola socialista no México. Mises perguntou ao diretor o que significava "escola socialista". Este explicou que a lei mexicana

---

como base para as demais traduções lançadas em português, dentre as quais a mais recente é a seguinte: DARWIN, Charles. *A Origem das Espécies*. Trad. Carlos Duarte e Anna Duarte. São Paulo: Martin Claret, 2014. (N. E.)

exigia que as escolas ensinassem a doutrina darwiniana da evolução e o materialismo dialético. A seguir, comentou sobre essa disposição da lei e o sistema educacional: "Há uma grande diferença entre o que reza a lei e a prática. Noventa por cento dos professores de nossas escolas são mulheres e a maioria delas, católicas praticantes"].

Karl Marx raciocinou a partir da *tese* em direção à *negação da tese* e a seguir, à *negação da negação*. A propriedade privada dos meios de produção nas mãos de cada trabalhador individual era o ponto de início do raciocínio, *a tese*. Esse era o estado de coisas em uma sociedade em que cada trabalhador era agricultor ou artesão independente e possuía as ferramentas com as quais trabalhava. A *negação da tese* – propriedade no sistema capitalista – seria quando as ferramentas não eram propriedade dos trabalhadores, mas sim dos capitalistas. A *negação da negação* seria a propriedade dos meios de produção nas mãos de toda a sociedade. Seguindo esta linha de raciocínio, Marx declarou ter descoberto a lei da evolução histórica. Por isso denominou essa teoria de "socialismo científico".

Marx estigmatizou todos os socialistas que o antecederam chamando-os de "socialistas utópicos", pois tentaram salientar e convencer seus concidadãos de que o socialismo era um sistema melhor, porque esperavam que as pessoas adotassem o sistema social socialista, caso estivessem convencidas de que esse sistema era melhor. Eram "utópicos", Marx afirmou, porque tentavam descrever um futuro Paraíso na Terra. Entre os precursores de Karl Marx considerados "utópicos" estavam Claude Henri de Rouvroy, o Conde de Saint-Simon, um aristocrata francês; Robert Owen (1757-1858), um industrial britânico; e Charles Fourier (1772-1837), um francês que, indubitavelmente, era lunático (Fourier era chamado de *"fou du Palais-Royal"* [bobo do Palácio Real]. Costumava afirmar, por exemplo, que *"Na era do socialismo, o oceano não seria mais salgado, mas se tornaria limonada"*). Marx considerava esses três "utópicos" grandes precursores. No entanto, dizia, tais homens não perceberam que o que afirmavam era simplesmente "utópico". Aguardavam o advento do socialismo como decorrência da mudança de opinião das pessoas. Para Marx, contudo, o advento do socialismo era inevitável, viria com a inevitabilidade da natureza.

Por um lado, Marx escreveu sobre a *inevitabilidade* do socialismo. Por outro lado, no entanto, organizou um movimento socialista, um partido socialista, declarou repetidamente que o socialismo era revolucionário e que a derrubada do governo pela força era necessária para permitir o socialismo.

Marx empregou metáforas do campo da ginecologia. O partido socialista é como um obstetra, pois possibilita o nascimento do socialismo. Quando indagado sobre a inevitabilidade de todo o processo e a razão para favorecer a *revolução* em lugar da *evolução*, os marxistas retrucam: "Não há evoluções na vida. O próprio nascimento, em si, não é uma revolução?"

Segundo Marx, a meta do partido socialista não era influenciar, mas sim ajudar a fazer acontecer o inevitável. No entanto, a própria obstetrícia influencia e pode alterar certas condições. A obstetrícia fez progressos no ramo da medicina e até salvou vidas. E por salvar vidas, podemos dizer que a obstetrícia tem, na verdade, alterado o curso da história.

O termo "científico" adquiriu prestígio ao longo do século XIX. A obra *Anti-Dühring*[19] de Friedrich Engels, lançada em 1878, se tornou um dos livros de maior sucesso entre os trabalhos dos filósofos marxistas. Um dos capítulos desse livro foi reimpresso como panfleto com o título de "O desenvolvimento do Socialismo, de utopia à ciência", e obteve enorme sucesso. Karl Radek (1885-1939), comunista soviético, posteriormente escreveu um panfleto intitulado "O desenvolvimento do Socialismo, de ciência à ação".

A doutrina ideológica de Karl Marx foi inventada para desacreditar as obras da burguesia. Tomás Masaryk (1850-1937) da Tchecoslováquia nasceu em família pobre, de agricultores e trabalhadores, e escreveu sobre o marxismo. Mesmo assim, era chamado de burguês pelos marxistas. Como poderia ele ser considerado "burguês" se Marx e Engels se autodenominavam "proletários"?

Se os proletários devem pensar segundo os "interesses" de sua classe, como pode haver discordância e dissidência entre eles? Essa dicotomia torna a situação mais difícil ainda de explicar. Quando há dissidências entre os proletários, o dissidente é chamado "traidor social". Depois de Marx e de Engels, o grande homem dos comunistas foi o alemão Karl

---

[19] O objetivo principal do livro é apresentar uma crítica à proposta socialista do filósofo e economista alemão Karl Eugen Dühring (1833-1921), um adversário do marxismo, que, fundado nas teorias de Friedrich List (1789-1846) e Henry Charles Carey (1793-1879), expôs suas teorias no linguajar científico da época, o que levou Friedrich Engels adotar postura semelhante neste trabalho. Em língua portuguesa a obra está disponível na seguinte edição: ENGELS, Friedrich. *Anti--Dühring*. Trad. Nélio Schneider. São Paulo: Boitempo Editorial, 2015. (N. E.)

Kautsky (1854-1938). Em 1917, quando Vladimir Lenin tentou revolucionar o mundo inteiro, Karl Kautsky se opôs à ideia. E devido a esse desacordo, o ex-grande homem do partido foi chamado, da noite para o dia, um "traidor social" – além de receber vários outros nomes.

Esse conceito é semelhante ao dos racistas. Os racistas alemães declararam que um conjunto de ideias políticas específicas era tipicamente alemão, e todos os alemães deveriam necessariamente pensar segundo tal conjunto de ideias. Essa era a ideia nazista. Segundo os nazistas, a melhor situação era estar em estado de guerra. No entanto, alguns alemães – Immanuel Kant, Johann Wolfgang von Goethe e Ludwig van Beethoven (1770-1827), por exemplo – nutriam ideias "não--germânicas". Se nem todos os alemães pensam da mesma maneira, a quem cabe decidir quais ideias são alemãs e quais não são alemãs? A resposta só pode ser a de uma "voz interior" como padrão definitivo, a medida indiscutível. Essa posição necessariamente leva a conflitos que por sua vez, acarretam guerras civis ou, até mesmo, guerras internacionais.

Havia duas categorias de russos e ambos se consideravam proletários – os bolcheviques e os mencheviques. O único método possível para "resolver" desacordos entre eles era usar a força e o extermínio. Os bolcheviques ganharam. A seguir, dentro das fileiras dos bolcheviques comunistas, surgiram outras diferenças de opinião – entre Leon Trotsky (1879-1940) e Josef Stalin – e a única maneira de conciliar os conflitos foi o expurgo. Trotsky foi enviado ao exílio, arrastado para o México e, em 1940, nesse país, perseguido até a morte. Stalin não conseguiu iniciar nenhum movimento, pois retomou os conceitos do Marx revolucionário de 1859 – e não os do Marx intervencionista de 1848.

Infelizmente, expurgos não acontecem somente porque os homens são imperfeitos. São consequências necessárias dos fundamentos filosóficos do socialismo marxista. Se alguém não consegue discutir diferenças filosóficas de opinião da mesma maneira como discute outros problemas, precisa encontrar outra solução – por meio da violência e da força. Isso se aplica não somente a dissidências sobre políticas, problemas econômicos, sociologia, direito etc., mas também aos problemas das ciências naturais. O casal Sidney e Beatrice Webb, lorde e *lady* Passfield, ficaram chocados ao saber que as revistas e os jornais russos tratavam de problemas das ciências naturais a partir da perspectiva filosófica do marxismo-leninismo-stalinismo. Por exemplo, se há opiniões divergentes sobre a ciência ou a genética, elas devem ser conciliadas pelo "líder". Esta é a consequência direta e inevitável do fato que, segundo a doutrina marxista, não se considera a possibilidade de dissidência entre pessoas honestas; ou a pessoa pensa como eu penso ou é um traidor e precisa ser liquidado.

O *Manifesto do Partido Comunista* surgiu em 1848. Nele, Marx pregava a revolução, pois acreditava que a revolução estava por chegar.

Acreditava que o socialismo adviria após uma série de medidas intervencionistas. Listou dez medidas – entre elas, imposto progressivo sobre a renda, abolição dos direitos de herança, reforma agrícola, e assim por diante. Essas medidas eram indefensáveis, argumentava, mas necessárias para a vinda do socialismo.

Assim, Karl Marx e Friedrich Engels acreditavam, em 1848, que o socialismo poderia ser alcançado pelo intervencionismo. Em 1859, onze anos depois do *Manifesto do Partido Comunista*, Marx e Engels haviam abandonado a defesa das intervenções; não mais esperavam o advento do socialismo por meio de mudanças legislativas – queriam introduzir o socialismo por meio de uma mudança radical de um dia para o outro. Partindo desse ponto de vista, os seguidores de Marx e Engels consideraram políticas posteriores – *New Deal*, *Fair Deal* etc.[20] – como políticas "pequeno burguesas". Na década

---

[20] Referência aos programas governamentais *New Deal* [Novo Acordo] e *Fair Deal* [Acordo Justo], implementado, respectivamente, pelas administrações de Franklin Delano Roosevelt (1882-1945), entre 1933 e 1937, e Harry S. Truman (1884-1972), entre 1945 e 1953. O chamado *New Deal* se caracterizou pela expansão dos gastos públicos, pela criação de programas sociais governamentais, pela ampliação da burocracia estatal e pelo crescimento da intervenção do governo na economia. As medidas intervencionistas do *New Deal* por intermédio de um programa semelhante, denominado *Fair Deal*, foram ampliadas para outras áreas, dentre as quais se destacam, por exemplo, o apoio ao nascente movimento pelos direitos civis, a tentativa de criar um programa universal de saúde pública, a ampliação das políticas de bem-estar social, o aumento da regulamentação trabalhista, o avanço da intervenção federal nas políticas educacionais locais, os subsídios para a construção de moradias e para a agricultura, a alocação de verbas públicas para diversos programas para os veteranos da Segunda Guerra Mundial e a criação de uma série de projetos federais nos estados, desrespeitando suas autonomias. Tanto o *New Deal* quanto o *Fair Deal* serviram de inspiração para o programa federal *Great Society* [Grande Sociedade], implementado entre 1964 e 1965, durante a administração de Lyndon B. Johnson (1908-1973) com o objetivo de eliminar a pobreza e de reduzir as injustiças raciais, que por intermédio de uma série de reformas, expandiu e ampliou a atuação governamental e os gastos estatais nas áreas de educação, saúde, assistência social, desenvolvimento urbano, transporte público, promoção dos direitos civis, financiamento artístico e cultural, proteção do meio-ambiente e defesa do consumidor, sendo apresentado pela propaganda governamental como um segundo *New Deal*. (N. E.)

de 1840, Engels declarara que as leis trabalhistas britânicas eram sinal de progresso, mas também um sinal da derrocada do capitalismo. Posteriormente, consideraram essas medidas intervencionistas uma política intervencionista inadequada (*Sozialpolitik*).

Em 1888, quarenta anos após sua publicação, o *Manifesto do Partido Comunista* foi traduzido por um escritor inglês. Engels adicionou alguns comentários à tradução. Referindo-se às dez medidas intervencionistas propostas no *Manifesto*, qualificou-as não apenas como inaceitáveis, conforme argumentado pelo *Manifesto*, mas precisamente por serem inaceitáveis, pressionariam cada vez mais outras medidas desse tipo até que, por fim, *essas* medidas mais avançadas levariam ao socialismo.

Terceira Palestra

3

Os liberais enfatizavam a importância do indivíduo. Os liberais do século XIX já consideravam o desenvolvimento do indivíduo a coisa mais importante. "O indivíduo e o individualismo" era o *slogan* progressista liberal. No entanto, os reacionários já haviam atacado essa filosofia no início do século XIX.

Os racionalistas e liberais do século XVIII salientavam que boas leis se faziam necessárias. Velhos costumes que não podiam ser justificados pela racionalidade deveriam ser abandonados. A única justificativa para uma lei era sua responsabilidade em promover o bem-estar público. Em muitos países, os liberais e os racionalistas clamavam por constituições escritas, pela codificação das leis e por novas leis que permitiriam o desenvolvimento das faculdades de todos os indivíduos.

O Individualismo e a Revolução Industrial

Formou-se uma reação a esse conceito, principalmente na Alemanha, onde o jurista e historiador jurídico Friedrich Karl von Savigny (1779–1861) atuava. Savigny declarou que leis não podem ser escritas por homens, mas devem ser escritas de alguma maneira mística pela alma de toda uma unidade. Não é o indivíduo que pensa – é a nação ou uma entidade social que usa o indivíduo somente para a expressão de seus próprios pensamentos. Essa ideia foi bastante enfatizada por Karl Marx e pelos marxistas. Nesse sentido, os marxistas não eram seguidores de Georg Wilhelm Friedrich Hegel, cuja ideia principal da evolução histórica era uma evolução em direção à liberdade individual.

Pela ótica de Karl Marx e Friedrich Engels, o indivíduo era desprezível aos olhos da nação. Marx e Engels negavam que o indivíduo tivesse qualquer papel na evolução histórica, pois a história segue seus próprios passos. As forças produtivas materiais seguem o próprio caminho e se desenvolvem independentemente da vontade dos indivíduos. E os acontecimentos históricos ocorrem com a inevitabilidade da lei da natureza. As forças produtivas materiais atuam como um diretor de ópera; deve haver um substituto disponível em caso de algum problema, um substituto se um cantor se adoecer. De acordo com essa ideia, Napoleão Bonaparte e Dante Alighieri (1265-1321), por exemplo, eram insignificantes – se não tivessem aparecido para ocupar seu lugar especial na história, outras pessoas teriam aparecido para fazer o que fizeram tão bem quanto eles.

Para compreender certas palavras, devemos compreender a língua alemã. A partir do século XVII, a Alemanha se empenhou a lutar contra o uso de palavras latinas e a eliminá-las do idioma alemão. Em muitos casos, uma palavra estrangeira permaneceu, apesar da existência de equivalente na língua alemã. As duas palavras inicialmente eram usadas como sinônimos, mas ao longo da história, acabaram adquirindo significados diversos. Por exemplo, a palavra *Umwälzung*, tradução literal em alemão da palavra latina *revolução*. A palavra latina não tem qualquer conotação de luta. Sendo assim, se desenvolveram dois significados diferentes para a palavra "revolução" – um pela violência e outro como uma revolução gradual, como a "Revolução Industrial". No entanto, Marx emprega a palavra *revolução* em alemão não somente para revoluções violentas como a Revolução Francesa ou a Revolução Russa, mas também no sentido da gradual Revolução Industrial.

Incidentalmente, o termo "Revolução Industrial" foi introduzido por Arnold Toynbee (1852-1883). Os marxistas afirmavam que "O que avança a derrocada do capitalismo não é a revolução – vejam a Revolução Industrial".

Karl Marx atribuía um significado singular à escravidão, à servidão e a outras formas de sujeição. Afirmava ser necessário que os trabalhadores fossem livres para ser explorados. Essa ideia veio da interpretação da situação do senhor feudal que cuidava de seus trabalhadores quando estes não estavam trabalhando. Marx interpretava as mudanças liberais como tentativas de redimir o explorador da responsabilidade sobre as vidas dos trabalhadores. Marx não compreendia que o movimento liberal visava à abolição das desigualdades sob a lei, como a desigualdade entre o servo e o senhor.

Marx acreditava que a acumulação de capital era um obstáculo. Do seu ponto de vista, a única explicação para a acumulação de capital era alguém ter roubado outra pessoa. Para Marx, toda a Revolução Industrial simplesmente consistiu da exploração dos trabalhadores pelos capitalistas. Segundo ele, a situação dos trabalhadores só piorou com a chegada do capitalismo. A diferença entre a situação dos trabalhadores e a dos escravos e servos era a falta de obrigação do capitalista de cuidar dos trabalhadores que não mais podiam ser explorados, ao passo que o senhor feudal permanecia responsável pelos escravos e servos. Esta é mais uma das contradições insolúveis do sistema marxista. No entanto, essa contradição ainda é aceita por economistas hoje sem que se deem conta daquilo em que consiste.

Segundo Marx, o capitalismo é um estágio necessário e inevitável na história da humanidade que transporta os homens de suas condições primitivas ao milênio do socialismo.

Entretanto, se o capitalismo é um passo necessário e inevitável na estrada para o socialismo, não se poderia argumentar de modo consistente, sob a perspectiva de Marx, que aquilo que o capitalista faz seja ética ou moralmente ruim. Sendo assim, por que Marx atacava os capitalistas?

Marx afirma que os capitalistas se apropriam de parte da produção e a tomam dos trabalhadores, o que, segundo ele, é ruim. A consequência disso é que os trabalhadores não mais estão em posição de consumir toda a produção que geram. Uma parte do que produziram, então, permanece não consumida, gerando um "subconsumo". Devido à existência do subconsumo, a depressão econômica surge com regularidade. Essa é a teoria marxista da depressão baseada no subconsumo. Mesmo assim, Marx contradiz esta teoria em outras obras.

Escritores marxistas não explicam por que a produção continua a partir de métodos mais simples para métodos mais complicados.

Nem Marx mencionou o seguinte fato: por volta de 1700, entre o final do século XVI e início do século XVII, a população da Grã-Bretanha era de aproximadamente 5,5 milhões de habitantes. Em meados do século XVII, a população era de 6,5 milhões, com aproximadamente 500.000 indigentes. Todo o sistema econômico havia produzido um *"superávit"* de população. O excedente populacional surgiu mais cedo na Grã-Bretanha do que na Europa continental. Isso ocorreu, em primeiro lugar, porque como a Grã-Bretanha era uma ilha, não estava tão sujeita à invasão de exércitos estrangeiros, o que havia contribuído para reduzir as populações na Europa. As guerras na Grã-Bretanha eram guerras civis, e haviam chegado ao fim. E como não havia mais esse "escoadouro" da guerra para o *"superávit"* populacional, as estatísticas populacionais aumentaram. Na Europa, a situação era diferente, principalmente porque as oportunidades de trabalho na agricultura eram mais favoráveis que na Inglaterra.

O velho sistema econômico inglês não conseguiu resolver o problema populacional. O *"superávit"* era constituído, na maioria, de pessoas indesejáveis – mendigos, ladrões e prostitutas. Eram apoiados por várias instituições, pelas *"poor laws"*[21] e a caridade das comunidades. Alguns foram forçados a prestar serviço militar no exército e na marinha no exterior. Havia também excesso de trabalhadores na agricultura. O sistema de corporações de ofício vigente e outros monopólios nas indústrias de processamento impossibilitaram a expansão da indústria. Naquela época pré-capitalista havia uma rígida divisão entre as classes sociais que podiam comprar sapatos e roupas novas, e as que não podiam. As indústrias de processamento produziam, principalmente, para as classes mais altas. Aqueles que não podiam adquirir roupas novas usavam roupas usadas. Havia, então, um comércio significativo de roupas de segunda mão – comércio esse que desapareceu quase por completo quando a indústria moderna começou a produzir também para as classes mais baixas. Se o capitalismo não tivesse provido os meios de subsistência para essas pessoas que pertenciam ao *"superávit"* populacional, teriam

---

[21] A legislação inglesa relacionada a assistência pública para os pobres datava da era elizabetana e foi retificada em 1834 para instituir assistência padrão supervisionada em nível nacional.

morrido de forme. A varíola foi responsável por muitas mortes na época pré-capitalista. No entanto, havia sido praticamente erradicada. Avanços na medicina também são produtos do capitalismo.

O que Karl Marx denominou *"a grande catástrofe da Revolução Industrial"* não foi de modo algum uma catástrofe, pois trouxe grandes melhorias nas condições de vida das pessoas. Muitos dos que sobreviveram não teriam conseguido, não fosse por essa "catástrofe". Não é verdadeira a afirmação de Marx sobre a disponibilização das melhorias em tecnologia aos exploradores enquanto as massas viviam em condições muito piores do que às vésperas da Revolução Industrial. Tudo o que os marxistas dizem sobre a exploração é absolutamente incorreto! Mentiras! Na verdade, o capitalismo possibilitou a vida de muitas pessoas que não teriam condições de, sem ele, sobreviver. E hoje, muitas, ou até mesmo a maioria das pessoas, têm padrões de vida muito superiores aos de seus antepassados que viveram cem ou duzentos anos atrás.

Durante o século XVIII, surgiram inúmeros autores eminentes – o mais conhecido dos quais foi Adam Smith (1723-1790) – que advogavam o livre comércio. Também eram contra o monopólio, as corporações e os privilégios concedidos pelo rei e pelo Parlamento. Em segundo lugar, alguns indivíduos inteligentes, quase sem qualquer poupança ou capital, começaram a organizar a população mais carente para trabalhar na produção – não nas fábricas, mas fora delas, e não somente para empregadores que pertenciam à classe alta. Os recém-organizados trabalhadores da produção começaram, então, a produzir bens mais simples voltados exatamente para as grandes massas. Essa foi grande mudança de verdade, a verdadeira Revolução Industrial que disponibilizou mais alimentos e outros bens e que fez com que a população crescesse. Ninguém se enganou mais sobre o real papel da Revolução Industrial do que Karl Marx. Às vésperas da Segunda Guerra Mundial, contudo, a população havia crescido tanto que existiam mais de 60 milhões de ingleses!

Não se pode comparar os Estados Unidos à Inglaterra. Os EUA começaram quase como o país do capitalismo moderno. No entanto, podemos dizer, sem sombra de dúvida, que de cada oito pessoas que vivem atualmente nos países ocidentais, sete ainda estão vivas somente graças à Revolução Industrial. Alguém pode ter certeza de ser essa única pessoa entre as oito que não deve a vida à Revolução Industrial? Se alguém tiver dúvida, deve parar e considerar as consequências da Revolução Industrial.

A interpretação que Karl Marx atribuiu à Revolução Industrial também se aplicou à "superestrutura". Marx afirmou que as "forças produtivas materiais", as ferramentas e máquinas, geram as "relações de produção", a estrutura social, os direitos e a propriedade, e assim por diante. Segundo Marx, a "superestrutura" depende da classe em que os indivíduos se inserem, seja o indivíduo um poeta, pintor etc. Marx interpretou tudo o que aconteceu na vida espiritual da nação a partir dessa perspectiva. Arthur Schopenhauer (1788-1860) foi denominado o filósofo dos detentores de ações e títulos. Friedrich Nietzsche (1844-1900) era o filósofo dos grandes negócios. Para cada grande mudança na ideologia, na música, nas artes, na literatura de romances ou na dramaturgia, os marxistas apresentavam uma interpretação imediata. Cada novo livro era explicado pela "superestrutura" do dia de sua publicação, e categorizado por um adjetivo – "burguês" ou "proletário". Os burgueses eram considerados uma massa reacionária sem qualquer diferenciação.

Não creio que qualquer homem consiga praticar determinada ideologia ao longo de toda a vida sem acreditar nela. O uso do termo "capitalismo maduro" mostra como pessoas que não se consideram marxistas de modo algum têm sido tão influenciadas por Marx. O sr. John Lawrence Hammond (1872-1949) e a sra. Barbara Hammond (1873-1961) – na verdade, quase todos os historiadores – têm aceito a interpretação marxista da Revolução Industrial[22]. T. S. Ashton (1899-1968) é a única exceção[23].

Karl Marx, na segunda parte de sua carreira, não era um intervencionista, pois partilhava da filosofia do *laissez-faire*. Porque esperava a completa maturidade do capitalismo e a sua derrocada, que levaria à sua substituição pelo socialismo, era favorável a deixar o capitalismo se desenvolver. Em seus escritos e livros, Marx era adepto da liberdade econômica.

Marx acreditava que medidas intervencionistas não eram adequadas, pois atrasariam a vinda do socialismo. Os sindicatos trabalhistas recomendavam intervenções, Marx

---

[22] John Lawrence Hammond e Barbara Hammond são autores da trilogia *The Village Labourer* [*O Trabalhador da Vila*], de 1911, *The Town Labourer* [*O Trabalhador da Cidade*], de 1917, e *The Skilled Labourer* [*O Trabalhadoe Especializado*], de 1919.

[23] ASHTON, T. S. *The Industrial Revolution: 1760-1830*. London: Oxford University Press, 1998 [1948].

se opunha a eles. Os sindicatos não produziam nenhum bem tangível e não teria sido possível aumentar os salários se os trabalhadores da linha de produção não produzissem mais.

Marx afirmava que intervenções prejudicavam os interesses dos trabalhadores. Os socialistas alemães votaram contra as reformas sociais que Otto von Bismarck instituiu por volta de 1881 (Marx faleceu em 1883). E aqui nos Estados Unidos, os comunistas eram contra o *New Deal*. Por certo, a verdadeira razão da oposição deles ao governo no poder era bem diversa. Nenhum partido de oposição visa conferir mais poder a outro partido. Ao esboçar programas socialistas, o pressuposto tácito é que o planejador ou ditador seja completamente dependente intelectualmente do partido e que o planejador ou ditador será o seu "faz-tudo". Ninguém deseja ser o único membro de um esquema de planejamento de outra pessoa.

Esses conceitos de planejamento retomam o tratado de Platão sobre o modelo da *commonwealth*[24]. Platão foi bastante

---

[24] O autor se refere à noção de cidade-estado ideal apresentada na obra Πολιτεία [*Politeía*], mais conhecida como *A República*, disponível em diversas traduções para o português, dentre as quais destacamos a seguinte: PLATÃO. *A República*. Intr., trad. e notas de Maria Helena da Rocha Pereira. Lisboa: Fundação Calouste Gulbenkian, 7ª ed., 1993. Em parte, esta percepção de Ludwig von Mises acerca da filosofia platônica como uma das fontes do planejamento moderno assemelha-se a noção de Karl Popper (1902-1995), que vê no filósofo grego uma das fontes do totalitarismo contemporâneo, tal como apresentada em: POPPER, Sir Karl R. *A Sociedade Aberta e seus Inimigos – Volume 1: O Fascínio de Platão*. Trad. Milton Amado. Belo Horizonte / São Paulo: Itatiai / Editora da Universidade de São Paulo, 1974. Para uma interpretação distinta, ver: VOEGELIN, Eric. *Ordem e História – Volume III: Platão e Aristóteles*. Intr. Dante Germino; trad. Cecília Camargo Bartalotti. São Paulo: Loyola, 2009. No lugar da palavra *"city-state"*

explícito ao planejar um sistema governado exclusivamente por filósofos, visando eliminar todos os direitos e decisões individuais. Ninguém poderia ir a lugar algum, descansar, dormir, comer beber, lavar-se salvo se assim fosse ordenado. Platão desejava reduzir as pessoas à condição de peões no seu planejamento, bastando para tal somente um ditador designar um filósofo para agir como um primeiro ministro ou presidente de uma diretoria central da gestão de produção. O programa que todos os socialistas consistentes – Platão e Adolf Hitler, por exemplo – planejavam também para a produção de futuros socialistas, a criação e educação dos futuros membros da sociedade.

Nos dois mil e trezentos anos que se seguiram às ideias de Platão, pouquíssima oposição tem sido registrada a suas ideias. Nem mesmo por Immanuel Kant. A inclinação psicológica a favor do socialismo deve ser levada em consideração ao discutirmos as ideias marxistas. Isso não se limita somente aos que se autodenominam marxistas.

Os marxistas negam que exista a busca por conhecimento apenas visando o conhecimento propriamente dito. Entretanto, esses indivíduos também não são consistentes em relação a essa afirmativa, pois dizem que um dos fins do estado socialista é eliminar tal busca por conhecimento. Dizem ser um insulto alguém estudar algo inútil.

[cidade-estado], o autor utiliza o polissêmico termo *"commonwealth"*, que pode ser entendido para designar tanto a ideia filosófica de "Bem-Comum" quanto a definição mais genérica de comunidade, especialmente de países, que compartilham o mesmo sistema político e econômico, tal como utilizado, mais comumente, no caso específico da Comunidade Britânica de nações. (N. E.)

Quero agora discutir o significado da distorção ideológica das verdades. Consciência de classe é algo que não se desenvolve logo no início, mas inevitavelmente deve ser alcançada. Karl Marx desenvolveu sua doutrina de ideologia porque percebeu que não poderia responder às críticas levantadas contra o socialismo. Sua resposta foi: "O que vocês dizem não é verdade, é somente ideologia. O que um homem pensa, enquanto não tivermos uma sociedade sem classes, é necessariamente uma ideologia de classe – ou seja, baseia-se em uma falsa consciência". E sem mais explicações, Marx deduziu que tal ideologia era inútil à classe e aos membros da classe que a desenvolveu. Tais ideias visavam a busca dos objetivos de cada classe.

Karl Marx e Friedrich Engels surgiram na história e desenvolveram os conceitos da classe do proletariado. Sendo assim, de tempos em tempos, a doutrina da burguesia se torna absolutamente inútil. Talvez possa ser argumentado que a burguesia precisava dessa explicação para resolver um problema de consciência. Mas por que deveriam ter problemas de consciência se a sua existência é necessária? E a doutrina marxista afirma que sua existência é necessária, pois sem a burguesia, o capitalismo não se desenvolve. E até que o capitalismo esteja maduro, não pode advir o socialismo.

Segundo Marx, a economia burguesa, por vezes chamada de uma "apologética da economia burguesa", ajudou a burguesia. Os marxistas poderiam ter argumentado que o conceito atribuído pela burguesia a esta inadequada teoria burguesa justificava, a seu ver e também sob a ótica dos explorados, o sistema capitalista de produção, tornando assim possível o sistema existir. No entanto, esta seria uma explicação nada marxista. Primeiramente, segundo a doutrina marxista, nenhuma justificativa é necessária para o sistema burguês de produção. A burguesia explora o proletário porque é seu papel explorá-los, assim como é papel dos micróbios explorar as células do nosso corpo. A burguesia não carece de qualquer justificativa. Sua consciência de classe os leva a crer que têm de agir assim, que é da natureza do capitalista explorar o proletariado.

Um amigo russo de Marx escreveu-lhe que a tarefa dos socialistas deve ser auxiliar a burguesia a explorar melhor os outros, mas em um curto bilhete, Marx retrucou que isso não era necessário, pois a Rússia chegaria ao socialismo sem passar pelo estágio capitalista. Na manhã seguinte, Marx deve ter se dado conta de que se admitisse que algum país pudesse pular um dos estágios inevitáveis, toda a sua teoria ruiria. E assim, não enviou o bilhete. Engels, entretanto, que não era tão esperto, encontrou esse bilhete entre algumas anotações de Karl Marx, em sua escrivaninha, e enviou uma cópia a Vera Zasulich (1849-1919), famosa na Rússia por ter tentado assassinar em 1878 Fyodor Trepov (1809-1889), o Comissário de Política de São Petersburgo, mas fora absolvida pelo júri – tinha um ótimo advogado de defesa. Esta senhora publicou o bilhete de Marx, e esse pedaço de papel se tornou um dos maiores ativos do Partido Bolchevique.

O sistema capitalista prega a promoção baseada no mérito. Se as pessoas não progridem, sentem-se amargas, relutam em admitir que não progridem por falta de inteligência e atribuem a estagnação à sociedade. Muitos culpam a sociedade e então, se voltam para o socialismo. Essa tendência é particularmente forte entre os intelectuais, já que profissionais tratam uns aos outros como iguais, os profissionais menos capazes se consideram "superiores" aos não-profissionais e acreditam que merecem mais reconhecimento do que recebem. A inveja exerce um papel importante. Há uma predisposição filosófica entre as pessoas de ficarem insatisfeitas com o atual estado das coisas, e com as condições políticas também. Se alguém está insatisfeito, questiona-se qual tipo de estado deveria considerar.

Karl Marx tinha "antitalento" – ou seja, faltava-lhe talento. Era influenciado por Georg Wilhelm Friedrich Hegel e por Ludwig Feuerbach, particularmente pela crítica de Feuerbach ao cristianismo. Marx admitia que a doutrina da exploração havia sido copiada de um panfleto anônimo publicado na década de 1820. Sua economia consistia de distorções copiadas de David Ricardo (1772-1823)[25].

Marx era ignorante em economia, não percebia que não pode haver dúvidas sobre os meios de produção a serem aplicados. A questão é: como devemos usar os escassos fatores de produção? Pressupôs que a resposta seria óbvia. No entanto, não compreendeu que o futuro é sempre incerto e que todo empresário tem a responsabilidade de prover para o futuro desconhecido. No sistema capitalista, trabalhadores

---

[25] RICARDO, David. *On the Principles of Political Economy and Taxation*. London: John Murray, 1821 [1817]. [O livro está disponível em português na seguinte edição: RICARDO, David. *Princípios de Economia Política e Tributação*. Intr. Piero Sraffa; apres. Paul Singer; trad. Paulo Henrique Ribeiro Sandroni. São Paulo: Abril Cultural, 1982. (N. E.)].

e tecnólogos obedecem ao empreendedor; já no sistema socialista, obedecem a uma autoridade socialista. Marx não considerou a diferença entre "dizer o que precisa ser feito" e "fazer o que alguém diz que precisa ser feito". O Estado socialista é necessariamente um Estado de polícia.

A atrofia do Estado era apenas a tentativa de Marx de evitar responder o que aconteceria em um regime socialista. No socialismo, condenados sabem que serão punidos em benefício de toda a sociedade.

O terceiro volume de *O Capital* estava cheio de longas citações de audiências dos Comitês do Parlamento Britânico, comitês sobre moeda e sistema bancário – mas tais citações não fazem o menor sentido[26]. Por exemplo: *"O sistema monetário é essencialmente católico, o sistema de crédito é essencialmente protestante [...], mas o sistema de crédito não se emancipa das bases do sistema monetário da mesma forma que o protestantismo não se emancipa dos fundamentos do catolicismo"*[27]. Totalmente absurdo!

---

[26] MARX, Karl. *Capital: A Critique of Political Economy, III*. Chicago: Charles H. Kerr, Chicago, 1909. p. 17, 530-677ss.
[27] Idem. *Ibidem.*, p. 696.

Quarta Palestra

4

A doutrina marxista não nega a possibilidade da verdade absoluta. No entanto, sustenta que a verdade absoluta só pode ser conquistada em uma sociedade sem classes. Ou em uma sociedade da classe proletária.

O livro *Материализм и эмпириокритицизм* [*Materialismo e Empiriocriticismo*][28], de 1909, principal obra de Vladimir Lenin, ou pelo menos seu trabalho mais volumoso, levou algumas pessoas a considerá-lo um filósofo. A maior parte das críticas de Lenin às ideias dos seus adversários se resume a denominá-los "burgueses". Adicionalmente, a filosofia de Lenin não

---

[28] LENIN, V. I. *Materialism and Empirio-criticism: Critical Comments on a Reactionary Philosophy*. Moscou: Zveno Publishers, 1909. [Em língua portuguesa a obra está disponível na seguinte edição: LENIN, V. I. *Materialismo e Empiriocriticismo: Novas Críticas Sobre Uma Filosofia Reaccionária*. Trad. Maria Paula Duarte. Lisboa: Editorial Estampa, 1975. (N. E.)].

Nacionalismo, Socialismo e a Revolução Violenta

vai além de reafirmar as ideias filosóficas de Marx e, em certa medida, não chega nem mesmo ao nível de outros escritores marxistas russos.

A teoria ou filosofia marxista não teve qualquer aprimoramento nos países onde existiam partidos comunistas. Aqueles a quem denominamos marxistas consideram-se apenas intérpretes de Marx; jamais tentaram alterar qualquer ponto da teoria de Marx. No entanto, existem contradições em Marx e podemos citar trechos de seus escritos que ilustram muitos desses pontos de vista. Marx tem exercido considerável influência sobre *todos* os autores e escritores que viveram desde sua morte, mesmo que normalmente não se admita a influência de Marx sobre tais autores.

Embora os marxistas se considerem meros intérpretes de Marx, um escritor marxista acrescentou algo à teoria e teve uma forte influência não só no pequeno grupo de seus seguidores, mas também em outros autores.

Georges Sorel (1847-1922) – não devemos confundi-lo com Albert Sorel (1842-1906) – foi um importante historiador que desenvolveu uma filosofia diferente em muitos aspectos da filosofia marxista e influenciou a ação política e o pensamento filosófico. Sorel foi um tímido intelectual burguês, um engenheiro. Ele se aposentou e passou a discutir seus conceitos com amigos em uma livraria cujo dono era Charles Péguy (1873-1914), um socialista revolucionário. Ao longo dos anos, Péguy mudou suas opiniões e no final de sua vida tornou-se um autor católico muito fervoroso. Péguy tinha sérios conflitos com sua família, mas a interação com Sorel foi notável. Péguy era um homem de ação; faleceu em 5 de setembro de 1914, nas primeiras semanas da Primeira Guerra Mundial.

Sorel pertencia psicologicamente ao grupo de pessoas que sonham com ação, mas nunca agem de fato; ele não lutou. Como escritor, entretanto, Sorel era muito agressivo. Elogiou a crueldade e lamentou o fato de ela estar desaparecendo de nossa vida. Em um de seus livros, *Réflexions sur la violence* [*Reflexões sobre a Violência*][29], de 1908, considerou uma manifestação de decadência os partidos marxistas, autoproclamados revolucionários, terem se degenerado em partidos parlamentares. Onde está a revolução se você está no Parlamento? Também não gostava dos sindicatos, acreditava que os sindicatos deveriam abandonar a busca desesperada

---

[29] O livro foi lançado em português como: SOREL, Georges. *Reflexões sobre a Violência*. Trad. Paulo Neves, São Paulo: Martins Fontes, 1992. (N. E.).

por salários mais altos e adotar, em vez deste padrão conservador, o processo revolucionário.

Georges Sorel compreendeu claramente a contradição no sistema de Karl Marx que, por um lado, pregava a revolução, mas depois afirmou que *"o advento do socialismo é inevitável e não podemos acelerar sua vinda, pois o socialismo não pode antepor-se às forças produtivas materiais alcançarem tudo o que é possível dentro do quadro da velha sociedade"*. Sorel compreendeu a contradição entre a ideia da inevitabilidade e a ideia da revolução. Esta contradição representa o questionamento de todos os socialistas – Karl Kautsky, por exemplo. Sorel abraçou totalmente a ideia da revolução.

Sorel reivindicou junto aos sindicatos uma nova tática, a *ação direta* – ataque, destruição, sabotagem. Considerava o uso dessas políticas agressivas preliminares para o grande dia em que os sindicatos convocariam uma "greve geral", o dia em que os sindicatos declarariam "Agora não trabalharemos mais. Queremos destruir a vida da nação completamente". A greve geral nada mais é que um sinônimo da revolução viva. A ideia de *ação direta* é denominada "sindicalismo".

O sindicalismo pode significar o controle da indústria pelos trabalhadores. Por "controle", os socialistas querem dizer o controle efetuado pelo Estado e operação efetuada pelas pessoas. Sorel pretendia atingir este objetivo com a revolução. Não questionou o conceito de a história conduzir inevitavelmente ao socialismo. Há um tipo de instinto que impulsiona os homens para socialismo, mas Sorel aceitou tal instinto como sendo uma superstição, um desejo interior que não pode ser analisado. Por esta razão, sua filosofia tem sido comparada ao *élan vital* de Henri Bergson (1859-1941) – mitos, contos de fadas, fábulas, lendas). No entanto, na doutrina de Sorel, o "mito" tem um significado diverso – uma declaração que não pode ser criticada pela razão.

1) O socialismo é um fim.

2) A greve geral é o grande meio.

A maioria dos escritos de Sorel data de 1890 a 1910. Seus escritos tiveram uma enorme influência no mundo, não apenas nos revolucionários socialistas, mas também nos monarquistas, partidários da restauração da Casa de Orange, da "*Action Française*" (Ação Francesa), e em outros países, da "*Action Nacionale*" (Ação Nacional). No entanto, todos esses partidários tornaram-se, gradualmente, um pouco mais "civilizados" do que Sorel acreditava que deveriam ser.

Foi essa ideia do sindicalismo francês que influenciou o movimento mais importante do século XX. Vladmir Lenin, Benito Mussolini e Adolf Hitler foram todos influenciados por Georges Sorel, pela ideia da ação, pela ideia de não falar, mas matar. A influência de Sorel sobre Mussolini e Lenin nunca foi questionada. Em relação à sua influência sobre o nazismo, temos o livro de Alfred Rosenberg (1893-1946)[30], intitulado *Der Mythus des zwanzigsten Jahrhunderts* [*O Mito*

---

[30] Rosenberg foi um idealista nazista condenado à morte por crimes de guerra, no Tribunal de Nuremberg em 1º de outubro de 1946 e executado em 16 de outubro de 1946.

do Século XX]³¹, de 1930. A ideia fundamental do racismo foi emprestada dos franceses. O único homem que realmente contribuiu para as ideias marxistas foi Sorel, juntamente com um grupo de sindicalistas – um grupo comparativamente pequeno composto exclusivamente de intelectuais e até mesmo de ricos ociosos, como os *"penthouse Bolshevists"*³² (bolcheviques que se reuniam em apartamentos de luxo) de Nova York. Repetidamente afirmavam que só os trabalhadores têm suficiente garra e consciência de classe para conseguir destruir o sistema burguês.

---

³¹ Não tendo sido editado em português, *Der Mythus des zwanzigsten Jahrhunderts* [*O Mito do Século XX*], de Alfred Rosenberg, foi inspirado nas obras *Essai sur l'inégalité des races humaines* [Ensaio sobre a Desigualdade das Raças Humanas], do conde Arthur de Gobineau (1816-1882), e *The Foundations of the Nineteenth Century* [*Os Fundamentos do Século XIX*], de Houston Stewart Chamberlain (1855-1927), sendo concebido pelo autor como uma sequência deste último livro. (N. E.)

³² A expressão jocosa *"penthouse Bolshevists"* [bolcheviques de cobertura] foi cunhada pelo jornalista norte-americano Eugene Lyons (1898-1985), um socialista crítico do regime soviético e autor do livro, de 1941, *The Red Decade: The Stalinist Penetration of America* [*A Década Vermelha: A Penetração Stalinista nos Estados Unidos*], para designar os burgueses ricos que aderiram ao comunismo. O termo ganhou uma maior adesão entre os membros do movimento libertário norte-americano, incluindo Ludwig von Mises, por intermédio do artigo "My War with the Reds" [Minha Guerra com os Vermelhos], de autoria da famosa escritora britânica Taylor Caldwell (1900-1985), publicado na edição de 15 de dezembro de 1952 da revista *The Freeman*, editada pela Foundation for Economic Education (FEE). O vocábulo se refere ao tipo de esquerdista que o escritor brasileiro Nelson Rodrigues (1912-1980) denominou como frequentadores de "saraus de grã-finos" ou de "botecos ideológicos", a chamada "esquerda caviar" [*Gauche caviar*], uma definição pejorativa, empregada pelos detratores do governo do presidente francês François Mitterrand (1916-1996), para descrever a hipocrisia dos socialistas que levam uma vida de luxo e glamour. Atualmente é mais comum nos Estados Unidos o uso da expressão *"limousine liberal"* [progressista de limosine], criado em 1969 pelo político democrata Mario Procaccino (1912-1995), para definir este tipo de esquerdista. (N. E.)

O centro da atividade marxista se deslocou da Alemanha para a França. A maior parte das obras marxistas está escrita em francês e o trabalho de Georges Sorel também foi conduzido na França. Fora da Rússia, há mais marxistas na França que em qualquer outro país, onde se discute mais sobre comunismo do que na Rússia. A *École Normale Supérieure* [Escola Normal Superior] em Paris foi um importante centro de ensinamentos marxistas. Lucien Herr (1864-1926), o bibliotecário, teve muita influência. Foi o pai de marxismo francês. Como os ex-alunos da *École Normale Supérieure* se tornaram mais e mais importantes, a escola disseminou o marxismo por toda a França.

De modo geral, a mesma condição prevaleceu na maioria dos países europeus. Enquanto as universidades pareciam relutar em aceitar o marxismo, escolas especiais eram encarregadas de educar as novas gerações na ortodoxia socialista. Este foi o objetivo da *London School of Economics*, uma instituição (socialista) Fabiana fundada por Sidney James Webb. Esta instituição, contudo, não conseguiu evitar ser "invadida" por pessoas com outras ideias. Por exemplo, F. A. Hayek (1899-1992) ensinou durante alguns anos na *London School of Economics*. O mesmo ocorria em todos os países – países europeus tinham universidades estatais. As pessoas geralmente ignoram o fato de que marxistas, e não professores a favor do mercado, foram designados pelo Czar nas universidades imperiais na Rússia. Esses professores foram denominados marxistas legais, ou melhor, marxistas "leais". Quando os bolcheviques chegaram ao poder na Rússia, não foi necessário demitir os professores.

Karl Marx não via diferença alguma entre as várias partes do mundo. Uma de suas doutrinas era a do capitalismo ser uma fase no desenvolvimento do socialismo. Nesse particular, algumas nações estão mais atrasadas que outras. O capitalismo, todavia, estava destruindo as barreiras comerciais e de migração que antes impediam a unificação do mundo. Sendo assim, diferenças evolucionárias nos diferentes países no tocante à maturidade em direção ao socialismo desapareceriam.

No *Manifesto do Partido Comunista* de 1848, Marx declarou que o capitalismo estava destruindo todas as particularidades nacionais e unificando todos os países do mundo em um único sistema econômico. O baixo preço dos produtos foi o meio utilizado pelo capitalismo para destruir o nacionalismo. Entretanto, em 1848, as pessoas comuns não sabiam nada sobre a Ásia ou África. Marx estava menos informado que os empresários ingleses, os quais sabiam alguma coisa sobre as relações comerciais com a China e a Índia. A única atenção que Marx dedicou a esse problema foi o bilhete, mais tarde publicado por Vera Zasulich, no qual afirmava ser possível um país pular o estágio capitalista e avançar diretamente ao socialismo. Marx não via nenhuma distinção entre as várias nações. Segundo ele, o capitalismo, assim como o feudalismo, provoca o progressivo empobrecimento em todo o mundo. Em todos os locais haverá economias maduras. E quando o capitalismo amadurecer, o mundo todo terá chegado ao socialismo.

Marx não tinha a habilidade de aprender pela observação de acontecimentos políticos e pela literatura política publicada na época. Para ele, praticamente nada mais existia, exceto os livros dos economistas clássicos que encontrou na biblioteca do Museu Britânico e as audiências das Comissões Parlamentares Britânicas. Nem sequer sabia o que acontecia no próprio bairro. Não percebeu que muitas pessoas estavam lutando, não pelos interesses do proletariado, mas pelos princípios da nacionalidade.

O princípio da nacionalidade foi ignorado completamente por Marx. Este princípio pregava que cada grupo linguístico forma um Estado independente e que todos os membros de um grupo dessa natureza devem ser reconhecidos e unificados. Esse foi o princípio catalizador dos conflitos europeus, conduzindo à destruição completa do sistema europeu e criando o atual caos da Europa. O princípio da nacionalidade não considera que existem grandes territórios onde populações linguísticas estão mescladas. Consequentemente, as lutas entre os diferentes grupos linguísticos, por fim, resultaram na atual situação europeia. Menciono isso porque esse é um princípio de governo desconhecido até o momento.

Segundo esse princípio, não existe nação alguma como a Índia. Talvez esse princípio da nacionalidade divida a Índia em muitos estados independentes que lutarão entre si. O Parlamento Indiano usa o idioma inglês. Os membros dos vários estados não podem se comunicar em outra língua, exceto na língua oficial do governo, um idioma que praticamente expeliram do país. No entanto, esta situação não perdurará eternamente.

Em 1848, quando os eslavos da Europa se encontraram para um Congresso Pan-Eslavista em Moscou, tiveram de se comunicar em alemão, o que não impediu que cada grupo evoluísse posteriormente de uma forma diversa.

Karl Marx e Friedrich Engels não gostavam do movimento nacionalista e nunca tomaram conhecimento dele, pois não se encaixava em seus planos ou programas. Se as observações hostis que Marx e Engels fizeram a vários grupos linguísticos do Império Austro-Húngaro e dos Bálcãs levaram alguns autores, especialmente autores franceses, a considerar Marx o precursor do nacional-socialismo – o nazismo – estão errados. Karl Marx desejava criar um estado mundial. A mesma coisa que almejava Vladimir Lenin.

Em 1848, Marx já pressupunha que o socialismo estava próximo. Dada esta teoria, não havia qualquer razão para a constituição de um estado linguisticamente separado. Um estado desse tipo só poderia ser temporário. Marx simplesmente presumiu que a era das nacionalidades havia chegado ao fim, e que estávamos às vésperas de uma era em que não existiriam mais diferenças entre os vários tipos, classes, nações, grupos linguísticos etc. Marx renegava absolutamente qualquer diferença entre os homens. Os homens seriam todos iguais. Nunca houve qualquer alusão, nos escritos de Marx, ao idioma que as pessoas em seu proposto Estado mundial usariam, ou à nacionalidade do ditador desse Estado.

Marx ficou furioso quando alguém disse que havia diferenças entre homens de uma mesma nação, cidade ou filial de negócio, da mesma forma que todos os marxistas se enfureceram quando alguém declarou que havia diferenças entre os ingleses e os esquimós. Segundo Marx, a única diferença resultava da instrução. Se um idiota e Dante Alighieri recebessem a mesma educação, não haveria nenhuma diferença entre eles. Esta ideia influenciou os seguidores de Marx, e ainda permanece dos princípios básicos da instrução norte-americana. Por que todas as pessoas não são igualmente inteligentes? Muitos marxistas pressupõem que na futura comunidade socialista as pessoas comuns serão iguais, em talentos, dons, inteligência e realizações artísticas, aos maiores homens do passado, como Leon Trotsky, Aristóteles (384-322 a.C.), Karl Marx, e Johann Wolfgang von Goethe, apesar de ainda existirem pessoas mais talentosas.

Nunca ocorreu a Marx que, na melhor das hipóteses, a educação só pode transferir para o aluno o que o professor já sabe. No caso de Marx, não teria sido bastante ter sido educado em uma escola por perfeitos professores hegelianos, porque tudo o que teria produzido teria sido, novamente, apenas hegelianismo. Educar as pessoas no conhecimento da geração anterior aos automóveis, não possibilitado a produção de automóveis. A educação nunca pode promover um progresso dessa maneira. O fato de algumas pessoas, graças à sua posição social, herança, educação etc., terem o dom de ir além das gerações anteriores não pode ser explicado meramente pela educação.

Do mesmo modo, é impossível explicar os grandes feitos e grandes atos de alguns homens simplesmente pela referência à nacionalidade. O problema é: por que essas pessoas eram diferentes de seus concidadãos? Marx simplesmente pressupôs, sem qualquer razão, que agora vivemos na era da globalização e que todos os traços nacionais desaparecerão. Assim como pressupôs o fim da especialização, com máquinas operadas por trabalhadores não qualificados, pressupôs também que não mais existiriam quaisquer diferenças entre as diversas partes do mundo e as várias nações. Todo tipo de conflito entre as nações foi interpretado como consequência das maquinações da burguesia. Por que os franceses e alemães lutam? Por que lutaram em 1870? Porque as classes governantes da Prússia e da França quiseram lutar. Mas isso nada tinha a ver com os interesses das nações.

No tocante à sua atitude em relação à guerra, Marx foi, naturalmente, influenciado pelo *laissez-faire* dos liberais de Manchester. O uso do termo "liberalismo de Manchester" sempre como um insulto nos mostra sua tendência de esquecer o essencial da famosa declaração do Congresso de Manchester que deu origem ao termo – que no mundo do livre comércio já não há qualquer razão para as nações lutarem entre si. Se existe liberdade de comércio e cada nação pode desfrutar dos produtos de todas as outras nações, a causa fundamental da guerra desaparece. Os príncipes estão interessados em aumentar o tamanho territorial de suas províncias para adquirir mais renda e poder, mas as nações, como instituições, não estão interessadas nisso, pois tal expansão não faz qualquer diferença para o livre comércio. E na ausência de barreiras de imigração, não importa para o cidadão se o seu país é grande ou pequeno. Por esta razão, segundo os liberais de Manchester, a guerra desaparecerá sob o regime democrático popular. O povo não será, então, a favor da guerra porque nada tem a ganhar – apenas tem de pagar a conta e morrer na guerra.

Essa era a ideia do presidente Woodrow Wilson (1856-1924) quando entrou na guerra contra a Alemanha. O que presidente Wilson não compreendeu foi que a inutilidade da guerra somente constitui uma verdade em um mundo onde há livre comércio entre as nações. Isso não se aplica a um mundo intervencionista.

Sir Norman Angel (1872-1967) ainda argumenta da mesma forma. O que os alemães ganharam em 1870? Isso era quase verdade naquela época, pois havia, comparativamente, um livre comércio. Mas hoje a situação é diferente. As próprias políticas da Itália tornaram impossível para os italianos, durante o intervencionismo, obter as matérias-primas de que necessitavam. Porém, no mundo intervencionista de hoje, não podemos afirmar que o indivíduo não ganha nada com a guerra.

A Liga das Nações é um dos grandes fracassos na história mundial – e houve muitos fracassos na história do mundo. Durante os vinte anos da Liga, os obstáculos comerciais se intensificaram cada vez mais. As tarifas se tornaram irrelevantes como barreiras comerciais porque embargos estavam estabelecidos.

Os liberais afirmaram que a guerra já não era mais vantajosa economicamente porque as pessoas nada ganhariam com ela. Portanto, uma nação democrática não mais ansiará por guerras. Marx pressupôs que isso se aplicava também ao mundo intervencionista que se desenvolvia diante dos próprios olhos. Este foi um dos erros fundamentais do marxismo. Marx não era um pacifista, nunca declarou que guerra era algo ruim. Somente afirmou – porque assim o disseram os liberais – que a guerra entre as nações não tinha importância ou significado algum.

Disse que a guerra – isto é, a revolução, termo pelo qual chamava a guerra civil – era necessária. Nem mesmo Friedrich Engels era um pacifista, estudou a ciência militar dia após dia para preparar-se para o posto que criou para si mesmo, o de comandante-mor de todas as nações, como comandante-mor de todos os proletários de todos os países. Lembremos que ele participava de caça à raposa de casaca vermelha, e disse a Marx que esse era o melhor exercício para um futuro general.

Devido a essa ideia de revolução – guerra civil, não guerra internacional – a Internacional Marxista começou a discutir a paz. Em 1864, Marx fundou a Primeira Internacional em Londres. Um grupo de pessoas que tinha pouca relação com o povo e com as massas se reuniu e designou um secretário para cada país. O secretário para a Itália foi Friedrich Engels e muitos outros países foram representados por pessoas que apenas conheciam os países que estavam representando como turistas. Disputas entre os membros desorganizaram toda a Internacional. O evento foi, por fim, transferido para os Estados Unidos e, em seguida, desmantelou-se em 1876.

A Segunda Internacional foi criada em Paris em 1869. No entanto, a Segunda Internacional não tinha uma agenda. Os sindicatos tinham sido criados e se opuseram ao livre comércio e à livre migração. Sob essas condições, como estabelecer uma agenda a ser discutida em um congresso internacional? Decidiram, então, discutir a paz e a guerra, mas apenas em nível nacional, declarando que todos eram proletários e acordando que nunca lutariam as guerras da burguesia. Entre os alemães estavam Friedrich Engels e Karl Kautsky. Alguns "maus" franceses no grupo perguntaram: *"O que você quer dizer quando afirma que não podemos defender o nosso próprio país? Não gostamos dos Hohenzollern"*[33]. Os franceses naquela época fizeram um acordo com os russos, mas os alemães não gostaram disso. Um desses congressos internacionais era organizado de tantos em tantos anos, e a cada congresso os jornais afirmavam que o congresso anunciara o fim da guerra. Mas esses "bons companheiros" não discutiam as verdadeiras causas de conflitos, barreiras contra a migração etc. A eclosão da Primeira Guerra Mundial pôs um fim aos Congressos Internacionais.

O que Marx planejava era a revolução. Entretanto, o que realmente aconteceu foi que criar uma organização burocrática nos países europeus, uma organização inocente porque não tinha poder para executar suas teorias. Então, no Oriente, se desenvolveu uma organização comunista que, infelizmente, tem o poder de executar as pessoas e ameaçar o mundo inteiro. E tudo isso foi desencadeado na sala de leitura do Museu Britânico de Londres por um homem que, em essência, não era um homem de ação, mas que tinha a capacidade de provocar ações violentas. Foram tímidos personagens burgueses, Karl Marx e Georges Sorel, que criaram toda essa destruição. A maior parte das ideias violentas dos nossos tempos se origina de homens que não teriam sido capazes de resistir a nenhuma agressão.

O presidente Woodrow Wilson aceitou a doutrina dos Liberais de Manchester, pois, particularmente no tocante às guerras, as democracias não gostam de lutar. Democracias se

---

[33] Uma das mais importantes casas reais europeias, que reinou o Império Alemão, entre 1871 e 1918, e, também, foi a casa real da Prússia a partir de 1701. (N. T.)

engajam em guerras de defesa, pois os cidadãos não podem esperar que guerras promovam qualquer melhoria em suas condições, nem mesmo quando seu país sai vencedor. No entanto, Wilson não compreendeu que isso se aplicava somente em um mundo de livre comércio. Não percebeu a grande diferença já vigente na época em que vivia, que foi uma era de intervencionismo. Também não percebeu que uma enorme mudança nas políticas econômicas havia eliminado qualquer possibilidade de aplicação prática dessa teoria dos Liberais de Manchester. Barreiras comerciais eram comparativamente inofensivas em 1914, mas se tornaram muito mais rígidas durante os anos da Liga de Nações. Enquanto os empresários se reuniam com a Liga em Genebra e discutiam a redução das barreiras comerciais, seus países tratavam de aumentá-las. Em 1933, precisamente enquanto uma reunião em Londres tentava promover a cooperação entre as nações, o país mais rico, os Estados Unidos, anulou todas as discussões estabelecendo regulamentações monetárias e financeiras. Depois dessa medida, todo o aparato pró-colaboração se tornou absolutamente inútil.

A teoria da vantagem comparativa de Ricardo afirma que é vantajoso para uma nação manter o livre comércio mesmo se todas as outras nações mantiverem as barreiras comerciais. Se os Estados Unidos adotassem hoje, isoladamente, o livre comércio, haveria algumas mudanças. Todavia, se todos os outros países permanecerem atrelados ao protecionismo com barreiras de importação, os Estados Unidos não conseguiriam adquirir mercadorias provenientes de outros países.

Não há isolacionistas somente neste país, mas também em outros. As importações devem ser pagas por exportações – pagar por importações é o único propósito das exportações. Assim, o estabelecimento do livre comércio pela mais rica e poderosa nação não alteraria a situação para os italianos, por exemplo, se estes mantivessem suas barreiras comerciais. Não faria qualquer diferença para outros países também. O livre comércio é vantajoso para qualquer país, mesmo se todos os outros países não o adotarem. O problema, no entanto, é remover as barreiras dos outros países.

O termo "socialismo", quando introduzido na segunda metade da década de 1830, significava exatamente o mesmo que "comunismo" – ou seja, a nacionalização dos meios de produção. "Comunismo" era no princípio o termo mais popular, mas paulatinamente caiu no esquecimento e o termo "socialismo" foi adotado quase que exclusivamente.

Formaram-se partidos socialistas e partidos socialdemocratas, cujo dogma fundamental apoiava-se no *Manifesto do Partido Comunista*. Em 1918, Lenin precisava de um novo termo para distinguir o seu grupo de socialistas daqueles grupos que qualificou de "traidores sociais". Sendo assim, atribuiu novo significado ao termo "comunismo" para referir-se não à meta final do socialismo levando ao comunismo, mas apenas aos meios táticos para atingir tal fim. Até a ascensão de Stalin ao poder, "comunista" significava meramente um método melhor – o método revolucionário – em contrapartida ao pacífico método socialista dos "socialistas traidores". No final da década de 1920, sem grande sucesso, Stalin, na Terceira Internacional, tentou atribuir outro significado ao termo "comunismo". Contudo, a Rússia continua a ser denominada a União das Repúblicas Socialistas Soviéticas (URSS).

Em uma carta, Karl Marx distinguiu entre dois estágios do socialismo – o estágio preliminar, inferior, e o estágio mais elevado. Marx, contudo, não atribuía nomes diferentes para esses dois estágios. No estágio mais elevado, disse, haverá tal abundância de tudo, que será possível praticar o princípio *"para cada um, de acordo com suas necessidades"*. Stalin determinou tal distinção porque os críticos estrangeiros notaram diferenças nos padrões de vida de vários membros dos Sovietes Russos. No final da década de 1920, Stalin declarou que o estágio inferior era o "socialismo" e o mais avançado era o "comunismo". A diferença residia no fato que no estágio socialista, haveria rações desiguais para os vários membros dos Sovietes Russos; a igualdade seria atingida apenas mais tarde, no estágio comunista.

Quinta Palestra

5

É surpreendente que uma filosofia como o marxismo, que ataca todo o sistema social, tenha permanecido praticamente inatacada ou incontestada durante muitas décadas. Ao longo da vida, Karl Marx não era muito conhecido e suas obras permaneceram praticamente desconhecidas para a maioria de seus contemporâneos. Os grandes socialistas de sua época eram outros homens – por exemplo, Ferdinand Lassalle. As agitações públicas de Lassalle duraram somente um ano, pois morreu em um duelo resultante de uma questão particular. No entanto, foi considerado um grande homem em sua época. Marx, por outro lado, era mais ou menos desconhecido. As pessoas não aprovavam nem criticavam seus ensinamentos. Após sua morte em 1883, surgiu a primeira parte da crítica de Eugen von Böhm-Bawerk às

O Marxismo e a Manipulação dos Homens

doutrinas econômicas de Karl Marx[34]. Mais tarde, na década de 1890, quando o último volume de *O Capital* foi publicado, surgiu a segunda parte dessa crítica que destruiu completamente as doutrinas econômicas de Marx[35]. Os marxistas mais ortodoxos tentaram reavivar e reformular suas doutrinas. Entretanto, praticamente não havia nenhuma crítica sensata às doutrinas filosóficas de Karl Marx.

As doutrinas filosóficas de Marx se tornaram mais conhecidas quando as pessoas se familiarizaram com alguns de seus termos,

---

[34] BÖHM-BAWERK, Eugen von. "The Exploitation Theory". *In: Capital and Interest – Volume 1: History and Critique of Interest Theories*. South Holland: Libertarian Press, 1959 [1884]. p. 241-321. [Em língua portuguesa, ver: BÖHM-BAWERK, Eugen von. *A Teoria da Exploração do Socialismo Comunismo*. Pref. Hans F. Sennholz; trad. Lya Luft. São Paulo: Instituto Ludwig von Mises Brasil, 2ª ed., 2010. (N. E.)].

[35] BÖHM-BAWERK, Eugen von. "The Unresolved Contradiction in the Economic Marxian System". *Op. cit.*, p. 201-302.

jargões etc., embora esses termos tenham sido empregados de um modo diverso do uso no sistema de Karl Marx. Essa simplificação é comum em muitas doutrinas. Por exemplo, o darwinismo se tornou conhecido como a teoria baseada na ideia que o homem é neto de um macaco. O que resta de Friedrich Nietzsche não é muito mais que o seu termo "super-homem", que mais tarde adquiriu popularidade nos Estados Unidos, sem qualquer conexão com Nietzsche. Retomando Marx, as pessoas conhecem os termos, mas os utilizam de forma vaga. Em geral, as ideias marxistas têm pouca ou nenhuma oposição.

Uma das razões pelas quais a doutrina de Marx ficou tão diluída na mente da opinião pública foi a maneira escolhida por Engels para explicar a teoria marxista. Vejamos o discurso no sepultamento de Marx: "Marx descobriu a lei do desenvolvimento da história humana: o fato tão simples, mas até então oculto sob camadas de ideologia. O fato de que o homem necessita em primeiro lugar comer, beber, ter um teto e vestir-se antes de poder fazer política, ciência, arte, religião etc."[36]. Ninguém jamais negou isso. No entanto, agora, se alguém atacar a doutrina marxista, então, podem perguntar: "Como você pode ser tão ignorante para negar que antes de torna-se um filósofo, uma pessoa primeiro precisa comer?"

Novamente, há a teoria das forças produtivas materiais. Entretanto, nenhuma explicação é oferecida para a formação

---

[36] ENGELS, Friedrich "Speech at the Grave of Karl Marx". Cemitério de Highgate, Londres. 17 de março de 1883. Uma versão deste elogio foi publicada no jornal *La Justice* de 20 de março de 1883.

de tais forças. O materialismo dialético afirma que as forças produtivas materiais vêm ao mundo – não se sabe como elas vêm, nem de onde vêm – e são essas forças que criam todo o resto, ou seja, a superestrutura.

Às vezes, as pessoas acreditam que há um forte conflito entre as diferentes igrejas e o marxismo, assim como uma incompatibilidade entre o marxismo, o socialismo e os ensinamentos de todas as igrejas e seitas cristãs. As primeiras seitas comunistas e as primeiras comunidades monásticas eram baseadas numa peculiar interpretação da Bíblia em geral, e do Livro de Atos dos Apóstolos, particularmente. Não sabemos muito sobre essas primeiras seitas comunistas, mas existiam na Idade Média e também nos primeiros anos da Reforma. Todas essas seitas conflitavam com as doutrinas estabelecidas de suas igrejas ou denominações.

Portanto, seria absolutamente errado tornar a Igreja Cristã responsável por elas. Digo isso para mostrar que, pelo menos na mente de alguns grupos – grupos em grande parte considerados heréticos pela Igreja – não existe qualquer conflito absoluto entre o socialismo e os ensinamentos da Igreja. As tendências anticristãs dos precursores socialistas de Karl Marx, do próprio Marx, e mais tarde de seus seguidores, os marxistas, antes de tudo devem ser compreendidas dentro de todo o contexto que mais tarde deu origem ao socialismo moderno.

Os Estados, os governos, os partidos conservadores, nem sempre se opuseram ao socialismo. Pelo contrário, os funcionários de um governo apresentam uma tendência ou um viés em favor da expansão do poder governamental; poderíamos até afirmar que existe uma "doença profissional" por parte do quadro de pessoal do governo para favorecer mais e mais as atividades governamentais. Foi precisamente esse fato, essa propensão dos governos a adotar o socialismo – e muitos governos realmente adotaram o socialismo –, que pôs o marxismo em conflito com os vários governos.

Tenho dito que a pior coisa que pode acontecer a um socialista é ter seu país governado por socialistas que não são seus amigos. Este foi o caso de Karl Marx e do governo prussiano. O governo prussiano não era contra o socialismo. Ferdinand Lassalle atacou os partidos liberais da Prússia, que se encontravam na época em um grande embate constitucional contra os reis Hohenzollern, liderados por Bismarck. A maioria na Prússia naquela época era contra o governo, e o governo não conseguiria obter uma maioria no Parlamento Prussiano, enfraquecido naquele momento. O rei e o primeiro-ministro governavam o país sem consentimento ou cooperação do parlamento. Esta era a situação no início da década de 1860. Para ilustrar a debilidade do governo prussiano, Otto von Bismarck, em sua obra *Gedanken und Erinnerungen* [*Pensamentos e Memórias*], relatou uma conversa que teve com o rei Guilherme I (1797-1888). Bismarck afirmou que derrotaria o parlamento e os liberais. O rei respondeu: *"Sim, eu sei como isso vai acabar. Aqui na praça em frente ao palácio. Primeiro, vão executá-lo e, em seguida, vão me executar"*.

A Rainha Vitória (1819-1901), do Reino Unido, cuja filha mais velha, a princesa Vitória (1840-1901), havia desposado o príncipe real da Prússia, o futuro kaiser Frederico III (1831-1888) do Segundo Reich, não estava muito satisfeita com essa situação, por estar convencida de que os Hohenzollern seriam derrotados. Nesse momento crítico, Ferdinand Lassalle, à frente de um movimento operário que era, até então, muito modesto, veio ajudar o governo Hohenzollern.

Lassalle teve reuniões com Bismarck e "planejaram" o socialismo, introduzindo subsídios estatais, a produção cooperativa, a nacionalização e o sufrágio universal. Posteriormente, Bismarck realmente implantou um programa de legislação social, mas o governo prussiano foi o maior rival dos marxistas e lutaram de todas as formas possíveis.

Agora é importante compreendermos que na Prússia, a Igreja Prussiana, a Igreja Protestante, era simplesmente um departamento do governo administrado por um membro do gabinete, o ministro da Educação e Cultura. Um dos assessores do nível inferior da administração ficou encarregado dos problemas da Igreja. A Igreja, nesse sentido, era uma igreja estatal, até mesmo na origem. Até 1817, havia luteranos e calvinistas na Prússia. Os luteranos eram maioria no antigo território prussiano – situação que em nada agradava aos Hohenzollern. Entretanto, nos territórios recém-conquistados, havia dois grupos. Mesmo sendo a maioria do povo prussiano, luterano, o eleitorado do estado de Brandeburgo migrara de luteranos para calvinistas. Os Hohenzollern, chefes da Igreja Luterana em seu país, eram calvinistas. Em 1817, porém, sob o reinado de Frederico III, as duas igrejas foram fundidas para formar a Igreja da União Prussiana, que permaneceu subordinada ao governo.

A partir do século XVII, na Rússia, a Igreja não era mais independente, mas sim um departamento do governo. A dependência da Igreja do poder secular foi uma das características da Igreja Oriental em Constantinopla. O chefe do Império Oriental foi, de fato, o Patriarca Superior. Esse mesmo sistema foi, em certa medida, levado para a Rússia, mas como lá a Igreja fazia parte do governo, quem atacava a igreja também estava atacando o governo.

O terceiro país onde a religião apresentava um problema crítico foi a Itália, onde a unificação nacionalista implicava na abolição do governo secular do Romano Pontífice. Até meados do século XIX, a parte central da Itália era governada pelo Papa independente. Em 30 de setembro de 1860, Vítor Emanuel II (1820-1878), o rei da Sardenha, conquistou esses estados e o papa Pio IX (1792-1878) manteve seu controle apenas sobre Roma, sob a proteção de um destacamento do exército francês até 1870, quando os franceses tiveram de se retirar para lutar contra a Prússia. Portanto, houve um embate violento entre a Igreja Católica e o Estado laico italiano.

A luta da Igreja contra as ideias marxistas sobre religião difere da luta contra o programa socialista. Hoje (1952) essa questão é ainda mais complicada, pois a Igreja Russa, a Igreja Ortodoxa Oriental, parece ter firmado algum acordo com os bolcheviques. A luta no Oriente é, em grande medida, uma luta entre a Igreja Oriental e a Igreja Ocidental e tem se prolongado por mais de mil anos. Por essa razão, os conflitos nestes países, entre a Rússia e as fronteiras ocidentais da cortina de ferro, são muito complicados. Não é apenas uma luta contra métodos de totalitarismo econômico pela liberdade econômica; também é uma luta de várias nacionalidades, de diferentes grupos linguísticos. Consideremos, por exemplo, as tentativas do atual governo russo de tornar as diferentes nacionalidades bálticas russas – uma continuação de algo que havia sido iniciado pelos czares – e as lutas na Polônia, Tchecoslováquia, Hungria etc., contra as tentativas da Igreja Russa para trazê-los de volta ao que definiram como o "credo oriental". Para compreender todas essas lutas é preciso estar familiarizado especialmente com essas nacionalidades e com as histórias religiosas dessas regiões do mundo.

Nos séculos XVI e XVII, houve mudanças que ampliaram o território onde a supremacia papal era reconhecida. Portanto, existia uma Igreja Russa, a Igreja Ortodoxa, e uma Igreja Católica Ucraniana ou Russa, que reconheceram a supremacia do Papa. Todas essas questões constituíram as grandes lutas religiosas do Oriente. No entanto, não devemos confundir os eventos que caracterizaram essas lutas nacionalistas e religiosas com a luta contra o comunismo. Por exemplo, os políticos que lutam contra os russos hoje não estão, pelo menos na maioria dos casos, lutando em favor de um sistema econômico livre. São marxistas, socialistas, e provavelmente gostariam de ter um Estado policial totalitário, mas não governado pelos russos.

Sob essa óptica, não se pode dizer que existe uma real oposição aos ensinamentos e programas sociais do marxismo. Por outro lado, é importante compreender que não há sempre e necessariamente uma ligação entre o antimarxismo, uma filosofia ideológica, e a liberdade econômica.

Um dos notáveis contemporâneos de Karl Marx na Alemanha foi o filósofo socialista Albert Friedrich Lange (1828-1875). Escreveu um famoso livro, *Geschichte des Materialismus und Kritik seiner Bedeutung in der Gegenwart* [*História do Materialismo e Crítica de seu Significado no Presente*], de 1866, considerado não somente na Alemanha, mas também em países de língua inglesa, uma das melhores introduções à Filosofia. Lange escreveu outro livro sobre socialismo. Em seu livro, não criticou Marx, mas o materialismo marxista por ser um materialismo muito imperfeito, pois remonta todas as mudanças ocorridas a algo que, por si só, já é o produto da mente humana.

É importante salientar que as críticas ao marxismo eram, por muitas vezes, incorretas. Quero apenas apontar um exemplo típico. Os antimarxistas tendem a considerar o materialismo dialético e o marxismo como algo que pertence ao mesmo conjunto de ideias da psicanálise freudiana. Não sou psicólogo, mas tenho que esclarecer a confusa ligação normalmente estabelecida pelas pessoas entre o materialismo em geral e o materialismo marxista, em particular, com a psicanálise freudiana.

Antes de Sigmund Freud (1856-1939) e Josef Breuer (1842-1925) introduzirem todo esse modo de pensar e desenvolverem a premissa que deficiências mentais eram causadas por alterações patológicas no corpo humano, a premissa geralmente incontestada por todos os médicos era que desordens mentais eram causadas por alterações patológicas. Se um homem apresentava sintomas que pudessem ser avaliados como uma doença mental ou nervosa, os médicos buscariam fatores corporais que o teriam levado a esse estado. Sob a ótica do médico, que lida com o corpo humano, essa é a única interpretação possível. Às vezes, porém, estavam absolutamente corretos quando afirmavam não saberem a causa. O único método era procurar uma causa física. Poderia citar muitos exemplos, mas prefiro ater-me a somente um que ocorreu em 1889, poucos anos antes do primeiro livro de Freud e Breuer ser publicado. Um homem famoso cometeu suicídio na França. Por razões políticas e devido à sua religião, foi levantada a questão se ele era ou não mentalmente equilibrado. A família queria provar para a Igreja que a causa era uma doença mental, e por isso, tinham de descobrir alguma causa física. Uma autópsia foi feita por eminentes médicos, e o relatório foi publicado. *"Descobrimos determinadas coisas, algo que não é regular no cérebro"*, afirmaram.

Naquela época, as pessoas pensavam que se um homem não se comportasse como as outras pessoas e não tivesse qualquer sinal de anormalidade física em seu corpo, estava fingindo. Às vezes, isso é lamentável, porque só podemos saber se uma pessoa está ou não fingindo depois que está morta. A psicanálise foi responsável por uma grande mudança nessa maneira de pensar. O caso do príncipe Rudolf (1858-1889) da Áustria, que cometeu suicídio em Mayerling, levantou questões semelhantes[37].

O primeiro caso famoso foi o de uma mulher que estava paralítica. Nada foi descoberto em seu corpo que explicasse a situação. O caso foi registrado por um homem que seguiu o conselho de um poeta latino: espere nove anos antes de publicar seu manuscrito. Ao sugerir que a origem dessa deficiência

---

[37] Carl Menger, fundador da Escola Austríaca de Economia, foi um dos tutores de Rudolf. Ver: STREISSLER, Erich W. & STREISSLER, Monika (Ed.). *Carl Menger's Lectures to Crown Prince Rudolf of Austria*. Brookfield: Edward Elgar, 1994.

corporal não era física, mas residia na mente, Breuer introduziu uma mudança radical no campo das ciências naturais, algo que jamais havia acontecido antes – a descoberta de que fatores mentais, ideias, superstições, fábulas, ideias errôneas, tudo em que um homem pensa e acredita pode provocar mudanças no corpo. Isso era algo que todas as ciências naturais sempre haviam negado e contestado.

Freud era muito consciente e prudente. Não afirmou "Desacreditei totalmente as velhas doutrinas", mas sim:

> Talvez, em um dia longínquo, os médicos que estudam patologias descobrirão que as ideias são produto de algum fator corpóreo físico externo. Então a psicanálise deixará de ser necessária ou útil. Mas, por enquanto, temos de admitir, pelo menos, que existe um valor temporário na descoberta de Breuer e na minha e que, do ponto de vista da ciência atual, não há nada que confirme a tese materialista de que todas as ideias ou pensamentos são produtos de algum fator externo, assim como a urina é um produto do corpo.

A psicanálise é o oposto do materialismo; é a única contribuição para o problema do materialismo *versus* idealismo que se originou de uma investigação empírica do corpo humano.

Temos de discutir como algumas pessoas deturpam a psicanálise. Não defendo os psicanalistas que tentam explicar tudo a partir da perspectiva de determinados impulsos, entre os quais o impulso sexual é considerado o mais importante. Havia um livro de um francês discutindo Charles Baudelaire (1821-1867). Baudelaire gostava de gastar dinheiro, apesar de não ter ganhado dinheiro porque os editores não compraram seus poemas em vida. Entretanto, como a mãe tinha dinheiro (havia casado por dinheiro, o marido morreu e deixou tudo para ela), Baudelaire escreveu-lhe inúmeras cartas. Esse escritor encontrou todo tipo de explicações subconscientes para as cartas. Não defendo essa tentativa, mas as cartas não precisam de muitas explicações: Baudelaire queria dinheiro.

Sigmund Freud disse que nada sabia nada sobre o socialismo, divergindo de Albert Einstein (1879-1955), que declarou: *"Nada sei sobre Economia, mas o socialismo é muito bom".*

Continuando nossa análise de como o marxismo se tornou a principal filosofia de nossa época, precisamos mencionar o positivismo e a escola de Auguste Comte. Comte era um socialista semelhante a Marx. Na juventude, Comte tinha sido o secretário de Saint-Simon (1760-1825), um totalitário que queria dominar o mundo por um conselho mundial e, obviamente, acreditava que seria o presidente desse conselho. Segundo o pensamento de Comte sobre a história do mundo, era necessário buscar pela verdade no passado. *"Mas, agora, eu, Auguste Comte, descobri a verdade. Portanto, já não há qualquer necessidade de liberdade de pensamento ou liberdade de imprensa. Quero governar e organizar todo o país".*

É muito interessante seguir a origem de alguns termos que hoje soam tão familiares que presumimos compor nosso idioma desde tempos imemoriais. Em francês, "organizar" e "organizador" não eram termos conhecidos antes do final do século XVIII ou início do século XIX. No tocante ao termo "organizar", Honoré de Balzac (1799-1850) observou que *"este é um novo conceito introduzido na era napoleônica.*

Significa que você é o único ditador e controla os indivíduos como um construtor controla as pedras com que trabalha".

Outro novo termo, "engenharia social", trata da estrutura social. O engenheiro social trabalha com a estrutura social ou com o seu próximo, assim como o mestre construtor lida com seus tijolos. Raciocinando dessa maneira, os bolcheviques eliminaram os indivíduos que consideravam inúteis. No conceito de "engenharia social" está embutida a ideia de planejamento, a ideia do socialismo. Hoje temos muitos nomes para o socialismo. Se algo se torna popular, então o idioma cunha muitas expressões para tal coisa ou conceito. Para defender suas ideias, esses planejadores dizem que devemos planejar as coisas; não podemos deixar as coisas agirem "automaticamente".

Às vezes, "automaticamente" é uma metáfora empregada para o que acontece no mercado. Se o fornecimento de um produto diminui, diz-se que os preços sobem "automaticamente".

Entretanto, isso não ocorre sem a consciência humana, sem as pessoas darem seus lances e ofertas. Os preços sobem precisamente porque as pessoas anseiam por adquirir esses bens. Nada acontece "automaticamente" no sistema econômico, mas sim porque algumas pessoas comportam-se de determinado modo.

Também os planejadores questionam: "Como alguém pode ser tão ignorante a ponto de defender a falta de planejamento?" Ninguém, no entanto, defende a ausência de planejamento. A questão não é "Planejar, ou não planejar". A questão é "Quem deve planejar? Um único ditador ou muitas pessoas?" Todos nós planejamos. Planejamos ir ao trabalho, ir para casa, ler um livro; planejamos inúmeras outras coisas. Um "grande" plano elimina os planos de todas as outras pessoas e assim, somente um plano pode ser supremo. Se o "grande" plano e os planos dos outros indivíduos entram em conflito, qual deles deve ser supremo? Quem decide? A polícia decide! E decidem em favor do "grande" plano.

No início do socialismo, alguns críticos culpavam os socialistas por sua ignorância da natureza humana. Um homem que tem de executar o plano de alguém deixaria de pertencer ao conceito de "humano". Essa objeção foi assim respondida pelos socialistas: *"Se a natureza humana é contra o socialismo, então a natureza humana terá de ser mudada"*. Karl Kautsky afirmou isso há muitos anos, mas não forneceu qualquer detalhe.

Os detalhes foram oferecidos pelo behaviorismo e por Ivan Pavlov (1849-1936), o psicólogo mencionado em todo livro escrito por marxistas, que explicou o chamado "reflexo". Pavlov era um czarista, conduziu seus experimentos nos dias do czar. Em vez de direitos humanos, argumentou-se que o cachorro de Pavlov tinha direitos caninos. Este é o futuro da educação.

A filosofia behaviorista pretende lidar com seres humanos como se não possuíssem ideias ou falhas. O behaviorismo considera cada ação humana uma reação a um estímulo. Tudo na natureza física e fisiológica responde a reflexos. Afirmam que "o homem pertence ao mesmo domínio dos animais. Porque deveria, então, ser diferente? Há determinados reflexos e instintos que guiam os homens para certos fins. Certos estímulos provocam certas reações".

O que os behavioristas e os marxistas não compreenderam é que não podemos sequer desacreditar essa teoria dos estímulos sem discutir o sentido que o indivíduo atribui a tais estímulos. A dona de casa, quando calcula o preço de um objeto que deseja comprar, reage de maneira diferente a $5 do que a $6. Não podemos determinar o estímulo sem analisar o significado. E o significado em si é uma ideia.

A abordagem behaviorista diz: "Vamos condicionar outras pessoas". Mas quem são o "nós"? E quem são as "outras pessoas"? "Hoje", dizem eles, "as pessoas estão condicionadas ao capitalismo por diversos fatores, pela história, pelas boas pessoas, por más pessoas, pela igreja etc. etc".

Essa filosofia não nos oferece nenhuma resposta diferente da que já conhecemos. A ideia geral dessa filosofia é que temos de aceitar o que Karl Marx pregou, porque ele tinha o grande dom, foi abençoado pela Providência, pelas forças produtivas materiais, com a descoberta da lei da evolução histórica. Sabe o fim para o qual a história conduz a humanidade. Isso conduz finalmente ao ponto de termos de aceitar a ideia que o partido, o grupo, a facção exclusiva que derrotou os outros pela força das armas é o governante certo, que foi incumbido pelas forças produtivas materiais a "condicionar" todas as outras pessoas. A característica fantástica é que a escola que desenvolve essa filosofia se autodenomina "liberal" e denomina seu sistema "democracia popular", "democracia verdadeira", e assim por diante. Também é fantástico que Henry A. Wallace (1888-1965), o vice-presidente dos Estados Unidos, entre 1941 e 1945, durante o terceiro mandato presidencial de Franklin Delano

Roosevelt (1882-1945), um dia tenha declarado: *"Nós, nos Estados Unidos, temos uma democracia dos direitos civis – mas na Rússia há a democracia econômica"*.

Houve um autor socialista, altamente valorizado pelos bolcheviques no início, que afirmou que o homem mais poderoso do mundo é o homem sobre o qual as maiores mentiras são contadas e acreditadas. Algo semelhante foi dito por Adolf Hitler. Aqui está o poder dessa filosofia. Os russos têm o poder de afirmar: "Somos uma democracia, nosso povo está feliz e desfruta de uma vida plena em nosso sistema". E as outras nações parecem ser incapazes de encontrar a contra-argumentação certa para essa ideia. Se o tivessem conseguido, tal filosofia não seria tão popular.

Há pessoas que vivem aqui nos Estados Unidos, no padrão de vida norte-americano, e que acreditam ser infelizes porque não vivem na Rússia, onde, dizem, há uma sociedade sem classes e tudo é melhor que aqui. Entretanto, não parece ser muito bom viver na Rússia, não só do ponto de vista material, mas do ponto de vista da liberdade individual. Se questionarmos: "Como podem as pessoas dizer que tudo é maravilhoso em um país, na Rússia, onde provavelmente tudo não é muito maravilhoso?", teremos de responder: "Porque as nossas três últimas gerações foram incapazes de provar a falsidade, as contradições e os erros dessa filosofia do materialismo dialético".

A maior filosofia no mundo hoje é o materialismo dialético – a ideia de que inevitavelmente estamos sendo conduzidos ao socialismo. Os livros escritos até agora não conseguiram contradizer essa tese. Vocês têm de escrever livros novos. Vocês têm de pensar nesses problemas. São as ideias que distinguem os homens dos animais. Esta é a qualidade humana do homem. Mas, segundo os socialistas, a oportunidade de ter ideias deve ser reservada somente para o Politburo; todas as outras pessoas só devem fazer aquilo que o Politburo lhes ordenar.

É impossível derrotar uma filosofia se não lutarmos no campo filosófico. Uma das grandes deficiências do pensamento norte-americano – e os EUA são o país mais importante do mundo porque é aqui, não em Moscou, que esse problema será solucionado – é que as pessoas pensam que todas essas filosofias e tudo o que está escrito nos livros são de menor importância, não têm valor. Assim, subestimam a importância e o poder das ideias. No entanto, não há nada mais importante no mundo que ideias. Ideias, e nada mais, determinam o desfecho dessa grande luta. É um grande erro acreditar que o resultado da batalha será determinado por outras coisas que não sejam as ideias.

Marxistas russos, como todos os outros marxistas, tiveram a ideia de nacionalizar a agricultura. Quer dizer, os teóricos queriam; o trabalhador individual não queria nacionalizar as fazendas. Os trabalhadores queriam tomar as grandes fazendas, dividi-las e distribuir a terra entre os pequenos agricultores. Isso foi denominado "reforma agrária". Os revolucionários sociais pretendiam entregar as fazendas aos camponeses pobres. Em 1917, Vladmir Lenin cunhou um novo *slogan*: "Você faz a revolução com o *slogan* do dia". Portanto, aceitaram algo que era contra o marxismo. Depois, começaram a nacionalização das terras agrícolas. E a seguir, adaptaram essa ideia nos novos países que assumiram; disseram a todos os homens que receberiam suas próprias fazendas.

Começaram esse programa na China. Tomaram as grandes fazendas e aboliram os direitos dos bancos de crédito hipotecário e dos senhorios. Também isentaram os inquilinos de qualquer pagamento aos proprietários. Portanto, não foi a filosofia que tornou os camponeses chineses comunistas, mas a promessa de uma vida melhor. As pessoas acreditaram que teriam melhores condições se conseguissem terras agrícolas até então propriedade das pessoas abastadas. Essa, todavia, não é a solução para o problema chinês. Os defensores desse programa foram chamados de reformadores agrícolas; não eram marxistas. A ideia de distribuição de terra é totalmente não marxista.

* * *

(Comentários adicionais feitos por Mises durante o período de perguntas e respostas)

Maiorias também não são divinas. "A voz do povo é a voz de Deus" é um velho ditado alemão, mas não é verdade. A base do conceito de agradar a maioria é que, no longo prazo, a maioria não tolerará ser governada por uma minoria; se a maioria não estiver satisfeita, haverá uma revolução violenta para mudar o governo. O sistema de governo representativo não é radical; é precisamente uma forma possível de realizar uma mudança de governo sem violência. Muitos creem que com a aprovação do povo, podem mudar o governo na próxima eleição. A regra da maioria não é um bom sistema, mas é um sistema que assegura condições pacíficas dentro do país. Jornais, revistas, livros etc., são os formadores de opinião.

O grande avanço da era moderna é ter levado ao governo representativo. O grande pioneiro dessa ideia foi o filósofo britânico David Hume (1711-1776), que ressaltou que, no longo prazo, contrariamente ao que as pessoas acreditam, o governo não se baseia no poder militar, mas na opinião da maioria[38]. É preciso convencer a maioria. Não porque a maioria tenha sempre razão. Pelo contrário, diria que a maioria com muita frequência está errada. Todavia, se não quisermos recorrer a uma derrubada violenta do governo – e isso é impossível se formos uma minoria, porque se formos minoria eles vão querer nos derrubar – nos resta um único método: falar com as pessoas, escrever e falar novamente.

---

[38] HUME, David. "Of the First Principles of Government". *In: Essays, Morals, Political and Literary*. Ed. Eugene F. Miller. Indianapolis: Liberty Fund, 1987. [N. do T.: Em língua portuguesa, ver: HUME, David. "Dos Primeiros Princípios do Governo". *In: Ensaios: Morais, Políticos e Literários*. Ed., pref. e notas Eugene F. Miller; intr. Renato Lessa; trad. Luciano Trigo. Rio de Janeiro: Topbooks, 2004. p. 129-34. (N. E.)].

Sexta Palestra

6

O institucionalismo[39] costumava ridicularizar os economistas clássicos por partirem de uma "economia de Robinson Crusoé"[40]. No início, um pescador imaginou poder pegar mais peixes em um dia do que necessitava, e então teria mais tempo livre para fabricar

---

[39] Escola de pensamento que enfatiza a importância de fatores sociais, históricos e institucionais dentro do escopo econômico, em vez da ação humana individual.
[40] A chamada "economia de Robinson Crusoé" é um marco simples utilizado por economistas clássicos, neoclássicos e austríacos para explicar o comércio, partindo do modelo imaginário de um mercado com apenas um consumidor e produtor, tomando como referência a personagem principal do romance homônimo de Daniel Defoe (1660-1731), lançado originalmente em inglês no ano de 1719. (N. E.)

A Construção da Civilização Moderna: A Poupança, os Investimentos e o Cálculo Econômico

redes de pescar. Essas redes e peixes advindos de tempo poupado são os "bens de capital" – não os denomino "capital".

Bens de capital são os fatores intermediários entre os fatores naturais disponíveis e os bens de consumo. A natureza – recursos disponíveis e o trabalho humano – são os fatores naturais disponíveis. Entretanto, se forem destinados à produção, esses fatores devem ser guiados. Os fatores de produção intermediários produzidos – bens de capital – não são somente as ferramentas, mas também todos os outros bens intermediários, produtos semiacabados e suprimentos de bens de consumo empregados para sustentar os indivíduos que estão produzindo com o auxílio dos bens de capital. O processo de produção que organizamos e operamos hoje se iniciou nos primórdios da história. Se as crianças usassem as redes e peixes produzidos por seus pais, a acumulação de capital teria de começar do zero novamente. Há um progresso contínuo a partir de condições mais simples, evoluindo até condições mais sofisticadas. É importante compreender esse conceito porque temos de ter consciência que, desde o início, o primeiro passo em direção a esse sistema de produção, com a ajuda de bens de capital, foi poupar – sempre foi poupar.

O conceito de "capital" deve ser diferenciado do conceito de "bens de capital". É impossível pensar sobre e resolver os problemas dos bens de capital sem empregar e fazer referência aos conceitos que desenvolvemos no moderno e complicado sistema de cálculo de capital. Bens de capital são algo material; algo que poderia ser descrito em termos físicos e químicos. O conceito de "capital" refere-se à valoração de um conjunto destes bens de capital em termos de dinheiro. Tal valoração é o que marca o início do que pode ser denominado um período novo e superior no processo de empenho humano para melhorar as condições externas da humanidade. O problema é como manter ou preservar a quantidade de capital disponível e como evitar o consumo dos bens de capital disponíveis sem substituí-los. O problema é o que fazer para não consumir mais, ou se possível, como consumir menos que a quantidade de produtos recentemente produzidos. Este é o problema da preservação e manutenção do capital e, evidentemente, do aumento do capital disponível.

Sob algumas circunstâncias, é possível solucionar este problema sem qualquer cálculo especial ou cômputo. Se um agricultor continua a produzir da mesma maneira e se os métodos de produção e o modo de vida não mudam, pode estimar sua condição ao estabelecer comparações em termos físicos e biológicos – dois celeiros são mais do que um celeiro, uma dúzia de cabeças de gado são mais do que duas vacas, e assim por diante. Tais métodos simples de cálculo, todavia, são insuficientes em um sistema econômico onde haja mudança e progresso. A substituição poderá não ser efetuada do mesmo modo como substituímos fatores que estão esgotados. Motores a diesel podem ser substituídos por motores a vapor etc. A substituição e manutenção do capital sob tais condições exigem um método de cálculo e este só pode ser efetuado em termos de dinheiro. Os vários fatores físicos e externos à produção não podem ser comparados de qualquer outra forma que não seja a partir da ótica dos serviços que prestam aos homens, calculados em termos de moeda.

Esse foi um dos erros fundamentais de Aristóteles. Acreditava que nas relações de troca, os bens negociados possuíam o mesmo valor. Desde os tempos de Aristóteles, há dois ou três mil anos, o mesmo equívoco perdura, induzindo ao erro tanto grandes pensadores como homens simples, afastando-os do que é certo. O mesmo erro aparece nas primeiras páginas de *O Capital*, de Karl Marx, tornando inútil tudo o que Marx afirmou sobre esses problemas. Esse erro foi repetido até mesmo muito mais tarde nos escritos de Henri Bergson (1859-1941), o eminente filósofo francês.

Não existe equivalência na troca. Pelo contrário, são as diferenças que levam à troca. Não podemos reduzir os termos da troca e do comércio à equivalência; podemos somente reduzi-los a diferenças de valoração. O comprador valoriza o que recebe muito mais do que o que oferece, ao passo que o vendedor valoriza o que vende muito menos do que aquilo que recebe. Portanto, a equivalência que usamos para determinar a importância dos vários bens de capital na nossa vida só pode ser expressa em termos de preços. Efetuando o cálculo em termos de preços podemos estabelecer um sistema de preços e determinar se um preço subiu ou caiu, ou seja, em termos de dinheiro. Sem um sistema de preços não pode haver qualquer cálculo. No sistema socialista, onde não há um sistema de preços como o que há no sistema de livre mercado, não pode haver cálculo e computação.

No sistema de cálculo econômico, temos os conceitos de "capital" e "receitas", termos e conceitos que não podem ser extrínsecos a esse sistema. O "capital" é a soma dos preços que podem ser obtidos no mercado para um conjunto definido de bens de capital. O empresário emprega o cálculo econômico de modo específico; não poderá operar sem esse sistema de cálculo econômico. No início de sua empresa, estabelece um valor total a todos os bens de capital à disposição e o denomina "seu capital", ou "o capital" de sua empresa ou corporação. Periodicamente, compara o valor dos preços de todos os bens de capital disponíveis na empresa com os preços iniciais desses bens de capital. Se houver um aumento, ele o chama de "lucro", mas se houver um decréscimo, ele o chama de "prejuízo". Nenhum outro sistema tornaria possível estabelecer se o que foi feito aumentou ou diminuiu o capital disponível. Sob outro ponto de vista, o excedente total que chama de "lucro" também pode ser chamado de "renda", na medida em que permite ao proprietário ou ao indivíduo consumir esse montante sem reduzir o montante de capital disponível e sem, consequentemente, viver à custa do futuro. Assim, os conceitos de "capital" e "renda" só se desenvolveram dentro desse sistema de cálculo econômico.

Se o total da "renda" é consumido, então não há nenhuma alteração no montante de capital disponível para a empresa. Se uma parte é poupada, ou seja, não consumida, mas reinvestida – isto é, se for empregada para aumentar o estoque de bens de capital disponíveis na empresa – então podemos dizer que um capital adicional foi acumulado; a empresa ganhou alguma "renda". Se acontecer o contrário, se a quantia consumida pelo proprietário exceder a renda, então haverá consumo de capital, ou desacumulação de capital, acarretando menos capital disponível para a produção de bens de consumo no futuro.

Não pretendo discutir sobre quanto conhecimento os antigos gregos e romanos tinham dessas ideias. Tinham, ao menos, algum conhecimento, mas na Idade Média, tal conhecimento desapareceu por completo. Sob as condições da Idade Média, não havia qualquer necessidade para tal cálculo. O cálculo se desenvolveu lentamente, passo a passo, no fim da Idade Média, nos países onde o progresso econômico, naquele momento, era superior ao de outros países, como na Itália. Como resultado, alguns dos termos fundamentais de contabilidade conservaram a origem italiana, por exemplo, a própria palavra "capital".

No início, os termos de contabilidade não eram muito claros. As pessoas não eram muito boas em aritmética, e hoje descobrimos erros grotescos em simples problemas aritméticos mesmo nos livros das grandes empresas do século XV. Essas ideias se desenvolveram gradualmente até que o sistema de partidas dobradas de escrituração foi desenvolvido. Toda a nossa maneira de pensar hoje é influenciada por essas ideias, mesmo aqueles que nada sabem sobre problemas de contabilidade e que não têm condições de ler e interpretar o balanço de uma empresa têm esses conceitos. Contabilistas e contadores são apenas os profissionais que atuam nessa metodologia fundamental para lidar com todos os problemas materiais e externos. No entanto, esses problemas dizem respeito não apenas a contabilistas e contadores. Johann Wolfgang von Goethe, que foi um grande poeta, cientista e precursor da ciência da evolução, descreveu o sistema de partilhas dobradas dos comerciantes como *"uma das mais incríveis invenções do espírito humano"*. Goethe compreendeu que esses conceitos eram fundamentais para o moderno sistema de produção e ação, uma espécie de prática matemática e lógica para as pessoas lidarem com todos esses problemas.

Hoje em dia, a opinião pública e a legislação perderam completamente toda a compreensão desses problemas. Isto se deve às modernas legislações de imposto de renda. Essencialmente, na legislação de imposto de renda, o legislador denomina os salários de "renda" ou "renda auferida". Contudo, a principal característica de "renda" no sentido econômico é todo o excedente sobre os custos do empresário que podem ser consumidos sem a redução do capital, ou seja, sem viver à custa do futuro. Não podemos consumir a "renda" sem dilapidar as oportunidades para a produção futura. Os conceitos de "capital" e "renda" só se desenvolveram dentro desse sistema de cálculo econômico.

As leis de imposto de renda também consideram os "lucros" como salários. Os autores que discutem imposto de renda se surpreendem caso uma empresa não tenha algum lucro todos os anos. Não compreendem que há anos bons e anos ruins para um empreendimento. Uma consequência foi que, durante a depressão no início dos anos 1930, as pessoas costumavam dizer: "Como é injusto um homem que possui uma grande fábrica não ter de pagar nenhum imposto de renda este ano, ao passo que um homem que recebe apenas $300 por mês tem de pagar imposto". Não foi injusto sob a óptica da lei, pois naquele ano o proprietário da grande fábrica não teve "renda".

Os autores que promulgaram essas leis fiscais de renda não tinham a menor ideia do que "capital" e "rendimento" realmente significavam no sistema econômico. Não perceberam que a maior parte dos grandes lucros e dos grandes rendimentos não foram gastos pelos empresários, mas reinvestidos em bens de capital e na empresa para aumentar a produção. Isso foi precisamente o que possibilitou o progresso econômico e a melhoria das condições materiais. Felizmente, não tenho de lidar com as leis de imposto de renda, nem com a mentalidade que conduziu a essas leis. Basta dizer que, sob a ótica do trabalhador individual, seria muito mais razoável tributar somente a renda gasta, não a renda poupada e reinvestida.

Em muitos casos, é difícil para um homem ganhar dinheiro no final da vida, ou pelo menos ganhar tanto quanto ganhava no auge da vida. Para simplificar, pense na situação dos cantores cujos anos de grandes ganhos são definitivamente limitados.

O que desejo discutir é a ideia que poupar em geral, que poupar em circunstâncias especiais é supostamente ruim do ponto de vista do bem-estar da comunidade e, portanto, algo deveria ser feito para restringir a poupança ou para direcioná-la a canais especiais. Na verdade, podemos dizer, e ninguém pode refutá-lo, que todos os progressos materiais, tudo o que distingue nossas condições atuais de épocas anteriores, é o que foi poupado e acumulado como bens de capital. Isso também diferencia os Estados Unidos, digamos, da Índia ou da China. A diferença mais importante é apenas uma diferença no tempo. Não é tarde demais para eles. Nós só começamos a poupar alguns dos excedentes de produção sobre o consumo mais cedo.

O fator institucional mais importante no desenvolvimento das nações foi o estabelecimento de um sistema de governo e legislação que tornassem possível a poupança em grande escala. A poupança em grande escala era impossível, e ainda o é hoje, em todos os países onde os governos acreditam que quando um homem tem mais, isso deve ser necessariamente a causa da miséria de outros.

Essa ideia, que já foi compartilhada por todos, ainda permanece na concepção de pessoas em muitos países fora da civilização ocidental. E agora, essa ideia ameaça a civilização ocidental com a introdução de diferentes métodos de governo nas constituições que possibilitaram o desenvolvimento da civilização ocidental. Também prevaleceu na maioria dos países europeus até a ascensão do capitalismo moderno, ou seja, até a época muito inadequadamente denominada "Revolução Industrial".

Para ilustrar quão forte foi essa ideia, cito Immanuel Kant, um dos mais importantes filósofos, que, no entanto, viveu no leste, em Kaliningrado, na época Königsberg: *"Se um homem tem mais que o necessário, outro homem tem menos"*. Isto é, matematicamente, uma verdade perfeita, mas Matemática e Economia são duas coisas diversas. O fato é que em todos os países onde as pessoas acreditaram nessa máxima e onde os governos acreditavam que a melhor maneira de melhorar as condições gerais era confiscar a riqueza dos empresários bem-sucedidos – já que não era necessário confiscar a riqueza dos que não foram bem-sucedidos –, em todos esses países não foi possível poupar e investir. Se alguém me perguntasse por que os antigos gregos não tinham ferrovias, responderia: "Porque naquela época prevalecia a tendência de confiscar riqueza. Por que então as pessoas investiriam?" O filósofo grego Hipócrates (436-438 a.C.) escreveu alguns discursos aos quais ainda temos acesso. Afirmou que se um cidadão rico fosse julgado em Atenas, seria inevitavelmente condenado, pois os juízes almejariam confiscar sua riqueza, esperando assim melhorar a situação deles. Sob tais condições não podia existir qualquer questão de poupança em larga escala.

O desenvolvimento da poupança em larga escala só ocorreu a partir do século XVIII, quando também se desenvolveram as instituições que tornaram possíveis a poupança e o investimento, não aos homens prósperos, mas também permitiram que pessoas mais pobres poupassem pequenas quantias. Antigamente o homem pobre só conseguia economizar acumulando moedas. No entanto, moedas não recebem juros, e as vantagens de poupar, para os pobres, eram assim, ínfimas. Além disso, era perigoso manter essas pequenas reservas em casa, pois poderiam ser facilmente roubadas e os poupadores, então, não ganhariam nada. Desde o início do século XIX tivemos um grande desenvolvimento que tornou a poupança possível para as grandes massas.

Uma das diferenças típicas entre um sistema capitalista e um pré-capitalista é que no primeiro, mesmo os que não são abastados possuem poupanças e pequenos investimentos. Muitas pessoas não reconhecem essa diferença. Ainda hoje, em relação à questão dos juros, estadistas, políticos, ou até mesmo a opinião pública, todos acreditam que os credores são ricos e os devedores, pobres. Por isso, todos acreditam que uma política de dinheiro fácil, uma política de redução artificial das taxas de juros pela interferência governamental, favorece aos pobres e não aos ricos. Na verdade, os depósitos dos pobres e dos menos abastados em caixas econômicas, têm obrigações, apólices de seguro e direito à pensão. De acordo com a estimativa de um jornal, atualmente (1952) há 6,5 milhões de portadores de obrigações (promessas de pagamento futuro) nos Estados Unidos. Não sei se o valor é exato ou não. No entanto, essas obrigações são amplamente distribuídas e, portanto, isso significa que a maioria não é devedora, mas sim credora. Todas essas pessoas são credores. Por outro lado, os proprietários das ações ordinárias de uma empresa que emitiu títulos ou que têm dívidas com os bancos, não são credores, mas devedores. Do mesmo modo, o grande empresário de bens imóveis que possua uma grande hipoteca, também é um devedor. Portanto, já não é mais verdadeira a afirmação que os ricos são credores e os pobres são devedores. As condições sob esse aspecto mudaram consideravelmente.

Um dos grandes *slogans* de mobilização de Adolf Hitler era: "Acabar com a escravidão dos juros. Longa vida ao devedor; pereça o credor". Entretanto, um jornal alemão reconheceu o erro desse *slogan* e escreveu um artigo intitulado *"VOCÊ SABIA QUE É UM CREDOR?"* Não imagino que Hitler tenha gostado deste artigo.

Há alguns anos se desenvolveu uma hostilidade à poupança e à acumulação de capital. Essa oposição à poupança não pode ser atribuída a Karl Marx, porque Marx não compreendeu como o capital era acumulado. Marx não previu o desenvolvimento de grandes corporações e da propriedade por muitos pequenos poupadores. Um economista russo influenciado por Marx declarou, anos atrás, que todo o sistema econômico do capitalismo é autocontraditório. Em vez de consumir tudo o que foi produzido, uma grande parte dos bens produzidos é poupada e acumulada como capital adicional. Haverá mais e mais para gerações futuras. Esse economista diria: "Qual é o sentido disso? Para quem acumulam tudo isso? Agem como um avarento que acumula, mas quem vai desfrutar do que sua poupança rende? É ridículo; é ruim; algo deveria ser feito a esse respeito".

John Maynard Keynes (1883-1946) teve sucesso com seu programa antipoupança. Segundo ele, há perigo no excesso de poupança. Acreditava, e muitas pessoas aceitaram seu ponto de vista, que as oportunidades de investimento eram limitadas. Pode não haver oportunidades de investimentos para absorver toda a renda que é reservada como poupança. Os negócios não progredirão porque há muita poupança. Por esta razão, foi possível economizar em excesso.

A mesma doutrina, sob outra perspectiva, prevaleceu durante muito tempo. As pessoas acreditavam que uma nova invenção – um dispositivo que poupava trabalho – produziria o que foi chamado de "desemprego tecnológico". Essa ideia levou os primeiros sindicatos a destruir máquinas. Os sindicatos atuais ainda têm o mesmo conceito, mas não são tão primários a ponto de destruir as máquinas. Têm métodos mais refinados.

Até onde sabemos, os desejos humanos são praticamente ilimitados. O que precisamos para nossa satisfação é mais acumulação de bens de capital. A única razão pela qual não temos um padrão de vida mais elevado neste país é que não temos bens de capital suficientes para produzir todas as coisas que as pessoas gostariam de ter. Não quero dizer que as pessoas sempre fazem o melhor uso das melhorias econômicas. No entanto, seja lá o que necessitemos, isso exige mais investimento e mais força de trabalho para satisfazê-lo. Poderíamos melhorar as condições, poderíamos pensar em mais maneiras de empregar o capital, até mesmo nas partes mais ricas dos Estados Unidos, até mesmo na Califórnia. Sempre haverá bastante espaço para investimento, contanto que haja escassez dos fatores materiais de produção. Não podemos imaginar um estado de coisas sem essa escassez. Não podemos imaginar uma vida na "Terra da Cocanha"[41], onde

---

[41] Referência à lenda medieval, criada no século XII por um poeta anônimo do Norte da França, que narra um maravilhoso país imaginário, a Cocanha, uma terra, com colinas de queijo e com rios de leite e de vinho, onde as pessoas não estão submetidas ao sofrimento, ao envelhecimento e ao esforço do trabalho, na qual existe abundância de alimentos, riquezas e prazeres, um local onde impera a harmonia social e se goza de liberdade sexual. Após ter circulado oralmente por décadas, esta fábula foi registrada por escrito, em francês arcaico e sob a forma de versos, no *Fabliau de Cocagne*, obra do século XIII. Uma das mais importantes

as pessoas só têm de abrir a boca e deixar entrar alimentos e tudo o mais que desejem estar a seu dispor.

Escassez dos fatores de produção significa escassez de bens de capital. Portanto, toda essa ideia de parar de poupar e começar a gastar é pura fantasia. Em 1931 ou 1932, Lord Keynes e vários amigos publicaram uma declaração na qual afirmavam que só havia um único meio para evitar a catástrofe e melhorar as condições econômicas imediatamente – era gastar, gastar mais, e ainda mais. Economicamente, temos de perceber que as despesas nesse sentido não criam os postos de trabalho que o investimento teria criado da mesma maneira. No entanto, segundo a teoria de Keynes, não importa se você usa seu dinheiro para comprar uma máquina nova ou se você gasta numa boate. Para ele, o homem que gasta o dinheiro para ter uma vida melhor, cria postos de trabalho, ao passo que o homem que compra uma máquina e melhora a produção está subtraindo algo do público.

Não é verdade que quando Keynes escreveu seu livro as condições na Grã-Bretanha justificavam a teoria das despesas públicas para a geração do pleno emprego. Após a Primeira Guerra Mundial, as indústrias na Grã-Bretanha não tinham os meios necessários para aperfeiçoar o equipamento material nas suas fábricas. Isso gerou uma situação desfavorável. Portanto, as máquinas britânicas eram ineficientes quando comparadas às de alguns outros países, especialmente às dos

---

representações desse mito é a pintura *Le pays de Cocagne* [*O País da Cocanha*], de 1567, executada pelo renascentista flamengo Pieter Brueghel (1525-1569). Para maiores informações sobre esta lenda, ver: FRANCO JÚNIOR, Hilário. *Cocanha: A História de um País Imaginário*. São Paulo: Cia. das Letras, 1998. (N. E.)

Estados Unidos. Como resultado, a produtividade marginal do trabalho era mais baixa na Inglaterra. Entretanto, como os sindicatos não tolerariam qualquer redução significativa dos salários para tornar a indústria britânica mais competitiva, o resultado foi o desemprego. O que a Grã-Bretanha necessitava era de mais investimento para melhorar a produtividade dos fatores de produção – e hoje precisam fazer o mesmo. Lorde Keynes tinha uma visão bastante peculiar sobre essa ideia. Um norte-americano, que era seu amigo, publicou um artigo em que falava da amizade pessoal com Lorde Keynes e contava uma história sobre a visita de Keynes a um hotel de Washington. Ao lavar as mãos, o amigo foi muito cuidadoso para não sujar mais que uma toalha. Keynes então amarrotou todas as toalhas e disse que dessa maneira estava criando mais empregos para as camareiras norte-americanas. Sob esta óptica, a melhor forma de aumentar o emprego seria destruir o máximo possível. Acreditava que tal ideia havia sido refutada de uma vez por todas por Frédéric Bastiat (1801-1850) na história da janela quebrada[42]. No entanto, evidentemente, Keynes não entendeu esse ensaio de Bastiat.

A falácia de que máquinas que poupam mão de obra gerariam o desemprego tecnológico foi não somente refutada

---

[42] Em inglês ver o trecho inicial do primeiro capítulo "What Is Seen and What Is Not Seen" [O que se vê e o que não se vê] da seguinte obra: BASTIAT, Frédéric. *Selected Essays on Political Economy*. Ed. George B. de Huszar; trad. Seymour Cain. Irvington-on-Hudson: Foundation for Economic Education, 1995 [1964]. A narrativa foi reimpressa na edição de junho de 2001 do periódico *The Freeman: Ideas on Liberty*. [O texto está disponível em língua portuguesa como: BASTIAT, Frédéric. "A Vidraça Quebrada". *In: Frédéric Bastiat*. Trad. Ronaldo da Silva Legey. São Paulo: Instituto Ludwig von Mises Brasil, 2010. (N. E.)].

por um exame teórico, mas também pelo fato de que toda a história da humanidade consiste precisamente na introdução de mais e mais máquinas que poupam mão de obra. Hoje produzimos uma maior quantidade de várias amenidades com uma quantia menor de trabalho humano. No entanto, existem mais pessoas e mais empregos. Portanto, não é verdade que as pessoas estão privadas de seus empregos porque algumas máquinas novas são inventadas.

Não passa de uma fábula, e convenhamos, uma fábula muito ruim, que a acumulação de capital prejudica os trabalhadores. Quanto mais bens de capital disponíveis, maior a produtividade marginal do trabalho, permanecendo constantes as outras variáveis. Se um empregador considera a contratação ou a demissão de um trabalhador, ele se pergunta qual valor o emprego desse homem acrescenta aos produtos. Se o emprego de um trabalhador acrescenta algo às quantidades produzidas, o problema do empregador é, então: "O emprego dele vale mais do que recebemos pela venda da produção?" O mesmo problema surge quando consideramos o uso destinado a um montante adicional de bens de capital. Quanto maior a quantidade de capital disponível por trabalhador, maior a produtividade marginal do trabalhador e, consequentemente, maior o salário que o empregador pode pagar. Quanto mais capital acumulado, sendo constantes as outras variáveis, mais trabalhadores podem ser empregados com o mesmo salário ou com salários superiores.

Dois empresários – J. Howard Pew (1882-1971), da Sunoco, e Irving Olds (1887-1963), da US Steel – tentaram, sem muito sucesso, explicar a outros empresários o efeito da inflação sobre a acumulação de capital, inventários, depreciação e outros fatores. A inflação eleva os preços de venda, criando a ilusão que os empresários estão lucrando. O governo, a seguir, cobra impostos e utiliza esse montante para despesas correntes – esses "lucros" aparentes, que teriam sido investimentos ou reservados para depreciação e reposição de equipamentos.

Se uma pessoa assina um contrato com uma companhia privada de seguros, a companhia de seguros investe esse dinheiro. Depois, obviamente, quando o seguro tiver de ser pago, o investimento precisa cessar. As pessoas precisam decidir quando parar de investir, mas as companhias de seguros se expandem ano após ano, e com acumulação de capital em todo o país, as seguradoras, como um todo, não precisam cessar os investimentos.

Já o sistema de Seguridade Social é diferente. O governo fala sobre estatísticas atuariais, mas isso não tem o mesmo significado que para uma companhia de seguros. O que o indivíduo paga, o governo gasta em despesas correntes. O governo, então, repassa ao "Fundo de Seguridade Social" um Título de Dívida. Assim, o governo "investe" em títulos do governo. Quando o governo recolhe impostos para a "Seguridade Social", está dizendo, "repasse seu dinheiro para eu gastar e, em contrapartida, prometo que em trinta ou quarenta anos, os contribuintes estarão dispostos a saldar esta dívida que contraímos hoje". Portanto, o sistema de Seguridade Social é algo muito diferente do seguro privado. Não significa que algo foi poupado. Pelo contrário, a poupança dos indivíduos é, em teoria, destinada pelo governo à

"Seguridade Social", mas na verdade, utilizada para despesas correntes do governo. Estou plenamente convencido de que o governo vai pagar a conta, mas a pergunta é: em que tipo de dólares? Tudo dependerá da disposição dos futuros Congressos e do futuro público para pagar em dinheiro real. Se as pessoas não gostarem do papel-moeda, eles não irão usá-lo. Por exemplo, a Califórnia teve problemas com o dinheiro em circulação durante a Guerra de Secessão, os *greenbacks*[43].

O conceito de Bismarck sobre seguridade social era que todos recebessem algo do governo. Comparou a situação prussiana com a dos franceses, muitos dos quais possuíam títulos do governo e recebiam juros. Acreditava ser essa a razão dos franceses serem tão patriotas – recebiam algo do governo.

Bismarck queria que os alemães dependessem do governo também. Então, começou a pagar um bônus adicional do governo no valor de 50 marcos para todos os pensionistas de idade avançada. Isso foi denominado *Reichszuschuss* (subsídio adicional governamental).

Os problemas de capital são problemas de cálculo econômico. Não podemos aumentar os "bens de capital" pela inflação, embora possamos *parecer* aumentar o "capital". O resultado é uma discrepância entre os bens de capital e o capital propriamente dito, como é demonstrado pelo cálculo econômico.

---

[43] Dólar norte-americano impresso sem lastro na forma de papel-moeda, cuja primeira emissão data de 1862. (N. T.)

Sétima Palestra

7

H á dois problemas puramente teóricos, mas que têm influências e consequências sérias que não podem ser exagerados. O primeiro problema se relaciona aos juros, e nos reporta a Aristóteles e seu famoso ditado "Dinheiro não pode atrair dinheiro". Aristóteles considerava os juros um sério problema e foi responsável pelo equívoco que pregava que juros eram pagos para *usarmos o dinheiro*. Por muitos séculos, por dois mil anos, esse foi o fundamento teórico da proibição legal de empréstimos com juros. A visão das pessoas sobre empréstimos estava estigmatizada pelos juros, e isso as impedia de compreender que juros derivam de uma categoria geral da ação humana, que emergem da necessidade de todas as pessoas, sem exceção, de atribuir mais valor a bens presentes do que a bens futuros. Assim sendo, isso significava que os valores e os preços deduzidos de bens futuros, comparados aos

A Moeda, os Juros e o Ciclo Econômico

valores e preços de bens presentes, não poderiam ser eliminados por um decreto, regra ou ordem do governo.

Quando o "capitalismo" do Império Romano ruiu e o altamente desenvolvido sistema econômico romano foi suplantado pela economia das tribos invasoras – uma economia puramente agrícola e baseada na autossuficiência de cada agricultor – a proibição geral contra juros de empréstimos foi ainda mais reforçada. Em muitas partes da Europa havia também essa estigmatização contra os juros, e a Igreja liderava essa campanha. Por mais de mil anos, os Conselhos da Igreja mantiveram a proibição incondicional sobre juros nos empréstimos.

No entanto, a Igreja não poderia usar o Evangelho e o Novo Testamento como sustentação teórica para essa proibição. Assim, a Lei de Moisés teve de ser evocada, onde foi identificada uma passagem sobre empréstimos com juros contraídos por Jesus, e não pelos gentios. Mais tarde, no início do século XII, os teólogos encontraram uma passagem no Evangelho[44] que também poderia ser interpretada como contrária a empréstimos com juros, apesar de não se referir especificamente aos juros, pois dizia simplesmente: "emprestai sem esperar nada em troca". Acredito que a tradução esteja correta, pois levantou uma questão que não precisaríamos discutir – a contestação por teólogos e historiadores da lei.

Se, por um lado, havia a proibição da Igreja – a Lei Canônica, que a Igreja tinha especial interesse em enfatizar – havia, por outro lado, a prática regular. Empréstimos eram necessários e mesmo nos países sob forte influência da Igreja, tanto religiosa quanto secular, o sistema bancário moderno começava a se desenvolver. Teólogos se debruçavam sobre a questão dos juros para determinar se havia ou não razões que pudessem justificá-los. Tais estudos constituíram o início do embate entre a legislação econômica *versus* a doutrina canônica, e discutiram diversas questões, eliminando, ao menos, a crença errônea que o credor obtém algo injusto do tomador do empréstimo ao ganhar juros sobre o dinheiro emprestado. Mesmo assim, esse conceito ainda prevalece em muitos livros didáticos norte-americanos.

Havia também outra questão – quando aumentamos a oferta de dinheiro disponível para empréstimos, forçamos uma tendência de queda nas taxas de juros da moeda de mercado (empréstimos de curto prazo). Se os juros não constituem uma recompensa para alguém que concedeu a outro o uso de certa quantia de dinheiro, mas na verdade dependem

---

[44] *"Amais vossos inimigos, fazei o bem e emprestai sem esperar nada em troca"* (Lucas 6, 35).

da redução de bens presentes em relação a bens futuros (e independem da oferta de moeda ser maior ou menor), como, então, e por que a tendência de redução inicial na taxa de juros, causada por uma maior oferta de dinheiro, pode ser revertida? Em outras palavras: não obstante a maior oferta de dinheiro, que processo reestabelece a taxa de juros que reflete a avaliação das pessoas sobre a redução do valor de bens futuros em relação ao valor de bens presentes? Algumas pessoas negaram a existência desse fenômeno. Declararam, simplesmente, que se aumentarmos o montante de dinheiro ou substitutos de dinheiro, geramos uma tendência progressiva de quedas cada vez maiores nas taxas de juros até que os juros finais acabem por desaparecer. Na verdade, há autores socialistas que acreditam ser esta a forma correta de gerar abundância e riqueza para todos.

Devemos, no entanto, traçar uma clara distinção entre dois tipos de transações bancárias. A velha e clássica definição de um banqueiro, definição de um empresário e um economista, que um banqueiro era um homem que emprestava o dinheiro de terceiros (um homem que empresta seu próprio dinheiro é um emprestador). O banqueiro é a pessoa que recebe depósitos das pessoas, pega o dinheiro deles e empresta esse dinheiro para terceiros. Seus ganhos advêm da diferença na taxa de juros que paga aos depositantes e a taxa de juros que recebe daqueles para quem emprestou o dinheiro. Esse é o verdadeiro negócio dos bancos e dos banqueiros.

A situação que surgiu no século XIX com o desenvolvimento dos modernos métodos bancários, com a emissão de notas bancárias e de depósitos sujeitos a confirmação, acarretou sérios problemas: meios fiduciários e expansão do crédito.

Uma evolução histórica aconteceu primeiramente na Grã-Bretanha e a seguir, em outros países. As pessoas depositavam dinheiro para custódia com pessoas que posteriormente foram chamadas de banqueiros – no início, eram os ourives de Londres. Esses ourives emitiam recibos aos depositantes, os quais usavam os recibos para efetuar pagamentos. Hoje, chamaríamos esses recibos de "notas bancárias". Quando um ourives gozava de boa reputação e boa vontade do público, não havia razão para outra pessoa não aceitar tais recibos como forma de pagamento do dinheiro que lhe era devido. Os ourives e os primeiros banqueiros logo descobriram que não era necessário manter os fundos de reserva em seus cofres: podiam emitir mais recibos, mais notas bancárias do que realmente possuíam em custódia. Descobriram que se pudessem emprestar uma parte de suas reservas, conseguiriam disponibilizar mais crédito, por meio de operações bancárias, do que o real montante de dinheiro depositado sob sua custódia permitiria. Sendo assim, descobriram o que denominamos "meios fiduciários".

Um segundo negócio bastante questionável consiste na instituição da expansão do crédito, que poderia ser vista como o mais sério problema econômico dos dias de hoje. Isso significa que o banqueiro empresta mais dinheiro a terceiros do que recebe de seus depositantes. O montante excedente de notas bancárias emitidas pelo banqueiro, ou dos depósitos sujeitos a verificação que abre a seus clientes, constitui a expansão do crédito. A questão é: "Quais as consequências de tais transações"?

No início, a expansão creditícia dessa natureza não era crítica ou perigosa, pois era efetuada por banqueiros individuais que tinham boa reputação na cidade, e suas notas poderiam ser aceitas ou recusadas. Qualquer pessoa poderia ir a um banqueiro e receber dele um empréstimo constituído em sua totalidade por notas bancárias adicionais, meios fiduciários desenvolvidos visando unicamente a expansão creditícia. *No entanto,* a questão era: os clientes e credores dessa pessoa estariam prontos a receber como pagamento as notas bancárias emitidas por tal banqueiro? Podemos pressupor que um credor que detivesse um acordo questionável responderia: "É melhor receber essas notas que esperar mais ainda pelo pagamento em espécie". Entretanto, teria ido imediatamente ao banqueiro que emitiu as notas e as teria resgatado, reduzindo assim o número de notas bancários em excesso por liquidar. Por conseguinte, os perigos da expansão creditícia não eram grandes enquanto esta se restringia aos bancos e às empresas privadas sujeitas à legislação comercial. À medida que as notas bancárias pudessem ser retornadas ao banco de emissão para resgate, havia certo freio à expansão creditícia, que ficava restrita a um escopo limitado.

Entretanto, os governos logo invadiram esse campo de ação, sob a premissa errônea que ao emitir crédito circulante, crédito adicional ou meios fiduciários, mediante a emissão de um montante superior ao que haviam recebido do público, os bancos, precisamente em decorrência dessa expansão creditícia, poderiam reduzir as taxas de juros.

Há pouco salientei que uma grande concepção errônea sobre juros havia sido herdada de épocas anteriores. Foi uma descrição correta das condições em épocas passadas ter dito que os ricos eram os credores, ao passo que os pobres eram os devedores. Como resultado, prevaleceu a ideia que altas taxas de juros eram ruins. As pessoas não estavam preparadas para aceitar as taxas de juros como um fenômeno de mercado que não poderia ser influenciado pelo governo. As taxas de juros eram vistas meramente como obstáculos ao desenvolvimento e ao progresso econômico. Muitos ainda acreditavam que as taxas de juros eram geradas pela ganância de credores egoístas e que era dever do governo aboli-las. O desenvolvimento do moderno capitalismo se deve ao fato de os governos, após séculos e séculos de erros, terem finalmente abandonado a interferência nos preços de mercado, salários etc. O capitalismo não teria se desenvolvido se a interferência governamental em preços e salários não tivesse sido abolida no século XVIII. Tal desenvolvimento promoveu as melhorias econômicas de nossa era. No entanto, não houve tanto sucesso no que se refere às taxas de juros.

É verdade que decretos governamentais mais antigos que fixaram limites máximos para as taxas de juros foram abolidos na era do liberalismo e capitalismo, mas unicamente porque os governos acreditavam ter descoberto um novo meio de tornar o crédito mais barato, pela expansão creditícia via bancos. Nesse processo, os bancos privados desapareceram completamente do cenário. Os governos concederam privilégios aos bancos governamentais de modo que estes mantiveram o monopólio da emissão de meios fiduciários, algo que, para eles, não era fácil, tendo em vista a resistência que enfrentavam. Por duas vezes, nos Estados Unidos, as tentativas de estabelecer um banco de emissão de moeda foram frustradas pela maioria da população.

O que os governos fizeram, então, foi introduzir um fraco procedimento "intermediário" para resolver o problema. Um defensor regular desse sistema de expansão creditícia teria declarado "Se você pode reduzir as taxas de juros pela expansão creditícia, por que não aboli-los totalmente, fazê-los desaparecer, e conceder empréstimos a todos sem qualquer cobrança de juros"? Esta seria uma solução ao problema social da pobreza – empréstimos para todos. "Por que não"? Mas os governos não consideravam ser possível abolir os juros totalmente.

Houve uma famosa troca de cartas entre o socialista francês Pierre-Joseph Proudhon (1809-1865) e Frédéric Bastiat. Proudhon opunha-se a Bastiat e afirmava que se criássemos tais bancos emissores de créditos, conseguiríamos banir completamente as taxas de juros. Bastiat discordava, mas não conseguia encontrar um argumento plausível, pois endossava a solução "intermediária", particularmente a livre flutuação das taxas de juros até certo nível que não fosse "alto demais". Esta solução "intermediária" tornou-se, posteriormente, a doutrina amplamente aceita no mundo. Aqueles que ainda insistiam na possibilidade de gerar riquezas para todos mediante medidas de crédito que objetivassem reduzir ou eliminar as taxas de juros totalmente eram denominados "malucos monetários". Entretanto não havia razão alguma para assim denominá-los, pois eram mais consistentes que os que pregavam a solução "intermediária" oficial. Alguns dos defensores da redução drástica das taxas de juros eram eminentes em outros campos, como por exemplo, Ernest Solvay (1838-1922), um empresário e químico belga bem-sucedido que acreditava ser possível promover a felicidade geral estabelecendo a *compatibilidade social* [compatibilismo]. No Canadá foi conduzido o Experimento de Alberta, o programa do major inglês Clifford H. Douglas (1879-1952), que denominou esse experimento de "crédito social".

Como as pessoas poderiam se enganar a tal ponto de pressupor que tal expansão creditícia não acarretaria consequências? Uma doutrina especial foi desenvolvida para este fim, afirmando que dentro do sistema econômico, há um limite natural à expansão creditícia. Argumentava-se que o montante de dinheiro necessário a transações de negócios era determinado pelas "necessidades dos negócios", e se os bancos não expandissem o crédito para além de tais "necessidades dos negócios", nenhum malefício resultaria. A ideia era a seguinte: os produtores de matérias-primas vendem aos fabricantes e emitem para eles uma letra de câmbio. Os empresários que compram as matérias primas levam a letra de câmbio ao banco, o banco desconta essa letra e concede crédito ao empresário para que possa pagar pelas matérias-primas. Após três meses, o fabricante produziu os bens finais a partir dessas matérias-primas, vende seus produtos e paga o empréstimo que contraiu. Assim, os proponentes desse sistema argumentam não haver nenhum perigo se o banco meramente fornecer o crédito que permite a empresários comprarem matérias primas. Argumenta-se que se o banco se limitar a conceder crédito às empresas com quem já efetuou tais transações, o valor do crédito solicitado ficará sempre limitado às "necessidades dos negócios" – o valor real e exato das transações efetuadas dentro de um país. Ou seja, não representaria qualquer aumento na oferta de crédito, pois o aumento na oferta de crédito corresponderia exatamente ao aumento na demanda por transações de crédito baseadas em reais transações de negócios.

Por outro lado, o que essa doutrina não previu foi que as "necessidades dos negócios" dependem do montante de crédito concedido pelo banco, e este, por sua vez, depende da taxa de juros cobrada dos tomadores de empréstimo. Quanto mais alta a taxa de juros, menos pessoas solicitarão empréstimos; mas quanto mais baixa a taxa de juros, mais pessoas solicitarão empréstimos.

Todo empresário calcula as despesas e a renda de seus projetos. Se os cálculos demonstrarem que o projeto não é viável, a despeito dos custos e *incluindo nestes, naturalmente, o custo da taxa de juros*, o projeto é abortado. No entanto, se o banco emissor entrar em cena e gerar crédito circulante adicional para tais fins, e assim, reduzir a taxa de juros a nível inferior do que seria esperado sem a presença desse crédito, mesmo que seja em 1/4 ou 1/5 de um por cento, um número maior de projetos que anteriormente não seriam realizados agora se tornarão viáveis. A expansão creditícia do banco gera sua própria demanda, dando a impressão que mais poupança, mais bens de capital estão disponíveis do que realmente estão. Na verdade, o que aumentou foi unicamente o montante de crédito.

Se os bancos não expandem o crédito, não geram novo crédito circulante, ou seja, se concedem empréstimos amparados no valor das poupanças de outras pessoas, como consequência os bancos talvez tenham que cobrar taxas de juros mais altas do que cobrariam ao gerar novo crédito. E assim, muitas transações não seriam conduzidas precisamente em virtude das taxas de juros mais altas. No entanto, se os bancos geram novo crédito, moeda adicional, precisam reduzir as taxas de juros para atrair novos tomadores de crédito, uma vez que todos os fundos disponíveis já estarão alocados em empréstimos às taxas de mercado que prevalecerem na ocasião.

Frequentemente os bancos expandem o crédito por razões políticas. Um velho ditado prega que quando os preços sobem, quando os negócios florescem, o partido no poder tem mais chances de sucesso em uma campanha eleitoral do que em situação inversa. Sendo assim, a expansão creditícia é na maioria das vezes influenciada pelo governo que almeja tal "prosperidade", e governos em todo o mundo adotam tal política de expansão de crédito.

No mercado, a expansão creditícia gera a impressão de haver mais capital e poupança disponíveis do que realmente há. Projetos que ontem eram inviáveis em decorrência de taxas de juros mais altas, agora se viabilizam com as novas condições de mercado. Empresários pressupõem que taxas de juros inferiores sinalizam a disponibilidade de bens de capital suficientes; ou seja, a expansão creditícia mascara os cálculos econômicos dos empresários e passa a eles, à nação e ao mundo a falsa impressão de haver mais bens de capital disponíveis do que realmente há. Com a expansão creditícia, expande-se também o conceito contábil de "capital"; no entanto, não podemos produzir mais bens de capital "reais". Como a produção é necessariamente limitada à quantidade de bens de capital disponíveis, a expansão creditícia acaba por iludir empresários sobre a viabilidade de projetos, os quais, na verdade, não poderiam ser executados com base na real escassez de bens de capital. Isso resulta também em uma distorção da produção, em um "mau investimento". Quando a expansão creditícia faz com que o empresário aceite tais projetos, o resultado é chamado de *boom*.

Não podemos esquecer que durante todo o século XIX e XX houve uma obsessão, não contra a expansão creditícia, mas contra conferir ao governo poderes excessivos no tocante à expansão creditícia, visando limitar a influência governamental sobre os bancos centrais.

Ao longo da história, os governos têm tomado dinheiro emprestado dos bancos centrais, apesar de tomar emprestado do público. Por exemplo, alguém que poupou cem dólares poderia guardar ou investir essa quantia. Em vez de fazer uma destas coisas, essa pessoa poderia comprar um novo título do governo; tal compra não alteraria o valor existente, somente passaria de suas mãos para as mãos do governo. Contudo, se o governo decidir tomar essa quantia emprestada do banco central, o banco pode comprar os títulos do governo por meio de expansão creditícia, e assim, gerar nova moeda. Os governos costumam ter várias boas ideias de como conduzir tais empréstimos.

Sempre houve um embate entre o legislativo e o executivo acerca da influência governamental nos bancos centrais. A maioria das assembleias legislativas europeias claramente expressou a posição a favor da independência de seus bancos centrais do governo. E aqui nos Estados Unidos conhecemos o contínuo conflito entre a Diretoria do Federal Reserve (banco central norte-americano) e o Tesouro Nacional causado por leis econômicas e legislação governamental. Alguns governos facilmente violam a legislação sem violar a "letra da lei". O governo alemão, por exemplo, tomou dinheiro emprestado do público durante a Primeira Guerra Mundial porque o Reichsbank havia prometido conceder empréstimos ao público. Indivíduos que compraram os títulos do governo alemão pagaram somente 17% do valor do título, porcentagem que lhes garantiu rendimento de 6 ou 7%. Ou seja, 83% do preço do título eram pagos pelo banco, e sempre que o governo tomava emprestado do público, isso significava tomar emprestado indiretamente do Reichsbank. O resultado foi que na Alemanha, o câmbio do dólar norte-americano subiu de 4,20 marcos antes da guerra para 4,2 bilhões de marcos ao final de 1923[45].

Sempre houve resistência em outorgar poder aos bancos centrais, mas nas últimas décadas, essa resistência foi completamente derrotada em todos os países do mundo. O governo norte-americano tem usado o poder de seu Banco Central, o Federal Reserve, para empréstimos visando utilizar uma

---

[45] Ver: MISES, Ludwig von "Business Under German Inflation". *The Freeman* (November 2003).

considerável parcela para custear suas próprias despesas, gerando inflação e a tendência de alta dos preços e dos salários.

Indubitavelmente, a expansão creditícia acarreta queda nas taxas de juros. Por que, então, isso não significa que as taxas de juros poderiam permanecer baixar e os juros poderiam desaparecer por completo?

Se for verdade que a taxa de juros não é um fenômeno monetário, mas sim um fenômeno geral do mercado que reflete o fato de bens futuros serem comercializados a valores inferiores aos de bens presentes, devemos nos perguntar: "Qual é a natureza do processo que, após a queda inicial resultante da expansão creditícia, finalmente acarreta um gradual retorno às taxas de juros em níveis que refletem condições de mercado e o estado geral da economia"? Ou seja, se a taxa de juros é uma categoria geral da ação humana, e mesmo se um aumento da oferta de moeda e crédito bancário pode ocasionar uma queda temporária na taxa de juros, por que as taxas de juros retornam ao patamar que reflete o valor inferior de bens futuros quando comparado ao de bens presentes?

Ao respondermos essa pergunta, respondemos também à questão que nos tem preocupado há décadas, ou há séculos em alguns países que possuem bancos centrais e um sistema de expansão creditícia – a questão do ciclo de negócios regularmente incorrer em períodos de depressão econômica. Na Grã-Bretanha, a partir do final do século XVIII, e posteriormente nos países que aos poucos aderiram ao capitalismo e aos métodos bancários modernos, de tempos em tempos observa-se uma ocorrência quase regular de eventos como depressão econômica e crises econômicas. Não me refiro a crises econômicas causadas por eventos óbvios que as justifiquem. Por exemplo, no início da década de 1860, a Guerra de Secessão nos Estados Unidos impossibilitou a exportação do algodão norte-americano para a Europa, pois os estados sulistas eram os únicos fornecedores na ocasião. Seguiu-se uma séria crise econômica que afetou as indústrias têxteis europeias e com isso, outras indústrias sofreram também. Todos, contudo, podiam identificar o que causou esta crise: a Guerra de Secessão Norte-Americana e o corte das exportações de algodão para a Europa. Não conseguimos resolver tais crises mesmo quando identificamos uma situação específica. Todavia, aqui tratamos de uma crise genuína em todos os setores do mercado – apesar de, às vezes, a crise ser pior em um setor que em outros – uma crise para a qual não conseguimos identificar qualquer razão especial.

A partir do início do século XIX, as pessoas começaram a considerar tais crises periódicas como um dos problemas mais sérios da pesquisa econômica. Nas décadas de 1830 e 1840, os economistas britânicos responderam à pergunta acima declarando que "O que devemos estudar não é a depressão econômica, que sempre decorre da expansão econômica que a antecede. Não devemos nos perguntar qual a causa da crise, mas sim qual é a causa da expansão econômica que a antecede. E devemos nos questionar qual é a razão do desenvolvimento inquestionável e específico de condições econômicas em todos os países onde o capitalismo não mantém o desenvolvimento linear, mas sim um movimento em forma de ondas, caracterizado por repetidos períodos de expansão econômica seguidos de períodos de depressão". Assim, o problema da crise se transformou no problema do ciclo de negócios, para o qual várias outras explicações mais ou menos incorretas foram propostas.

Desejo discutir somente uma delas, a doutrina do economista famoso de uma maneira diferente, William Stanley Jevons (1835-1882), que adquiriu certa notoriedade ao atribuir a razão das crises econômicas às manchas solares[46]. Como as manchas solares são responsáveis por colheitas ruins, isso significaria negócios ruins. Se assim fosse, por que então as empresas não se ajustariam a esse fenômeno natural, como aprenderam a se ajustar a outros fenômenos naturais?

Se há expansão creditícia, necessariamente deve haver taxas de juros mais baixas. Se os bancos precisam dos tomadores de empréstimos, devem reduzir as taxas de juros ou

---

[46] No linguajar técnico dos economistas contemporâneos influenciados pela chamada Teoria do Equilíbrio Geral, a noção de "manchas solares" (*Sunspots*) se refere, usualmente, à uma variável aleatória extrínseca ou à incerteza extrínseca, ambas tomadas como fatores que não afetam diretamente os fundamentos da teoria econômica. A origem do termo se deve a um trabalho de econometria, lançado originalmente em 1875, por William Stanley Jevons, no qual procurou investigar a relação entre a quantidade e a duração de manchas no Sol e o preço do milho na Inglaterra entre 1259 e 1400. Respectivamente, nos anos de 1878 e de 1879, o economista britânico publicou em duas partes um outro ensaio de econometria discutindo o nexo entre o fenômeno astronômico das manchas solares e as crises econômicas. Os ensaios em questão foram reimpressos na seguinte forma: JEVONS, William Stanley. "The Solar Period and the Price of Corn (1875)". *In: Investigations in Currency and Finance*. London: Macmillan, 1909. Chapter VI, p. 194-205; Idem. "Commercial Crises and Sunspots Part I (1878)". *In: Investigations in Currency and Finance. Op. cit.*, Chapter VII, p. 221-34; Idem. "Commercial Crises and Sunspots Part II (1879)". *In: Investigations in Currency and Finance. Op. cit.*, Chapter VII, p. 235-43. (N. E.)

as qualificações ao crédito de tomadores potenciais. Como todos os que desejavam empréstimos a taxas mais baixas já os haviam conseguido, os bancos precisavam oferecer empréstimos a taxas inferiores ou incluir na categoria de empresas a quem os empréstimos eram concedidos a taxas menos promissores as pessoas de menor qualificação ao crédito.

Quando os indivíduos consumem menos do que produzem, a produção adicional é separada como poupança. Assim, quando o dinheiro concedido sob a forma de empréstimos vem de poupadores, representa os reais bens que estão disponíveis para mais produção. No entanto, quando os empréstimos concedidos provêm de expansão creditícia, os empresários são de certa maneira "enganados", pois não há bem algum amparando a emissão de novo crédito. Isso gera um falso cálculo econômico, uma falsificação sistemática que dá ao empresário a impressão que um projeto que não era viável antes, pela ausência de bens capitais suficientes, pode agora ser executado devido à expansão creditícia. Resulta daí uma intensificação da atividade empresarial, ou seja, preços mais altos são oferecidos pelos fatores de produção. No entanto, não houve aumento algum na quantidade de bens de capital, e a intensificação da atividade empresarial significa um *boom* artificial. Os produtores dos fatores de produção ficam felizes com o aumento dos preços. Isso, todavia, não pode durar para sempre, pois nenhum fator material de produção foi produzido. O preço de tais fatores sobe mais e mais à medida que tomadores do novo crédito entram em concorrência e aumentam as ofertas. Finalmente, duas alternativas se apresentam.

As empresas solicitam mais e mais crédito. Ou (1) os bancos atendem a essa demanda gerando mais e mais crédito (como aconteceu na Alemanha em 1923, levando a uma completa quebra do sistema monetário); ou (2) um dia, ao perceberem, por alguma razão que precisam conter a expansão creditícia, os bancos *param* de gerar novo crédito para empréstimos. As empresas que se expandiram não conseguirão obter mais crédito para pagar pelos fatores de produção necessários à finalização dos projetos de investimento com os quais já se comprometeram. Como não conseguem pagar as contas, vendem os estoques a preços mais baixos. A seguir vêm o pânico, a quebra. E a depressão se instala.

Por conta da expansão creditícia todo o sistema econômico de um país, ou do mundo está na situação de um homem que tem uma oferta limitada de materiais de construção e quer construir uma casa. No entanto, levado por cálculos incorretos, comete erros. Pensa que poderá construir uma casa maior do que realmente pode com os limitados materiais de construção à sua disposição. Assim, começa fazendo uma fundação excessivamente grande, para depois descobrir que cometeu um erro e não conseguirá finalizar a casa como pretendia. Então abandonará o projeto ou usará os materiais ainda disponíveis para construir uma casa menor, deixando parte das fundações sem uso. Esse é um exemplo da situação em que um país ou o mundo todo pode enfrentar ao final de uma crise causada pela expansão creditícia. Com o crédito fácil, empresários efetuam cálculos econômicos errôneos e afundam em planos superambiciosos que não podem ser finalizados devido à insuficiência de fatores de produção.

Em todo período de expansão econômica que precede uma crise, seja na Grã-Bretanha e, posteriormente, em outras partes do mundo, de fato, em qualquer país do mundo, sempre encontraremos pessoas dizendo que "Esta expansão não trará uma crise. Somente aqueles que não sabem o que está acontecendo podem afirmar isso. Esta é a prosperidade final – uma prosperidade duradoura, pois nunca mais teremos esse tipo de crise". Quanto mais pessoas acreditarem neste *slogan* da prosperidade duradoura, mais desesperadas ficarão quando descobrirem que a "prosperidade duradoura" não dura para sempre.

Um fator que piorou ainda mais o estado das coisas em 1929 do que nos períodos de depressão anteriores foi o fato dos sindicatos norte-americanos estarem muito poderosos, e não admitirem que a crise trouxesse resultados semelhantes aos de crises anteriores neste país, como ocorreu em outros países, ou seja, não admitiam uma queda considerável nos salários. Em alguns ramos de negócios, os salários haviam diminuído um pouco. Os sindicatos, no entanto, conseguiam, em geral, manter os salários em níveis que haviam sido desenvolvidos artificialmente durante a expansão econômica. Sendo assim, o número de desempregados se manteve considerável por um longo período. Por outro lado, os trabalhadores que mantiveram os empregos gozavam de uma situação vantajosa, pois os salários não haviam sido reduzidos na mesma proporção que os preços das *commodities*. As condições de vida de alguns grupos de trabalhadores até melhoraram[47].

---

[47] Ver: MISES, Ludwig von. "The Causes of the Economic Crisis" (1931). *In:* GREAVES, J. R. Percy L. (Ed.) *On the Manipulation of Money and Credit: Essays*

Essa foi a mesma situação que causou as sérias condições econômicas observadas na Inglaterra na segunda metade da década de 1920 que resultaram nas doutrinas de lorde Keynes e no conceito de expansão creditícia praticado nos últimos anos. O governo britânico cometeu um grave erro na década de 1920. A Grã-Bretanha precisava estabilizar a moeda, mas foi além. Em 1925, retomou o valor da libra pré-guerra, ou seja, a libra se tornou mais forte e tinha maior poder aquisitivo que a libra de 1920. Um país como a Grã-Bretanha que importa matérias-primas e alimentos e exporta produtos manufaturados não deveria ter tornado a libra mais clara. Como declarou Adolf Hitler: *"Precisam exportar, ou então, morrer de fome"*. Em um país onde os sindicatos não admitiam qualquer redução nos salários, os custos em libras da manufatura se tornaram superiores aos custos da produção nos países que não haviam retomado o padrão-ouro. Geralmente, quando têm custos mais altos, as empresas cobram preços mais altos para conseguirem se manter no mercado. Vendem menos unidades e há um corte na produção. O aumento do desemprego na Grã-Bretanha levou ao desemprego em massa.

Como era impossível negociar com os sindicatos, em 1931, o governo desvalorizou a libra ainda mais do que havia revalorizado esta moeda em 1925, segundo eles, para estimular as exportações. Outros países fizeram o mesmo, como a Tchecoslováquia (duas vezes), os Estados Unidos em 1933 e os países do padrão francês (França e Suíça) em 1936.

---

of Ludwig von Mises. Dobbs Ferry: Free Market Books, 1978. p. 173-203, esp. p. 186-92.

Menciono esses fatos para compreendermos por que a crise de 1929, meramente uma crise de expansão creditícia, teve consequências mais sérias e duradouras que outras crises anteriores. Naturalmente, os marxistas afirmam que cada nova crise será pior e que os russos não têm um ciclo de negócios. É claro que não: têm depressão todo o tempo.

Precisamos compreender a tremenda importância "psicológica" da limitação à expansão creditícia na história do século XIX. Era consenso entre empresários, economistas, governantes e o público em geral que a expansão creditícia dos bancos era necessária, que as taxas de juros eram um obstáculo à prosperidade, e que a política do "dinheiro fácil" era boa na época. Todos, empresários e economistas, consideravam a expansão creditícia necessária, e se exasperavam se alguém dizia que poderia haver alguns revezes. Ao final do século XIX, era praticamente indecente apoiar a Escola Monetarista Britânica, a qual se opunha à expansão creditícia.

Quando comecei a estudar e teoria da moeda e do crédito, encontrei em toda a literatura um único autor vivo, o economista sueco Knut Wicksell (1851-1926), que realmente compreendeu a extensão dos problemas da expansão creditícia[48]. Até hoje prevalece a ideia que não podemos viver sem a expansão creditícia. Mas derrotar essa ideia é impossível sem uma séria luta necessária para derrotar todas as forças ideológicas que operam a favor da expansão creditícia. A maioria das pessoas, naturalmente, sequer pensa sobre a expansão creditícia. Os governos, entretanto, têm uma clara

---

[48] WICKSELL, Knut. *Interests and Prices*. New York: Macmillan, 1936 [1898].

compreensão sobre esse conceito e dizem que "Não podemos viver sem ela".

A expansão creditícia é fundamentalmente um problema de direitos civis. Um governo representativo se apoia no princípio de que os cidadãos devem pagar ao governo somente os impostos legalmente promulgados pela constituição. "Nenhuma tributação sem representação". No entanto, os governos creem que não podem cobrar dos cidadãos tantos tributos quanto o necessário para cobrir todas as despesas do governo. Quando os governos não conseguem cobrir as próprias despesas com tributos legalmente promulgados, tomam dinheiro emprestado dos bancos comerciais e expandem o crédito. Dessa maneira, um governo representativo se torna, na verdade, o instigador da expansão creditícia e da inflação.

Se a instituição da expansão creditícia e de outros tipos de inflação promovidos pelo governo tivesse sido inventada no século XVII, a história da luta entre os Stuart e o Parlamento Britânico teria sido bem diferente. Charles I (1600-1649) não teria tido qualquer problema para obter o dinheiro que necessitava se pudesse simplesmente ter ordenado ao Banco da Inglaterra, que não existia na época, a conceder-lhe crédito. Teria, então, condições de organizar o exército do Rei e derrotar o Parlamento. Esse é apenas um aspecto da questão.

O segundo aspecto – não creio que este país teria tolerado psicologicamente a recorrência de uma crise como a de 1929. E a única maneira de evitar tal tipo de crise é evitando a expansão econômica. Já nos encontramos em tal processo de expansão há um bom tempo, mas podemos ainda detê-lo a tempo. Há, no entanto, um sério perigo – enquanto houver bens de capital limitados e escassos, os projetos que poderiam ser executados e gerar novos projetos podem parecer impossíveis no momento, e a expansão creditícia pode se esconder atrás da ilusão de um aumento de capital lançado em dólares nos livros de contabilidade. A expansão creditícia cria a ilusão de capital disponível que na verdade, não existe.

O problema fundamental do século XIX foi a falta de percepção desse cenário. Como resultado, o capitalismo ficou muito desacreditado, pois as pessoas viam a quase periódica recorrência de depressões como um fenômeno inerente ao capitalismo. Karl Marx e seus seguidores esperavam que as depressões se tornassem progressivamente piores, e Josef Stalin ainda afirma isso abertamente todos os dias: "Tudo o que temos que fazer é esperar. Haverá uma crise muito séria nos países capitalistas". Para frustrar os planos desses marxistas, precisamos compreender que sólidas políticas de crédito reconhecem a escassez de bens de capital, e que o capital não pode ser aumentado unicamente pela expansão creditícia. Isso precisa ser reconhecido por empresários e políticos.

***

(Comentários adicionais feitos por Mises durante o período de perguntas e respostas)

O que aconteceu no passado com a expansão creditícia foi, via de regra, absorvido e ajustado pelo mercado. Diria que devemos considerar as condições passadas como "inevitáveis" e que no futuro, *não deve haver mais nenhuma expansão creditícia*. No futuro, nenhuma nota bancária adicional deve ser emitida, nenhum crédito adicional deve entrar em uma conta bancária *salvo se for 100% coberto por moeda existente*. Esse é o que chamo de "O Plano 100%". Em relação à situação de hoje, devemos deixar para trás tudo o que aconteceu no passado — não devemos tentar reverter a atual situação, pois causaríamos uma deflação. Apesar de não ser tão perigosa ou daninha como a inflação, a deflação é onerosa para o governo, enquanto a inflação é lucrativa. Entretanto, ambas devem ser evitadas.

Se não houvesse qualquer privilégio aos bancos e se o governo não houvesse forçado os cidadãos a aceitarem notas bancárias como "moeda corrente", as notas bancárias não teriam se tornado tão populares. O cidadão comum, hoje, em qualquer país do mundo, salvo nos países mais atrasados, considera dinheiro qualquer pedaço de papel no qual o governo ou uma instituição privilegiada pelo governo tenha imprimido as palavras mágicas "moeda corrente". No passado, entretanto, isso era diferente, pois as pessoas não aceitavam notas bancárias tão facilmente. Só as aceitavam porque eram melhores que nada. Se alguém não aceitasse as notas bancárias, poderia levá-las ao banco emissor; e se o banco não pudesse resgatá-las, faliria. O fator "maravilhoso" das notas bancárias, sob a ótica do governo e dos bancos, é que os bancos não são obrigados a resgatá-las, salvo, talvez, em moeda corrente, que, novamente, podem ser notas bancárias.

Se os governos não tivessem jamais interferido no sistema monetário e bancário, cada cidadão teria sido livre para emitir as próprias notas bancárias. Gostaria de dar a todos o direito de emitir as próprias notas bancárias. O problema, então, seria como fazer outras pessoas aceitar tais notas privadas; talvez ninguém as aceitasse. Nada tenho contra notas bancárias propriamente ditas, mas sou contra notas bancárias protegidas por algum privilégio concedido pelo governo. Desejo que as notas bancárias emitidas no passado retenham seus privilégios, *mas sou contra a emissão de qualquer nova nota bancária como moeda corrente e contra a expansão creditícia!*

Quando afirmo que a retomada do padrão ouro é necessária, é porque tal medida impede a inflação. Sob o padrão ouro, o volume de moeda circulando depende de fatores geológicos que não podem ser controlados pelo governo. Tal padrão não é despropositado, por ser a única alternativa à total dependência da moeda do governo.

Se o Rei Charles I tivesse tido o poder de imprimir cédulas, provavelmente estaria em posição muito mais vantajosa para lutar contra o governo.

Sob o padrão ouro, a oferta de moeda independe de caprichos e programas políticos do governo e dos partidos políticos, que mudam constantemente. Há séculos os predecessores de nossos organismos parlamentares lutam contra príncipes que queriam desvalorizar a moeda, afirmando que "O que conta é somente o nome atribuído ao dinheiro". Entretanto, a moeda de prata adquiriu um tom mais "avermelhado" quando os príncipes a adulteraram com cobre, enquanto mantinham que a nova liga da moeda, que continha menor teor de prata que a moeda antiga, ainda mantinha o mesmo poder aquisitivo e valor de moeda corrente que a antiga moeda. Se o governo conseguir prover os recursos para os próprios gastos criando mais dinheiro, não mais precisará depender, digamos, do Congresso. Histórica e politicamente, o padrão ouro é uma ferramenta no sistema legislativo que limita o poder do governo e o torna dependente da vontade dos cidadãos.

Oitava Palestra

8

No que se refere a todas as questões ligadas ao capitalismo, é fundamental jamais esquecer a diferença entre "bens de capital" e "capital". "Bens de capital" são bens físicos, enquanto o conceito de "capital" é puramente teórico e pertence à estrutura de um método definido de cálculo e computação. A evolução desse conceito finalmente resultou na inclusão do conceito contábil de capital, no conceito de auditoria e também em outros fatores que não constituem bens de capital.

O sistema de contabilidade se iniciou, naturalmente, com os empresários. Ansiosos para saber o resultado de suas transações, desenvolveram esse método de contabilidade: o sistema de partidas dobradas de escrituração. O conceito de capital que utilizaram se referia e incluía unicamente os fundos que haviam alocado para desenvolver

Lucros e Perdas, a Propriedade Privada e as Conquistas do Capitalismo

seus negócios, ou seja, excluía imóveis ou propriedades particulares do responsável pela empresa, assim como de seus familiares. Ainda podemos ler tratados legais e ensaios debatendo se o capital privado do proprietário da empresa deveria ou não ser incluído no balancete da empresa. Segundo os métodos contábeis praticados, o conceito de capital atualmente em uso compreende os imóveis e todos os direitos possuídos pela empresa.

Os proprietários rurais também se debruçaram sobre esses problemas, porém somente mais tarde. No início, desenvolveram métodos contábeis limitados à gestão de suas fazendas, sem incluir as propriedades particulares. Menciono tais fatos porque se analisarmos o balancete de uma empresa, há um campo designado para construções, imóveis de propriedade da empresa. O atual conceito de capital compreende mais do que os bens capitais, incluindo todos os bens de propriedade da empresa.

Sob essa perspectiva, devemos também questionar se há ou não qualquer outra distinção de maior importância que afete os problemas práticos do capital, considerando o total dos fatores materiais de produção usados especificamente para fins de produção.

Considerando as decisões a serem tomadas sobre o emprego do capital, devemos levar em conta que a maior parte do capital disponível está alocada a bens não conversíveis ou não perfeitamente conversíveis. Bens de capital são fatores intermediários entre os bens naturais e os bens de consumo finais. Num mundo em constantes mudanças, a questão é se podemos usar esses produtos intermediários, originariamente designados para um fim específico ou para quaisquer outros fins. Será possível, mesmo após alterações em planos e intenções, usar o capital acumulado ou produzido no passado, para novos planos e intenções? Eis o problema da convertibilidade de bens de capital.

Há mais de um século, um movimento popular em todo o mundo, e hoje principalmente na Califórnia, é representado por um grupo de reformistas que se autodenominam "tecnocratas". Esse grupo critica o fato de ainda estarmos caminhando paralelamente aos mais modernos métodos de produção, pois utilizamos processos ultrapassados. Salientam como seria maravilhoso se tudo o que classificam como "atraso econômico" fosse eliminado, se todas as fábricas fossem localizadas nos locais mais apropriados e equipadas com os mais modernos equipamentos. Note-se que não são os únicos a partilhar dessa crítica, pois assim, não haveria qualquer atraso tecnológico, nem máquinas e métodos de produção desatualizados. Um socialista alemão, ou russo – talvez devesse dizer báltico – salientou como estava atrasada a agricultura alemã. Pregava abandonar ou reduzir o número de fazendas e máquinas existentes e substituí-las pelos mais modernos avanços na agricultura, possibilitando assim tornar toda a produção mais barata.

O ponto fraco desses planos é que o capital acumulado no passado sob a forma de bens de capital representa o saber técnico desenvolvido ao longo dos tempos. Apesar das fábricas estarem ultrapassadas, não necessariamente o maquinário antigo deve ser vendido como sucata e substituído por novas máquinas. Isso depende da superioridade do novo maquinário em relação ao antigo.

Salvo se for impossível para a antiga fábrica ter uma produção adicional com as mesmas despesas que tem atualmente, o investimento seria inútil, não somente sob a perspectiva do proprietário da fábrica como também sob a perspectiva de um sistema socialista que tenha de lidar com a mesma situação. O problema é semelhante ao de um homem que precisa escolher entre comprar uma nova máquina de escrever ou um aparelho de TV novo porque aparelhos melhores foram inventados, ou então decidir comprar algo totalmente novo, que ainda não possui. Assim como nem todas as pessoas descartam suas máquinas de escrever antigas ou vendem seus carros antigos sempre que um novo modelo é lançado, um empresário também precisará tomar decisões semelhantes em seu negócio. Mesmo que no âmbito pessoal cálculos tão precisos não sejam necessários, no âmbito empresarial qualquer decisão deve se apoiar em cálculos cuidadosos.

Os bens de capital, sob a forma de equipamentos, que constituem a riqueza de nossa era e que também tornam um país mais rico que outros países, é composto de bens de capital produzidos por nossos ancestrais ou até por nós mesmos sob determinadas condições técnicas e atendendo a fins diversos. Se desejarmos usar um bem antigo como equipamento no futuro, a despeito de tal equipamento não ter a mesma produtividade de um equipamento novo, poderemos tomar tal decisão se considerarmos o serviço executado por tal equipamento como de maior valor do que ganharíamos de o descartássemos e o substituíssemos por novo maquinário.

O mundo se estabeleceu em outras eras a partir de outras premissas, condições e outros conhecimentos técnicos. Se viéssemos a este mundo a partir de outro planeta com total conhecimento das condições geográficas atuais, povoaríamos o mundo usando esse outro conhecimento, diverso daquele responsável pelo desenvolvimento de nossos atuais bens de capital sob a forma de equipamentos. No passado, nossa riqueza consistia principalmente em bens de capital ajustados a condições diversas das condições atuais. As decisões tomadas no passado se basearam nas condições daquela época. As decisões tomadas por nossos ancestrais nos influenciaram a manter as coisas como são, pois não valeria a pena abandonar todos os investimentos feitos no passado. Em cada caso individual temos de tomar decisões entre manter antigos fatores, não obstante agora termos mais conhecimento, ou renunciá-los em prol de bens de capital que agora consideramos mais importantes.

Nossa resposta aos tecnocratas é que não somos assim tão ricos a ponto de sucatear tudo o que foi desenvolvido no passado. Talvez fosse melhor implantar centros industriais em locais diversos de onde foram construídos no passado. No entanto, essa transferência ou mudança é um processo lento e que depende da superioridade dos novos locais. Tal decisão significaria refutar o famoso argumento da indústria emergente, que afirma que as novas indústrias devem ser protegidas das indústrias antigas. Também nesse caso, de transferir indústrias de locais menos favoráveis para locais mais favoráveis, a decisão dependerá do grau de superioridade dos novos locais. Se a superioridade dos novos locais for suficiente, as instalações das indústrias poderão ser transferidas sem qualquer auxílio externo. Caso não se justifique, a mudança não valerá a pena (por exemplo, as indústrias têxteis se desenvolveram na Nova Inglaterra apesar de o algodão ser cultivado no Sul. Mais recentemente, novos moinhos têxteis se mudaram para o Sul, sem qualquer auxílio externo). Se abandonar bens de capital for vantajoso, a mudança ocorrerá.

Atraso técnico não significa o mesmo que atraso econômico. Se, sob o nosso ponto de vista e o ponto de vista do público, o capital necessário para suplantar o atraso técnico indicar o emprego mais urgente em outros fatores, seria um grande erro alocá-lo a mudanças nos equipamentos simplesmente por haver melhores máquinas disponíveis.

Bens de capital são escassos. O problema econômico consiste exatamente nos consumidores buscarem o uso dos bens de capital para satisfazer suas demandas mais urgentes ainda não satisfeitas. O problema econômico não reside em empregar bens de capital para produzir algo que é menos importante que outro produto, que não pode ser produzido agora porque tais bens de capital estão sendo usados na produção de um bem menos importante. Esse é o significado da não lucratividade. Se um empresário afirma: "Isto não é lucrativo. O projeto poderia ser implantado, mas não seria lucrativo, e por esta razão, não o implantaremos", os socialistas afirmarão: "No entanto, os empresários são gananciosos, querem produzir somente o que lhes dá lucros, não o que não lhes é lucrativo". Entretanto, o que torna um empreendimento não lucrativo é que ao considerarmos os fatores de produção e as taxas de juros, os ganhos esperados ficariam aquém das despesas.

O que significa o preço do cobre estar mais alto do que antes? Quer dizer que os consumidores estão dispostos a pagar um preço superior para o cobre que usam na produção de outros produtos, mas não estão dispostos a pagar um preço mais alto para o cobre atualmente sendo usado. Aumentam os preços agora para tornar a produção de outros itens mais lucrativa. Por outro lado, se houver um aumento na oferta de cobre, ou se alguns ramos da indústria que empregavam este metal até hoje trocarem-no por outro insumo em sua produção, então o cobre se tornará mais disponível, o preço cai e se torna lucrativo empregar o cobre na produção de itens que ontem não eram lucrativos. No final das contas, são os consumidores que, na compra, determinam o que deve ou não ser produzido.

Quando o alumínio foi introduzido na indústria, muitos produtos não podiam utilizá-lo como insumo devido a seu alto preço. Luís Napoleão Bonaparte (1808-1873), o imperador Napoleão III, imediatamente teve a ideia de usar o alumínio em sua armadura, mas como o alumínio era tão caro, seria mais barato ter uma armadura de prata. Quando era criança, o alumínio era usado para brinquedos infantis, mas o uso industrial estava fora de questão. Lentamente, a produção de alumínio melhorou e seu uso em muitos artigos se tornou possível. Anos atrás, não era lucrativo usar o alumínio como hoje é usado em alguns metais de alta qualidade para determinados usos comerciais.

O *slogan* "Produção para uso, não para lucro" não faz qualquer sentido. Um empresário produz para obter lucros, mas só os tem porque os consumidores desejam usar os itens que produz com mais urgência do que outros itens.

Não haver lucros e prejuízos significa não existir uma orientação para a produção. São os lucros e prejuízos que mostram aos empresários o que os consumidores desejam com mais urgência, em quais qualidades e quantidades. Em um sistema onde não haja lucros e prejuízos, os empresários não poderiam orientar os processos de produção de acordo com os desejos dos consumidores.

Além da função de lucros e prejuízos, devemos também considerar a mudança de propriedade dos meios de produção para as mãos dos que sabiam, no passado ou até ontem, qual o melhor uso dos fatores de produção para atender às necessidades dos consumidores. Não há qualquer garantia que os meios de produção serão usados da melhor maneira possível amanhã. Caso não sejam bem usados, os proprietários terão prejuízos. E se não mudarem os métodos de produção, perderão a propriedade e serão destituídos da posição de proprietários dos fatores de produção. Essa é uma premissa que não pode ser alterada. Todo julgamento sobre pessoas se refere ao passado. Um candidato em uma eleição somente pode ser julgado pelo que fez no passado. O mesmo se aplica à escolha de um médico, de uma loja, e também de produtores – depende sempre das referências passadas.

Lucros do passado transferem a propriedade dos meios de produção das mãos dos que os usaram menos eficientemente, aos olhos do público, para as mãos dos que prometem ser mais eficientes. Sendo assim, o significado da propriedade dos meios de produção em um sistema que se apoia na divisão do trabalho é diverso de seu significado em um sistema feudal. No sistema feudal, a propriedade privada foi adquirida pela conquista ou apropriação arbitrária de terras. O proprietário era o conquistador, e o supremo conquistador era o chefe do exército, o rei, o "*Führer*". Outras pessoas recebiam propriedade privada como "presentes" do senhor supremo. Havia toda uma hierarquia – reis, duques, cavaleiros, e assim por diante, até que na base da pirâmide estavam as pessoas desprovidas de propriedade. Os duques e cavaleiros poderiam perder a propriedade quando não eram mais considerados merecedores do "presente" que lhes fora dado pela mais alta autoridade, o rei, e este revogava a decisão. Poderiam ainda perder a propriedade se fossem derrotados por um conquistador que os sucedesse. Esse sistema prevaleceu em muitos países até ser substituído pelo capitalismo em diferentes graus.

Ao estudarmos a história da propriedade privada da terra podemos, naturalmente, retroceder no tempo até a conquista ou apropriação de terras sem dono. Sob esta óptica, os antigos críticos da propriedade particular argumentavam que a propriedade não possuía origem legal, fora adquirida pelo poder, pela conquista, sem qualquer base legal. Por isso, argumentavam que podiam tomá-la dos atuais proprietários particulares e outorgá-la a quem quer que fosse. Se a origem aqui descrita está correta ou não, é uma questão. Outra questão, no entanto, é o que fazer agora que a propriedade é particular.

Os socialistas retomaram essa crítica à origem da propriedade sem perceber a enorme diferença entre aquela época e os dias de hoje. Podemos afirmar que no passado, os proprietários de terras não dependiam do mercado, pois não havia um mercado, havia somente um volume de comércio insignificante. O senhor feudal tinha uma única maneira de gastar sua renda enorme nos produtos da terra – com um séquito de homens armados para lutar nas batalhas. A corte de um senhor feudal consistia em uma enorme casa onde muitas pessoas (chamaria de "pensionários") viviam, sustentados pela grande propriedade. Em Brandeburgo, em Berlim, por exemplo, houve um vereador no século XVI que vivia no castelo do rei. Essas eram condições bastante diversas das condições de uma economia de mercado.

Na economia de mercado, a propriedade privada é, de certo modo, uma função social, pois somente será conservada e expandida se os clientes forem atendidos com os serviços e/ou produtos melhores e mais baratos. Os que não souberem atender aos clientes desse modo terão prejuízos e se não mudarem os métodos de produção a tempo, serão destituídos da posição de proprietário, de empreendedor, de capitalista, e ocuparão uma posição sem quaisquer das funções empreendedoras e capitalistas. Assim, o significado de propriedade privada no sistema capitalista é drasticamente diverso do sentido no sistema feudal.

Os críticos da propriedade privada ainda pensam como na Idade Média (como o fazem os críticos dos juros e dos credores). Não compreendem que o mercado determina todos os dias quem deve possuir o quê e quanto deve possuir. O mercado outorga a propriedade a quem estiver mais bem preparado a usar os meios de produção para melhor satisfazer as necessidades dos consumidores. Por esta razão não é correto criticar as instituições de propriedade privada citando as condições feudais existentes no passado, sob a tirania de reis absolutistas.

Como afirmou o presidente Franklin Delano Roosevelt, o capitalismo nunca foi julgado[49]. Sempre há resquícios dos velhos tempos. No entanto, é totalmente inútil dizer hoje: "Veja como a riqueza de muitas famílias aristocráticas se originou no século XVII". Algumas pessoas abastadas nos dias de hoje podem descender de aristocratas ricos, mas qual a relação com a situação atual? Os *Junkers* prussianos ainda

---

[49] *"A tese básica deste programa não é a de que o sistema de livre iniciativa fracassou em nossa época, mas a de que tal sistema ainda não foi posto em prática"* (Franklin Delano Roosevelt). Citado no início do capítulo 1 da seguinte obra: HAYEK, F. A. *The Road to Serfdom*. Chicago: University of Chicago Press, 1944. p. 10. [Em língua portuguesa, ver: HAYEK, F. A. *O Caminho da Servidão*. Trad. Anna Maria Capovilla, José Ítalo Stelle e Liane de Morais Ribeiro. São Paulo: Instituto Ludwig von Mises Brasil, 6ª ed., 2010. p. 37. (N. E.)].

tinham privilégios no século XIX e início do século XX, pois mantiveram a propriedade unicamente porque todo o aparato do governo imperial preferia preservá-los, protegê-los e evitar que os consumidores colocassem em seu lugar alguém estivesse mais bem preparado para atendê-los.

Devemos compreender que cada medida governamental que reduz os lucros que empreendimentos bem-sucedidos podem obter, ou que consome boa parcela dos lucros com tributação, é uma medida que enfraquece a influência dos consumidores sobre os produtores. Por exemplo, as grandes fortunas industriais do século XIX foram construídas por inovadores bem-sucedidos em seus negócios. Henry Ford (1863-1947) começou quase do zero e acumulou enorme lucro que foi reinvestido na empresa. Dessa maneira, em um período relativamente curto, desenvolveu uma das maiores fortunas dos Estados Unidos. O resultado foi a introdução de algo inovador, a produção em larga escala de automóveis para as massas. No início do século XX, alguns automóveis conquistaram o público. O francês Renault, carro de luxo para uns poucos homens ricos, custava aproximadamente $10.000 em ouro. As atividades de Ford e de outros disponibilizaram o automóvel para todos, e assim, grandes fortunas foram construídas. As grandes lojas de departamentos e indústrias se desenvolveram assim. Hoje, todavia, isso não é mais possível. Alguém que inicie um pequeno negócio e consiga grandes lucros terá a maior parte dos lucros retidos em impostos. No entanto, ainda há algumas saídas possíveis, se a pessoa tiver um bom contador, que poderá reduzir a expropriação de 90% dos lucros para somente 70%. Mesmo assim, a maior parte dos lucros que poderiam ser reinvestidos é tomada pelo governo para pagar as despesas governamentais correntes.

No caso das lojas de departamentos, antes uma loja antiga tinha de concorrer com novas lojas para manter novos consumidores potenciais. Hoje, isso não ocorre mais, pois o pequeno lojista jamais terá uma grande loja, já que seus lucros são retidos pelo governo. É verdade que tanto as lojas antigas como as novas têm de seguir as mesmas leis, ambas têm de pagar um alto valor de imposto sobre a renda. Entretanto, a loja antiga já acumulou o capital necessário para se tornar um grande negócio, enquanto o novo empreendedor não conseguirá acumular o capital necessário para se expandir e se tornar uma empresa de grande porte. Como consequência, o espírito de concorrência poderá facilmente ser posto de lado pelos gestores da grande loja. Sem qualquer prejuízo para sua gestão, a loja antiga pode se tornar "acomodada".

Algumas pessoas dizem que o capitalismo está morrendo, pois o espírito de concorrência não existe mais como antes e porque as grandes empresas estão se tornando burocráticas. No entanto, o capitalismo não está morrendo; as pessoas o estão assassinando. Há uma diferença entre morrer de uma doença, que finalmente resulta na morte, e morrer como decorrência de um atentado e um assassinato. Seria fantasioso usar como argumento contra o capitalismo o fato de o espírito de concorrência nos negócios estar se enfraquecendo e as empresas se tornarem, por vezes, burocráticas. É precisamente pelo fato de as pessoas lutarem contra o sistema capitalista e não tolerarem as instituições essenciais à sua existência. Sendo assim, preciso agora discutir a diferença entre lucros e prejuízos na gestão de negócios, por um lado, e a gestão burocrática, por outro.

A gestão de lucros e prejuízos de um empreendimento ou equipamento é um indicador da dependência à supremacia do mercado, ou seja, à supremacia dos consumidores. O fator determinante é: "É rentável ou não"? Esta medida se aplica não somente a um empreendimento como um todo, mas também a cada aspecto individual de um empreendimento. O sistema de partidas dobradas de escrituração foi magnificamente caracterizado por Johann Wolfgang von Goethe ao afirmar que tal sistema permite que o cabeça de uma organização controle cada um dos aspectos do negócio sem se envolver em um trabalho detalhado.

Em tal sistema de escrituração, pode-se estabelecer se cada filial ou departamento específico de uma empresa cobre as próprias despesas ou não. Por exemplo, uma empresa de Nova York tem uma filial em São Francisco. O presidente da empresa em Nova York precisa aplicar um único padrão de mensuração: a filial é lucrativa? Tem um balancete especial para a filial de São Francisco, e escritura o capital necessário para essa filial, compara os custos e preços nessa filial, e a partir daí, avalia se é útil ou não, se é lucrativo ou não para a empresa como um todo manter a filial em São Francisco. Pode deixar todos os detalhes sob a responsabilidade do gerente de São Francisco, que sabe quais são as suas obrigações. Esse funcionário não precisa receber uma parcela dos lucros, mas sabe que se a loja não for rentável, ela será fechada e perderá seu emprego, ou seja, seu futuro depende da filial. Assim sendo, tudo o que o presidente da empresa em Nova York precisa dizer ao gerente de São Francisco é: "Tenha lucros"! O presidente da empresa em Nova York não interferirá se a filial tiver prejuízos, pois caso o faça, o gerente poderá retrucar: "Você mandou que fizesse isso e aquilo".

Os consumidores são soberanos, mas nem sempre são inteligentes – de modo algum! – não obstante sua "soberania". Podem mudar de opinião, mas precisamos aceitar o fato de que são "soberanos". Os empresários estão sujeitos à supremacia dos consumidores, e isso se aplica a todos os negócios: a voz decisiva é a voz dos consumidores. Não compete aos produtores ou aos fabricantes criticarem os consumidores ou dizerem: "Essas pessoas têm mau gosto, vou recomendar que comprem outro produto". Isso é tarefa dos filósofos e artistas. Um grande pintor, um grande líder, alguém que deseja ter papel marcante na história não deve se exasperar com o mau gosto dos consumidores. No entanto, como empresários estão sujeitos à gestão dos lucros e prejuízos e à mercê dos desejos dos consumidores, os consumidores continuam supremos, compram os produtos e essa é toda a justificativa que um produtor precisa. Se não prejudicada pela interferência do governo, essa é a gestão dos lucros e prejuízos e da produção para consumidores.

Ora, o que é a gestão burocrática? As pessoas comumente confundem grau de importância com burocracia. Mesmo um homem tão eminente como Max Weber (1864-1920) acreditou que o fator essencial de uma burocracia era manter as pessoas sentadas em mesas e lidando com uma montanha de papéis. Esta, contudo, não é a característica essencial da burocracia. A característica primária da burocracia é lidar com coisas necessárias, mas que não podem ser vendidas e que não têm um preço no mercado. Este é o caso, por exemplo, da proteção de indivíduos contra todos os tipos de criminosos, trabalho do departamento de polícia. É um trabalho importantíssimo, indispensável, mas que não pode ser vendido no mercado. Assim, não podemos avaliar os resultados das atividades da polícia da mesma maneira como avaliamos as atividades de uma fábrica de sapatos. A fábrica de sapatos pode afirmar que "O público aprova nossas atividades, pois temos lucros". O departamento de polícia somente pode afirmar que o público aprova suas atividades por meio do conselho municipal, ou do congresso, do parlamento etc. Assim, o sistema de gestão usado para o departamento de polícia é um sistema burocrático.

A nação, os cidadãos, elegem os organismos parlamentares, e estes determinam quanto deve ser gasto nas várias funções do governo, incluindo o departamento de polícia. É impossível avaliar em dólares e centavos os resultados obtidos pelo departamento de polícia, assim como não é possível efetuar a escrituração ou a auditoria de um departamento de polícia da mesma maneira como isso é conduzido nas empresas privadas. Nas empresas privadas, as despesas são mensuradas em dólares comparados aos rendimentos. No departamento de polícia essa métrica é impossível, pois a polícia só tem despesas, sendo seus "rendimentos", por exemplo, o fato de podermos caminhar com segurança pela cidade mesmo após a meia noite. Tais "rendimentos" não podem ser avaliados em termos monetários.

Os parlamentos definem o orçamento do departamento de polícia e determinam o montante de dinheiro a ser gasto.

Também determinam quais serviços devem ser prestados. O FBI poderia certamente melhorar o desempenho aumentando as apropriações, mas é a vontade do povo que o FBI não vá além das atuais atribuições. O chefe do Departamento de Justiça orienta o FBI sobre o que fazer e o que não fazer, mas não pode relegar essas decisões aos "gerentes de filiais". Ou seja, o gestor de um departamento de atividades burocráticas emite instruções sobre tarefas que poderiam parecer desnecessárias aos olhos dos empresários — a frequência com que os escritórios devem ser limpos, quantos telefones ter, quantos homens devem vigiar tal edifício, e assim por diante. Essas instruções detalhadas são necessárias, pois em uma burocracia, são as regras que determinam o que deve e o que *não deve* ser feito. Caso contrário, os funcionários gastariam o orçamento sem se preocupar com o orçamento total. Se houver um orçamento limitado, os funcionários precisam saber o que podem e o que não podem fazer. Isso se aplica a todos os níveis da administração do governo.

Isso é burocracia, e nesses setores é indispensável, pois as decisões não podem ser deixadas a cargo de um funcionário individual. Não se pode dizer a alguém "Aqui está um grande hospital. Faça o que quiser". Um limite é estabelecido pelo parlamento, pelo Estado ou sindicato, e assim, é necessário limitar os gastos em cada departamento. Esse método burocrático de gestão não se aplica à gestão por lucros. No entanto, se a motivação dos lucros se enfraquecer nas empresas privadas, ideias burocráticas e a gestão burocrática se instalam.

Considerando a excessiva tributação sobre os lucros atual, e os impostos individuais que incidem sobre os acionistas de corporações, muitas empresas, ao calcular novas despesas, afirmam: "Isso significa um gasto adicional de $100, mas considerando 82% de impostos sobre o faturamento, o custo final será menor. Se não gastar estes $100 na empresa, ainda assim precisarei pagar um imposto de $82. Desse modo, gastar $100 terá somente um custo de $18 para a empresa". Este tipo de cálculo não permite comparar os gastos totais com as vantagens derivadas desse gasto no mercado, mas sim comparar somente a parte das despesas que afeta a renda. Em outras palavras, ao gastar $100 em seu negócio, a empresa poderia se dar ao luxo de esbanjar, de cometer extravagâncias, e não considerar, primariamente, o consumidor.

Se perdurar esse sistema tributário, poderá finalmente levar a um total controle por parte do governo. Por exemplo, se o governo arrecadar 100% do faturamento de uma empresa, esta empresa poderia deduzir todas as despesas e cobrá-las do governo, não precisando mais se preocupar com a escrituração das despesas, a soberania do consumidor ou se o consumidor estaria disposto a pagar mais por seus produtos para cobrir os custos. No entanto, o governo não poderia permitir às empresas fazerem como bem lhes aprouvesse, pois o governo teria de controlar todos os aspectos das atividades das empresas. Sendo assim, ao ouvirmos que uma empresa está se tornando burocrática e desperdiçando dinheiro, devemos considerar isso não como uma consequência de grandes negócios, ou do capitalismo, ou ainda de um sistema de mercado entravado. É uma consequência da tributação imposta pelo governo e da interferência do governo nessas questões.

Nona Palestra

9

Trezentos anos atrás, as condições econômicas no mundo eram mais uniformes do que são hoje. Havia tribos selvagens, naturalmente, mas a maior parte do mundo, das civilizações, quase sem exceção, havia atingido o mesmo estágio tecnológico de desenvolvimento. Houve, então, uma mudança radical em alguns países – o capitalismo se desenvolveu no Ocidente. Houve uma acumulação e investimento de capital; ferramentas se aperfeiçoaram, e a civilização ocidental se desenvolveu. Hoje há uma imensa diferença entre a civilização Ocidental, nos ditos países "avançados" do mundo, e as condições nos ditos países "atrasados".

Essa distinção se tornou ainda maior no início e em meados do século XIX. Alguém que visitasse a Inglaterra e a Romênia em 1700 não notaria nenhuma diferença marcante nos métodos de produção.

O Investimento Estrangeiro e o Espírito do Capitalismo

Entretanto, por volta de 1850, essas diferenças eram enormes, e algumas pessoas acreditavam que as disparidades jamais desapareceriam, perdurariam para sempre.

Essas diferenças foram geradas por um maior investimento de capital, muito maior no Ocidente. No entanto, esses bens de capital nada mais são que produtos intermediários. A vantagem que esses países obtiveram em relação aos países "atrasados" foi somente uma questão de tempo. As nações ocidentais haviam iniciado mais cedo a jornada em direção a melhores condições econômicas; os países "atrasados" ainda tinham sua jornada pela frente. Contudo, havia tempo. Teria sido um processo mais lento. No entanto, as nações mais atrasadas empreenderiam mais facilmente, pois não tinham a necessidade de testar métodos de produção mal-sucedidos. Essas nações também não tiveram de "inventar a roda", pois puderam iniciar do ponto em que países ocidentais haviam chegado. Ou seja, com o tempo, essas nações poderiam ter reduzido discrepâncias nos níveis econômicos, mas, alguma diferença sempre restaria.

Não havia segredo acerca das invenções tecnológicas da civilização ocidental. Os jovens mais inteligentes dos países "atrasados" iam estudar no Ocidente para aprender os modernos métodos de produção e depois levar a tecnologia ocidental de volta a seus países de origem. Entretanto, a tecnologia não era a única questão; o que faltava aos países "atrasados" era a mentalidade que gerara o capitalismo no Ocidente e as instituições que foram fundadas a partir dessa mentalidade.

O capitalismo não podia desenvolver nas nações "atrasadas" porque as pessoas não gostavam do capitalismo e porque nelas os empresários estavam expostos a perigos que não existiam no Ocidente, onde predominava o Estado de Direito. O mais importante para essas nações "atrasadas", localizadas em sua maioria no Oriente, seria mudar radicalmente a mentalidade, a concepção de economia. Deveriam reconhecer que quanto mais pessoas ricas, melhores as condições para os pobres, pois a presença de pessoas ricas é necessária para erradicar a pobreza das massas. No entanto, essa ideia era impensável. Quanto mais distantes da Europa, menos compreendiam que a essência do desenvolvimento capitalista não residia no conhecimento tecnológico e nos bens de capital, mas sim na mentalidade que permitia acumular capital e bens de capital em larga escala.

As pessoas nos países "atrasados", especialmente na Ásia, somente percebiam seu atraso tecnológico. Como esses países eram dominados por governos poderosos, o que mais queriam e invejavam eram as armas mais avançadas produzidas no Ocidente. Os reis orientais estavam primariamente interessados em melhores armas e tinham pouco interesse em outras coisas. Os patriotas, contudo, que não consideravam a guerra a mais importante manifestação da mente humana, estavam interessados na tecnologia. E assim, enviavam os filhos às universidades tecnológicas do Ocidente e convidavam professores e industriais do Ocidente a visitarem seus países. Não compreendiam, porém, a real diferença entre o Oriente e o Ocidente, a diferença de ideias.

Se as pessoas nos países "atrasados" tivessem sido deixadas a sós, provavelmente jamais teriam melhorado as condições de vida, jamais teriam adotado as ideologias necessárias para transformar suas nações em países "modernos".

Mesmo se o tivessem feito, o sucesso teria sido um processo moroso. Teria sido necessário iniciarem esse processo do zero. Primeiramente, deveriam ter acumulado capital para construir, digamos, equipamentos para as minas e assim poder produzir minério e do minério, metais, e a seguir, ferrovias. Teria sido um processo muito longo e lento.

Entretanto, o que efetivamente aconteceu foi um fenômeno que ninguém no século XVIII teria imaginado. O que se desenvolveu foi o investimento estrangeiro. Visto sob a perspectiva da história mundial, o investimento estrangeiro foi um fenômeno notável, pois significava que os capitalistas do Ocidente forneciam o capital necessário à transformação de parte do sistema econômico dos países "atrasados" em uma sociedade moderna. Esse fenômeno era algo totalmente novo, desconhecido em épocas anteriores. Em 1817, quando David Ricardo escreveu seu livro *Principles of Political*

Economy and Taxation[50] [*Princípios de Economia Política e Tributação*], simplesmente pressupôs como fato que não havia investimento de capital em países estrangeiros.

O investimento de capital que se desenvolveu no século XIX foi muito diferente do que havia ocorrido durante o antigo sistema colonial a partir do século XV. O último havia sido uma busca por matérias agrícolas, recursos naturais e produtos não disponíveis na Europa. Uma explicação tola a respeito do desejo de comercializar era que as potências coloniais estavam interessadas em obter mercados estrangeiros para seus produtos; que estavam satisfeitos quando não precisavam dar nada em troca pelos recursos que queriam, e quando não conseguiam produtos estrangeiros por coisa alguma. Esses primeiros colonialistas eram, muitas vezes, mais piratas e ladrões que negociantes. Consideravam o comércio exterior apenas um tipo de medida emergencial, caso não conseguissem o que desejavam sem pagar. Tinham, na verdade, pouco interesse em investir – desejavam somente matérias primas.

Naturalmente, não podiam evitar que cidadãos dos próprios países se estabelecessem nessas colônias e começassem uma produção agrícola. Como subproduto dessas iniciativas coloniais dos séculos XV – XVIII, algumas colônias importantes se desenvolveram no além-mar. A mais importante foi, sem dúvida, os Estados Unidos, e a seguir, os países

---

[50] A obra foi publicada em língua portuguesa na seguinte edição: RICARDO, David. *Princípios de Economia Política e Tributação*. Intr. Piero Sraffa; apres. Paul Singer; trad. Paulo Henrique Ribeiro Sandroni. São Paulo: Abril Cultural, 1982. (N. E.)

latino-americanos. Os mercadores e negociantes europeus, todavia, tinham pouco interesse no fenômeno de alguns dos membros das classes inferiores migrarem e se estabelecerem nos Estados Unidos. Por muito tempo, provavelmente consideraram as ilhas caribenhas mais importantes, pois produziam algo que desejavam – açúcar. Os povoados de imigrantes que se estabeleceram na América não faziam parte da política colonialista e se desenvolveram a despeito dos planos do governo, ao menos, não por conta de tais planos.

No século XVIII já havia algum investimento nas colônias da América do Norte, mas nada que pudéssemos chamar de um fenômeno de grande importância histórica. O verdadeiro investimento estrangeiro se iniciou no século XIX, de modo bem diverso do investimento colonial inicial, pois foi dirigido a territórios que pertenciam e eram governados por potências *estrangeiras*.

O investimento estrangeiro se desenvolveu de duas maneiras diversas. Um deles foi o investimento em colônias que pertenciam a várias potências estrangeiras, ou seja, países que dependiam de nações europeias, como os investimentos britânicos na Índia. Ainda mais importantes, contudo, eram os investimentos em países politicamente independentes, alguns dos quais altamente desenvolvidos, como os Estados Unidos. As ferrovias norte-americanas, por exemplo, foram construídas, na maior parte, com ajuda de capital europeu. Investimentos nos Estados Unidos, Canadá e Austrália eram diferentes dos investimentos em outros países estrangeiros porque esses três países não eram tão "atrasados" no tocante à mentalidade de negócios. Os investimentos tiveram histórias diversas, mas foram realmente usados da melhor maneira possível e assim, posteriormente, houve retorno dos investimentos. Nas décadas de 1860 e 1870, os Estados Unidos constituíam uma das mais importantes oportunidades de investimento para os europeus.

Investimento de capital em um país significa, naturalmente, o que é denominado "balança de comércio desfavorável". Os Estados Unidos importavam capital no século XIX e, consequentemente, no século XIX, havia no país um excesso generalizado de importações ultrapassando as exportações. No entanto, a partir da última década do século XIX, os Estados Unidos começaram a pagar os investimentos europeus. Houve então um excesso de exportação sobre importações e a balança comercial, então, se tornou "ativa". A diferença foi paga pelas compras feitas por cidadãos norte-americanos de ações e títulos norte-americanos que anteriormente haviam sido vendidos aos europeus. Tudo continuou assim até após a Primeira Guerra Mundial. Os Estados Unidos se tornaram, então, o maior credor e investidor do mundo.

O capital proveniente da Europa, e depois da América do Norte, que entrou nesses países, possibilitou à Europa e à América do Norte expandir os sistemas econômicos. Um dos resultados desses investimentos estrangeiros foi que alguns ramos da produção se desenvolveram em alguns países onde não teriam se desenvolvido de modo algum, ou onde teriam se desenvolvido muito depois e, por certo, não da maneira como efetivamente se desenvolveram. As consequências, sem dúvida, beneficiaram tanto os países interessados como os países onde os investimentos foram feitos.

Logo em seguida, uma atitude hostil a investidores e credores estrangeiros se desenvolveu em muitos dos países que haviam se beneficiado desse tipo de investimento estrangeiro. Isso aconteceu, em certa medida, nos Estados Unidos. Uma das razões dos Estados Confederados não terem conseguido mais que um modesto empréstimo da Europa durante a Guerra de Secessão foi Jefferson Davis (1808-1889) ter registrada uma nota desfavorável. Pouco antes de se tornar presidente da Confederação, Davis havia se empenhado em repudiar um empréstimo estatal no estado de Mississippi, e os banqueiros europeus, na época, tinham boa memória. No entanto, esse tipo de situação acontecia com mais frequência em outros países do que nos Estados Unidos.

Se, por um lado, alguns países tinham uma ideia bastante específica sobre como lidar com investidores e credores estrangeiros, por outro lado alguns governos europeus esperavam intervir quando tais conflitos se tornassem mais sérios, para proteger os "direitos", como diziam, de seus cidadãos. Na verdade, esses governos europeus não estavam muito interessados nos "direitos" dos cidadãos. O que queriam era um pretexto para a conquista colonial. Depois do Congresso de Viena (1814-1815), era muito desagradável ser um oficial do exército na Europa, que, de forma geral, estava em paz. Os governos, e principalmente os exércitos e as marinhas, ansiavam por sucesso no exterior. Almejavam vitórias e alguns governos acreditavam que a opinião pública esperava que conseguissem tais vitórias. Se entrassem na guerra, poderiam ser derrotados e o prestígio seria abalado. Tal situação levou alguns desses governos a buscar a exploração colonial. Por exemplo, o governo de Napoleão III, que recebeu um péssimo tratamento dos investidores franceses na República do México, embarcou em uma grande aventura no México na década de 1860. No início, o exército francês teve algum sucesso, mas as coisas não terminaram como os franceses esperavam.

Os países que haviam se beneficiado de investimentos estrangeiros interpretaram mal o significado e as vantagens desse investimento. Houve um movimento popular contra os investidores estrangeiros. Em todo o mundo, o princípio da soberania nacional começou a ser aceito, princípio este que sustenta que uma nação estrangeira não tem o direito de interferir se os direitos dos cidadãos em outro país estão sendo violados. Esta foi chamada "a doutrina da soberania". Não nos interessam as desculpas legais usadas para obstruir o caminho dos investidores estrangeiros. No entanto, o resultado de todo o movimento foi deixar todos os investimentos e empréstimos estrangeiros concedidos a um país completamente a mercê de cada nação soberana. Esses países declararam os estrangeiros exploradores e tentaram demonstrar a presença da exploração usando diversas teorias, que aqui não vale a pena mencionar.

Os marxistas forneceram várias doutrinas que relacionavam o investimento estrangeiro ao imperialismo, afirmando sua natureza maligna e a necessidade de ser abolido a todo custo. Tais doutrinas, particularmente as de Rosa Luxemburgo (1871-1919), não podem ser explicadas sem entrarmos no mérito de toda a teoria de valor de Karl Marx. As doutrinas marxistas sobre o imperialismo declaravam os investimentos estrangeiros prejudiciais tanto ao país que exporta este capital quanto ao país que o importa. Qualquer investimento estrangeiro significava imperialismo – e imperialismo significa guerra – e assim, os países estrangeiros ocupavam a posição de conquistadores. O leitor ingênuo de um jornal se surpreenderia ao tomar conhecimento que os Estados Unidos, hoje praticamente o único país capaz de fazer investimentos estrangeiros, é uma potência imperialista e que um empréstimo concedido pelos Estados Unidos outro país significa uma agressão contra esse país. Esta é a consequência das ideias marxistas. Mas serão tais ideias verdadeiras? Os capitalistas de um país realmente vão a outros países estrangeiros, como prega essa doutrina, com o objetivo de reter o capital e se beneficiar do capital adicional do investimento para os próprios concidadãos?

Analisemos a motivação de um empresário capitalista. Por que não investiu no próprio país? Porque acreditava que investir em outro país seria mais lucrativo que investir em seu país. E por que pensava assim? Porque os consumidores em seu mercado doméstico demandavam com mais urgência por produtos que só poderiam ser produzidos com a ajuda de recursos estrangeiros do que por produtos que poderiam ter sido produzidos por uma expansão das indústrias domésticas. Por exemplo, até pouco tempo atrás, não havia praticamente nenhuma produção de petróleo na Europa. Exceto por uma pequena quantidade de petróleo de baixa qualidade na Romênia e uma parte no Império Austro-Húngaro, que posteriormente se tornou parte da Polônia, praticamente nenhuma quantidade de petróleo era produzida na Europa. Sendo assim, em vez de expandir as indústrias europeias quando emergiu a demanda por produtos derivados de petróleo, tornou-se mais lucrativo investir na produção de petróleo em países estrangeiros. O mesmo se aplicou a diversos outros produtos. Por exemplo, a maior parte dos óleos comestíveis e sabões produzidos na Europa eram derivados de plantas que não cresciam na Europa. Uma grande parte do consumo europeu era de coisas produzidas a partir de matérias-primas que não podiam ser produzidas na Europa de modo algum, ou então, se produzidas, teriam um custo muito superior.

No início do século XIX, quando o "*X*" da questão era o protecionismo contra o livre comércio, o *slogan* dos britânicos que defendiam o livre comércio era a mesa do café da manhã inglês cujos produtos, todos, direta ou indiretamente, eram importados do estrangeiro. Mesmo se alguns desses produtos fossem produzidos no país, seria com a ajuda de algum fertilizante ou forragem vindos do exterior. Para produzir os produtos do café da manhã inglês, os investidores europeus iam ao exterior e desenvolviam a demanda pelos produtos dos industriais ingleses. Também tinham de desenvolver sistemas de transporte, portos etc. Portanto, simplesmente não é verdade que os consumidores europeus e, depois, os consumidores norte-americanos, foram prejudicados com as exportações de capital; o capital foi exportado para investir na produção de artigos que os consumidores europeus e norte-americanos desejavam. Os recursos domésticos nas nações europeias eram lamentavelmente insuficientes; teria sido impossível usá-los para alimentar e vestir as populações. A despeito de a população inglesa ser agora sete vezes maior que no início da Revolução Industrial[51], o padrão de vida é incomparavelmente superior. Isso foi possível somente com o investimento de capital e produção em larga escala na Inglaterra e no estrangeiro – em ferrovias, minas etc.

Às vésperas da Segunda Guerra Mundial, a estrutura econômica da vida britânica se caracterizava pelo total das importações ser £400.000.000 superior ao total das exportações, sendo que 50% desse superávit eram pagos com os dividendos e lucros das empresas britânicas estabelecidas no exterior. O padrão de vida na Grã-Bretanha era determinado por essas cifras. Durante a Segunda Guerra Mundial, uma parte dos investimentos britânicos em outros países foi vendida, principalmente, aos Estados Unidos, como forma de pagamento por dívidas de guerra e pelo montante adicional das importações que os britânicos necessitavam antes do início do Programa de Empréstimo e Arrendamento[52]. Então, depois da Guerra, o Programa de Empréstimo e Arrendamento cessou e o governo britânico declarou não mais conseguir alimentar a população sem o auxílio do empréstimo que era, na verdade, um presente dos norte-americanos. Mas,

---

[51] A população na Inglaterra era de 41.147.938 pessoas (*1952 World Almanac*), comparada com a estimativa de 6 milhões em 1750.

[52] A Lei Americana *Lend-Lease* de 11 de março de 1941 permitia ao presidente dos Estados Unidos *"vender, transferir a propriedade a, cambiar, arrendar, emprestar, ou negociar conforme disposto para este governo (cuja defesa o Presidente julgar vital para a defesa dos Estados Unidos) qualquer artigo de defesa"*, incluindo armamentos, munições, aeronaves e navios, maquinário, matérias primas, assim como determinadas *commodities* agrícolas. Os Estados Unidos, dessa maneira, conseguiriam apoiar os esforços de guerra das nações aliadas e ainda permanecer um país neutro.

mesmo tal "presente" não era suficiente. O governo argentino expropriou as ações das ferrovias britânicas e pagou pelas expropriações com moeda britânica. O governo britânico, então, cobrou impostos das pessoas que receberam a indenização da Argentina, e usou o dinheiro desses impostos para pagar pelo trigo, carne e outros alimentos importados da Argentina. Este é um caso típico de consumo de capital. Poupanças do passado, acumuladas sob a forma de ferrovias, foram vendidas para obter alimentos (consumo atual). Isso é muito típico, demonstra como os investimentos estrangeiros foram consumidos.

No entanto, a maior parte dos investimentos estrangeiros europeus, incluindo os investimentos estrangeiros dos britânicos, foi simplesmente expropriada. Para os Estados Unidos, um país comparativamente muito rico, essas expropriações e repúdios nada significavam e tais investimentos não tiveram grande peso na economia. Creio que os Estados Unidos ainda estão acumulando capital adicional, embora para a Grã-Bretanha, a Alemanha, a Suíça, a França e outros países isso significou uma redução considerável na riqueza, pois investiram no exterior, não porque queriam distribuir a riqueza, mas porque visavam lucros nos investimentos.

Há diversos métodos diferentes de expropriação:

1) *O método comunista:* se o país se torna comunista, o governo simplesmente declara que não mais existe nenhuma propriedade privada, recolhe a moeda e não paga pelo montante que recolheu. Às vezes, o governo diz que vai pagar,

mas na verdade, encontra alguma desculpa para não efetuar a indenização;

2) *Tributação confiscatória:* naturalmente, em alguns acordos mercantis há cláusulas que proíbem qualquer discriminação contra estrangeiros, incluindo a discriminação tributária. Entretanto, a redação das leis pode ser feita de modo a não parecer discriminatória aos estrangeiros;

3) *Controle sobre o câmbio estrangeiro:* esse é o método mais comum. A empresa estrangeira obtém lucros nas transações em um país, mas a legislação que controla o câmbio estrangeiro proíbe a transferência dos lucros para outro país. Por exemplo, consideremos a Hungria e os estrangeiros que possuíam qualquer montante de títulos e ações comuns. O governo húngaro declarou: "Naturalmente vocês têm toda a liberdade e o direito de receber os juros e dividendos. *No entanto*, temos uma lei, que não se aplica unicamente a estrangeiros, mas também aos cidadãos húngaros. A lei proíbe a transferência de fundos para fora do país. Venham para a Hungria, estabeleçam residência aqui, e então, poderão pegar seu dinheiro".

Muitas vezes, um país com controles sobre o câmbio estrangeiro, sequer permite à pessoa gastar todo o dinheiro em um curto espaço de tempo – o valor total é dividido em parcelas mensais. Na verdade, isso significa expropriação. O que o governo quer é que o produtor, se ele realmente se estabelecer no país, gaste não somente o capital que ganhou no país, mas também o próprio dinheiro que trouxe ao país. Isso significa, praticamente, o fim do investimento estrangeiro. No passado, quando as pessoas consideravam investir capital em países estrangeiros, esperavam melhores condições. Entretanto, isso não mais acontece.

Na Idade Média, os reis e governantes abastados viajavam por seus impérios, se autoproclamavam juízes e supervisionavam todo o país. No entanto, a verdadeira razão econômica para as viagens era o príncipe, o Kaiser alemão, por exemplo, possuir vastas propriedades em diversas partes do país e viajar com o séquito para consumir o que era produzido localmente. Era mais fácil locomover os homens até os produtos do que trazer os produtos ao palácio do príncipe. Esse é o mesmo tipo de direito que os controles sobre câmbio estrangeiro exercem – consumir os bens no local de origem.

Os governos chineses foram muito hábeis nesse ponto. Não expropriaram os britânicos. Primeiramente, proibiram a exportação de lucros e então, forçaram os britânicos a operar de modo tal que não havia lucro algum. E a seguir, cobraram impostos também, de maneira que os britânicos tiveram de enviar recursos financeiros adicionais à China. Por fim, fizeram os britânicos compreender que não se pode fazer negócios com comunistas, e principalmente, não se pode investir em um país comunista.

A expropriação dos campos de petróleo mexicanos foi efetivada pelo repúdio, pelo não pagamento de títulos.

A história do investimento estrangeiro pode ser contada em poucas palavras. Investimentos saem dos países, e o que resta é somente a glória, ou a fama da glória. O resultado é que, hoje, há muito pouca predisposição para o investir no estrangeiro.

Foi surpreendente que durante o intervalo entre a Primeira e a Segunda Guerra Mundial ainda tenham sido feitos investimentos em países que repudiaram investidores estrangeiros de maneira aberta ou mesmo indireta. Investidores norte-americanos perderam muito dinheiro quando o marco alemão entrou em colapso em decorrência dos títulos alemães estarem em marcos, e não em ouro. No entanto, durante esse período, muitas municipalidades alemãs conseguiram empréstimos de investidores norte-americanos. Por vezes, esses investidores estavam agindo como crianças inexperientes – não sabiam o que estavam a fazer.

O governo sueco emitiu um título baseado no dólar-ouro. Recebia por esse título em dólares-ouro e prometia saldar o empréstimo na mesma moeda, definida como o dólar-ouro norte-americano MacKinley. Em 1933, contudo, os Estados Unidos abandonaram o padrão-ouro. O empréstimo sueco fora planejado a partir da improbabilidade de mudança da moeda norte-americana. O governo sueco então declarou: "Saldaremos nossa dívida nos novos dólares norte-americanos, dólares Roosevelt, não em dólares McKinley conforme especificado no título". Podemos assim compreender como é difícil obter investimento estrangeiro.

Em alguns países da América Latina não há um mercado para títulos do governo. Esses países obtêm empréstimos privados dos Estados Unidos. No entanto, não conseguirão mais obter tais empréstimos, pois esse sistema de investimento privado foi inicialmente substituído pelo sistema de Empréstimo e Arrendamento, e agora, pelo sistema de ajuda externa ou de cooperação internacional. Isso significa que o contribuinte norte-americano está concedendo presentes, não empréstimos, a esses países.

Foram fundadas várias instituições, em particular o Banco Mundial, para fins de empréstimos internacionais, no entanto, mediante garantias. No longo prazo, esse sistema se autodestruirá. Se os Estados Unidos emitirem títulos a uma taxa definida, digamos 3%, então estarão por trás dos títulos. Se um governo estrangeiro emitir um título dessa natureza mediante garantias dos Estados Unidos, novamente isso significará que os Estados Unidos darão lastro a tal título. No entanto, se os Estados Unidos não pagarem, certamente esse governo estrangeiro também não pagará. Por outro lado, se o empréstimo estrangeiro for emitido a uma taxa superior, digamos 4%, o governo norte-americano entrará em concorrência direta com os próprios títulos e não conseguirá vendê-los a 3%, se o título estrangeiro apresentar alguma vantagem sobre os títulos norte-americanos – não somente uma taxa de juros superior, mas também a garantia do governo dos Estados Unidos. Portanto, tal sistema somente não se sustentará no longo prazo. Como resultado, não existirá mais nenhum outro investimento estrangeiro.

O investimento público no exterior tem um significado bem diverso do investimento privado. Quando as ferrovias argentinas eram de propriedade de pessoas físicas na Grã-Bretanha, a soberania do governo argentino não foi infringida. No entanto, se rodovias ou portos, por exemplo, forem de propriedade de um governo estrangeiro, isso significa algo totalmente diferente – significa que problemas políticos podem sobrepujar em importância problemas econômicos.

O *Point Four* [Ponto Quatro] é uma tentativa nada convincente de descartar as consequências desastrosas da ausência do investimento estrangeiro[53]. Por trás dessa tentativa está a ideia de transferir *know-how* a países atrasados. No entanto, nos Estados Unidos, há vários engenheiros competentes com o necessário *know-how* que poderiam se beneficiar de cargos no exterior, onde usariam o conhecimento e experiência que adquiriram em seu país. Portanto, o Ponto Quatro não é necessário por esse motivo. Ademais, há centenas ou talvez milhares de cidadãos estrangeiros em universidades norte-americanas e ocidentais aprendendo exatamente esse *know-how*. A arte da impressão foi inventada há quinhentos anos e dispomos agora de livros didáticos impressos. Para os que não sabem inglês, há traduções disponíveis. Há também muitos chineses inteligentes e se uma fábrica na China está atrasada, isso não se deve à impossibilidade de adquirir *know--how*, mas sim à ausência de capital necessário.

Em 1948, houve em Amsterdam, uma reunião do World Council of Churches [Conselho Mundial de Igrejas]. Na declaração de fundação afirmaram ser injusto e injustificado que somente países ocidentais desfrutassem das vantagens das máquinas, ao passo que na Ásia e na África os métodos de produção estavam atrasados. Se, no oitavo dia da Criação, Deus tivesse criado um montante limitado de máquinas e hospitais para ser distribuído igualitariamente e o Ocidente

---

[53] Programa norte-americano de ajuda externa, anunciado em 20 de janeiro de 1949 pelo Presidente Harry S. Truman, visava *"... à melhoria e crescimento de áreas subdesenvolvidas"*. Ver: HAZLITT, Henry. *Illusions of Point Four*. Irvington-on--Hudson: Foundation for Economic Education, 1950.

tivesse se apropriado de um quinhão maior do que lhe era devido, então poderíamos dizer que essa situação é injusta. Porém, os países capitalistas forneceram todos os equipamentos e máquinas necessários aos países "atrasados" de presente, e esses países "atrasados" simplesmente expropriaram esse maquinário, por não compreenderem o que o capitalismo significa. Acreditavam que máquinas e hospitais significavam capitalismo. No entanto, o capitalismo é a mentalidade a partir da qual as instituições puderam ser fundadas de modo a permitir que o capital se desenvolvesse no Ocidente e, então, produzisse todas essas coisas. Poderíamos dizer que o Ocidente desenvolveu o método de produção a partir do capital que construiu em casa. O capitalismo não se traduz em coisas. Capitalismo é uma mentalidade.

Ao primeiro-ministro indiano Jawaharlal Nehru (1889-1964) é atribuída a seguinte citação: *"Queremos dar todo o estímulo possível à indústria privada. Não expropriaremos as empresas privadas pelo menos por dez anos – talvez não tão cedo"*. Não podemos esperar que as pessoas invistam se lhes disser que expropriará seus bens em alguma data no futuro.

Sendo assim, as condições na Índia estão muito piores agora do que quando os britânicos estavam lá. Poderíamos esperar que os britânicos permanecessem na Índia e que não expropriassem suas indústrias. As condições agora são semelhantes às anteriores à chegada dos britânicos na Índia. Se um indiano tiver alguma poupança, investe em metais preciosos ou, ainda melhor, em joias. Antes de mais nada, esses bens não podem ser confiscados tão facilmente e também podem ser escondidos. Se necessário, a pessoa pode até engolir um diamante e assim, mantê-lo consigo. No entanto, ferrovias ou minas não podem ser escondidas. E aqui reside a catástrofe das nações "atrasadas" – as pessoas investem a poupança em outros bens que não são bens de capital.

A situação se agravou porque os europeus introduziram nesses países modernos medicamentos e métodos de tratamento de doenças contagiosas. Não obstante as condições que ainda prevalecem na China e, em especial na Índia, a mortalidade infantil caiu consideravelmente. Isso resultou em um crescimento populacional e em um menor investimento de capital. O capital *per capita* está diminuindo, ao invés de aumentar. O sistema russo também não produz acumulação de capital, ou seja, há acumulação insuficiente. Consequentemente, temos uma situação em que a maior parte da população mundial vive em condições que representam queda no padrão de vida. É horrível dizer isso, mas esta é a verdade: essas pessoas estariam em melhores condições se os métodos de erradicação de doenças contagiosas não tivessem sido importados.

Quero enfatizar novamente que o capitalismo, a produção de maquinário moderno etc., não são coisas materiais! As ferramentas e máquinas são os resultados materiais atingidos por uma determinada mentalidade espiritual, por uma determinada ideologia. O capitalismo ou as condições modernas, o moderno padrão de vida, são simplesmente os resultados da tecnologia, de determinadas ideias sobre organização social e a cooperação entre homens em um sistema de divisão de trabalho e propriedade dos meios de produção. Essas ideias devem ser abraçadas pelos países "atrasados" se realmente desejarem mudança nas condições.

Não vou discutir a felicidade e outras questões a ela associadas. Não quero dizer que os africanos estão felizes sem máquinas, sem roupas, e com os métodos muito diferentes de alimentação. Naturalmente, não estão felizes com as várias doenças que os flagelam e que podem ser dizimadas com os métodos empregados pelo capitalismo moderno. Foi maravilhoso que o dr. Albert Schweitzer (1875-1965) tenha ido ao coração da África e trabalhado para melhorar as condições locais. No entanto, o dr. Schweitzer conseguiu um resultado limitado se comparado aos resultados do capitalismo que permitiram o desenvolvimento de meios de produção modernos que resultaram em tudo o que é necessário para manter um hospital no coração da África. Se quisermos ajudar os milhões de pessoas na Ásia e na África, o que realmente precisaremos será métodos de produção e ideias capitalistas, que não podem ser desenvolvidos pelos meios hoje utilizados nesses países.

Foi a introdução do investimento estrangeiro no século XIX que promoveu a guerra e a conquista do supérfluo. A situação que as pessoas enfrentaram na época, e que ainda enfrentam hoje, é a de que há países no mundo cuja natureza foi abençoada com recursos naturais que não estão disponíveis em outros países. A partir desse ponto de vista, dos recursos naturais, a Europa foi pouquíssimo abençoada pela natureza se comparada à Ásia, muito mais abençoada. Se, por um lado, os países ricos em recursos naturais são tão atrasados e pobres em capital que não conseguem produzir a partir desses recursos e, se, por outro lado, não permitem a estrangeiros investir capital e usufruir dos benefícios desses recursos, visando vantagens para ambos os lados da questão, poderemos esperar que as pessoas nos países civilizados tolerarão para sempre esse estado de coisas? Será que os habitantes de um país, unicamente por seus ancestrais terem conquistado aquele país 500 ou 600 anos atrás, têm o direito de evitar a melhoria das condições e da paz no mundo?

Estamos retroagindo à situação quando tais produtos não podiam ser obtidos sem a conquista, situação que tornou necessário o sistema colonial. O século XIX desenvolveu um método que se tornou desnecessário. Porém, nos encontramos agora em tal estado de coisas em que esses países negam ao comércio o acesso as matérias primas. Não podemos saber, mas talvez algum dia, um novo método tecnológico seja descoberto que se baseie nas matérias primas disponíveis unicamente em países muito atrasados. As pessoas dirão: "Conseguiremos melhorar nosso padrão de vida e o de outros países somente se tivermos acesso a essas matérias primas. Elas são completamente inúteis para o Dalai Lama do Tibete". Foi exatamente o investimento estrangeiro – a possibilidade de usar todos os recursos naturais sem interferência política – que tornou a guerra desnecessária. Isso não afetou nenhum dos países envolvidos. Os investimentos estrangeiros, na verdade, auxiliaram o desenvolvimento dos países sem prejudicá-los de modo algum. A paz no mundo depende disso.

O desaparecimento do investimento estrangeiro é um grave problema. O que é mais visível hoje são as más consequências, os pobres padrões de vida, na Índia, na China e em alguns outros países.

No entanto, isso não é tudo. Todo o sistema de políticas mundiais e internacionais será afetado. E então, se conflitos reais emergirem, mesmo os Escoteiros das Nações Unidas não conseguirão resultados melhores que os estatutos da Liga das Nações, a organização que antecedeu as Nações Unidas.

Agradeço a todos pela paciência com que suportaram minhas palestras.

* * *

(Comentários adicionais feitos por Mises durante o período de perguntas e respostas)

Valdmir Lenin tentou obter capital estrangeiro para investir na Rússia, durante o período da NEP[54], mas conseguiu muito pouco.

A reciprocidade em acordos comerciais é um dos métodos para destruir a economia de mercado. O princípio de comprar somente de quem compra de você ignora a existência da moeda. O conceito de moeda, do uso da moeda e de todo o sistema monetário foi criado precisamente para evitar que alguém compre somente de quem lhes vende. O comércio triangular significa comercializar com o auxílio da moeda, ou seja, você compra de quem comprou de outros.

---

[54] NEP é o acrônimo de *Novaya Ekonomiceskaya Politika*, a Nova Política Econômica adotada na União Soviética entre 1921 e 1928. (N. T.)

Nenhum ramo de negócio neste país existiria se o princípio da reciprocidade fosse aplicado aqui.

As fronteiras não existem na natureza e nem na economia; são obstáculos criados pelos governos. Os governos criam essas diferenças.

O capitalismo não consiste nas ideias do capitalista; é um sistema econômico. As ideias de cada capitalista individual podem ser contrárias, em muitos aspectos, aos princípios da economia de mercado. Sempre existiram empresários que pediram vantagens, proteção etc., e como a opinião pública era favorável, conseguiram o que pediram. Não foi culpa dos lobistas, pois sempre há lobistas a favor de algumas coisas, assim como lobistas contra outras. Nem sequer é necessário proteger indústrias emergentes. Mudanças se operam na indústria dos Estados Unidos sem tal proteção. Se alguns conseguem privilégios, os que não os têm são prejudicados. Se os que não têm privilégios começarem a pedir privilégios também, podemos compreendê-los. O dever de erradicar o sistema de privilégios não é dos empresários, mas sim da opinião pública, por meio de ideólogos, estadistas, políticos e campanhas políticas. Se há privilégios, então todos tentam consegui-los.

As vantagens do capitalismo não são para beneficiar ou favorecer os capitalistas, mas sim para o benefício das massas. O capitalismo é, em essência, a produção, produção em grande escala, para as massas. O cliente, que está sempre certo, se beneficia do capitalismo. A instituição do capitalismo não é uma recompensa para crianças bem-comportadas, é uma instituição para o benefício de nações e pessoas. Se um capitalista individual "se comportar bem", seu "castigo" não deve ser a abolição do capitalismo. Sendo assim, todos os escritores e autores de histórias de ficção, literatura e dramaturgia que pintam a imagem do capitalista como alguém abominável e dizem que o capitalismo deveria ser abolido, estão totalmente equivocados.

Sou a favor da economia de mercado e contra o socialismo, mas não porque os capitalistas são "bons meninos". Alguns são, efetivamente, mas outros não. E nesse sentido, não são diferentes de nenhuma outra pessoa. Sou a favor do capitalismo porque é benéfico à humanidade. Não sou contra o socialismo porque os socialistas são maus, mas porque o socialismo resulta em total queda do padrão de vida das pessoas e destrói a liberdade.

POSFÁCIO À EDIÇÃO BRASILEIRA

I - Marx como Comunista Milenista

A chave para o sistema de pensamento intricado e massivo criado por Karl Marx (1818-1883) é, no fundo, simples: *Karl Marx era comunista*. Uma afirmação aparentemente batida e banal junto à miríade de conceitos sobrecarregados de jargões do marxismo na filosofia, economia e cultura, mas ainda assim a devoção de Marx para o comunismo era seu foco crucial, muito mais importante do que a luta de classes, a dialética, a teoria da mais-valia e todo o resto. O comunismo era o grande objetivo, a visão, a aspiração, o fim último que faria valer a pena o sofrimento da humanidade no

---

* Ensaio publicado originalmente como: ROTHBARD, Murray N. "Karl Marx: Communist as Religious Eschatologist" *The Review of Austrian Economics*, Volume 4 (1990): 123-79.

Karl Marx: O Comunismo como Escatologia Religiosa*

Murray N. Rothbard

transcurso da história. A história é a história do sofrimento, da luta de classes, da exploração do homem pelo homem. Assim como o retorno do Messias, na teologia cristã, porá fim à história e estabelecerá um novo paraíso e uma nova terra, da mesma forma o estabelecimento do comunismo porá término à história humana. Do mesmo modo como para os cristãos pós-milenistas o homem, guiado pelos profetas e santos de Deus, estabelecerá um Reino de Deus na Terra (para os pré-milenistas, Jesus contará com vários assistentes humanos na criação desse reino), para Marx e para outras correntes de comunistas, a humanidade, liderada por uma vanguarda de santos seculares, estabelecerá um Reino do Céu secularizado na Terra.

Nos movimentos de religiões messiânicas, o milênio é invariavelmente estabelecido por uma revolta poderosa e violenta, um Armagedom, uma grande guerra apocalíptica entre o bem e o mal. Após este conflito titânico, um milênio, uma nova era de paz e harmonia, um reinado de justiça, será instalado na terra.

Marx rejeitava enfaticamente aqueles socialistas utópicos que buscavam alcançar o comunismo por intermédio de um processo evolutivo e gradativo, através de um avanço constante do bem. Em vez disso, Marx voltou-se para os apocalípticos, para os anabatistas alemães e holandeses pós-milenistas coercitivos do século XVI, para as seitas milenistas que havia durante a Guerra Civil Inglesa, e para os vários grupos de cristãos pré-milenistas que previram um Armagedom violento nos últimos dias, antes que o milênio possa ser estabelecido. De fato, dado que os pós-milenistas apocalípticos se recusaram a esperar que a bondade e a santidade gradativas permeassem a humanidade, uniram-se aos pré-milenistas na crença de que somente uma violenta luta final apocalíptica entre o bem e o mal, entre santos e pecadores, poderia inaugurar o milênio. A revolução violenta e por todo o mundo, na versão de Marx, a ser feita pelo proletariado oprimido, seria o instrumento inevitável para o advento deste milênio, o comunismo.

De fato, Marx, assim como os pré-milenistas (ou "mileniaristas"), foi além e sustentou que o reinado do mal sobre a terra atingiria um ápice pouco antes do apocalipse ("a escuridão antes do alvorecer"). Para Marx, assim como para os mileniaristas, segundo Ernest Tuveson (1915-1996):

> O mal do mundo deve atingir seu ponto mais alto antes que, em uma grande e completa revolta radical, seja varrido [...].

O pessimismo milenarista a respeito da perfectibilidade do mundo existente é atravessado por um otimismo supremo. A história, de acordo com a crença dos mileniaristas, opera de tal maneira que, quando o mal tiver atingido seu apogeu, essa situação sem esperança será revertida. O estado original e verdadeiramente harmonioso da sociedade será, então, restabelecido em algum tipo de ordem igualitária[1].

Em contraste com os diversos grupos de socialistas utópicos e em comum com os messiânicos religiosos, Karl Marx não esboçou as características do seu comunismo futuro em quaisquer detalhes. Não correspondia a Marx, por exemplo, explicar nos mínimos detalhes qual seria a quantidade de pessoas em sua utopia, o formato e localização de suas casas, o padrão de suas cidades. Em primeiro lugar, há um certo ar quintessencialmente biruta nas utopias que são descritas por seus criadores nos mínimos detalhes. Mas, o que é de igual importância, explicar os detalhes de nossa sociedade ideal

---

[1] TUVESON, Ernest L. "The Millenarian Structure of *The Communist Manifesto*". In: PATRIDES, Constantinos Apostolos & WITTREICH, Joseph Anthony (Eds.). *The Apocalypse in English Renaissance Thought and Literature*. Ithaca: Cornell University Press, 1984. p. 326-27. Tuveson especula que Karl Marx e Friedrich Engels (1820-1895) podem ter sido influenciados pelo afloramento do mileniarismo na Inglaterra durante os anos 1840. A respeito deste fenômeno, em particular a explosão súbita dos milleristas na Inglaterra e nos Estados Unidos da América, que previram o fim do mundo no dia 22 de outubro de 1844, ver a seguinte obra clássica sobre o mileniarismo moderno: SANDEEN, Ernest R. *The Roots of Fundamentalism: British and American Millenarianism, 1880-1930*. Chicago: University of Chicago Press, 1970. Ver a referência em: TUVESON. "The Millenarian Structure of *The Communist Manifesto*". *Op. cit.*, p. 340 n. 5.

remove o elemento crucial de assombro e mistério do mundo do futuro (supostamente inevitável).

Porém certas características são amplamente semelhantes em todas as visões do comunismo. A propriedade privada é eliminada, o individualismo desaparece, a individualidade é desestimulada, toda a propriedade é possuída e controlada de forma comum e as unidades individuais do novo organismo coletivo são tornadas, de certa maneira, "iguais" umas às outras.

Marxistas e acadêmicos do Marxismo tenderam a negligenciar a centralidade do comunismo na totalidade do sistema de Karl Marx[2]. No marxismo "oficial" das décadas de 1930 e de 1940, o comunismo foi abrandado em prol de uma suposta ênfase "científica" na teoria do valor-trabalho, na luta de classes ou na interpretação materialista da história, e a União Soviética, mesmo antes de Mikhail Gorbachev, lutando contra os problemas práticos do socialismo, lidou com o objetivo do comunismo mais como um embaraço do que como qualquer outra coisa[3]. De modo semelhante, os

---

[2] Assim, no altamente elogiado trabalho *Marxism: The Philosophy and Economics* [*Marxismo: A Filosofia e Economia*] de Thomas Sowell dificilmente há qualquer consideração que seja prestada ao comunismo. Ver: SOWELL, Thomas. *Marxism: The Philosophy and Economics*. London: Unwin Paperbacks, 1986.

[3] O livro-texto soviético oficial sobre o marxismo rejeitava secamente seu próprio objetivo proclamado, insistindo que todos os sovietes deveriam trabalhar duro e não pular qualquer "estágio" no longo caminho em direção ao comunismo. *"O PCUS (Partido Comunista da União Soviética), em sua condição de partido do comunismo científico, avança e resolve o problema da construção comunista como os pré-requisitos material e espiritual para que se tornem prontos e maduros, sendo orientados pelo fato de que estágios necessários de desenvolvimento não devem ser saltados [...]"*. *Fundamentals of Marxism-Leninism*, Moscow: Foreign Languages Publishing House, 2ª ed. rev., 1963. p. 662. Ver, também: *Ibidem.*, p. 645-46; 666-67; 674-75.

stalinistas tais como Louis Althusser (1918-1990) rejeitaram a ênfase de Marx pré-1848 no "humanismo", filosofia e "alienação" como não-científica e pré-marxista. Por outro lado, na década de 1960 se tornou mora, para marxistas da nova esquerda tais como Herbert Marcuse (1898-1979) rejeitar o Marx "economista científico" posterior como um prelúdio racionalista ao despotismo e à traição da tônica do Marx anterior no humanismo e na "liberdade" humana. Em contraste, sustento – juntamente com o consenso crescente nos estudos marxistas[4] – que, ao menos desde 1844 e possivelmente desde antes, houve apenas *um* Marx, o Marx "humanista" que estabeleceu o objetivo que perseguiria pelo restante de sua vida: o triunfo apocalíptico do comunismo revolucionário. Nesta perspectiva, as investigações posteriores de Marx acerca da economia do capitalismo não foram mais do que uma busca pelo mecanismo, a "lei da história", que supostamente torna tal vitória inevitável.

Mas nesse caso, torna-se vital investigar a natureza deste objetivo supostamente humanista do comunismo, qual poderia ser o significado desta "liberdade" e se o registro macabro dos regimes marxista-leninistas no século XX estava ou não implicado na concepção marxista básica de liberdade.

O marxismo é um credo religioso. Esta afirmação é comum entre críticos de Marx e, dado que o marxismo é um inimigo explícito da religião, um tal paradoxo ofenderia muitos marxistas, pois claramente coloca em xeque o materialismo científico

---

[4] Portanto, ver o esclarecedor trabalho: TUCKER, Robert C. *Philosophy and Myth in Karl Marx*. New York: Cambridge University Press, 1961.

supostamente forte sobre o qual o marxismo repousa. Atualmente, e o que é bizarro – na era da Teologia da Libertação e outros flertes entre o marxismo e a Igreja, os próprios marxistas são muitas vezes os primeiros a fazer esta mesma alegação. Certamente, uma maneira clara na qual o marxismo funciona como uma "religião" é o ponto ao qual os marxistas são capazes de chegar para preservar seu sistema contra erros ou falácias óbvias. Assim, quando as previsões marxistas fracassam, mesmo que sejam supostamente deduzidas a partir de leis científicas da história, os marxistas não medem esforços para *alterar* os termos da previsão original. Um exemplo notável é a lei de Marx do empobrecimento da classe trabalhadora sob o capitalismo. Quando se torna totalmente claro que o padrão de vida dos trabalhadores sob o capitalismo industrial estava se elevando ao invés de diminuir, os marxistas recuaram para a perspectiva de que o que Marx "realmente" queria dizer por empobrecimento não era que as pessoas se tornariam mais miseráveis, mas sim a privação *relativa*. Um dos problemas com esta postura de recuo defensivo é que se supõe que o empobrecimento seja o motor da revolução proletária e é difícil vislumbrar os operários recorrendo à revolução sangrenta porque desfrutam somente de um iate cada um enquanto os capitalistas desfrutam de cinco ou seis. Outro exemplo de destaque foi a resposta de muitos marxistas à demonstração conclusiva de Eugen von Böhm-Bawerk (1851-1914) de que a teoria do valor trabalho não poderia dar conta da precificação dos bens sob o capitalismo. Novamente, a resposta defensiva foi que o que

Marx "realmente *quis dizer*"⁵ não era explicar a precificação no mercado, mas meramente afirmar que as horas de trabalho imbuem os bens de uma espécie de "valores" inerentemente místicos que são, contudo, irrelevantes para o funcionamento do mercado capitalista. Caso isto fosse verdade, então é difícil ver por que Marx dedicou grande parte de sua vida a uma tentativa malsucedida de completar a obra *Das Kapital* [*O Capital*] e de resolver o problema da relação entre o valor e os preços.

Talvez o comentário mais apropriado a respeito dos frenéticos defensores da teoria do valor de Karl Marx seja o do sempre esperto e sagaz Alexander Gray (1882-1968), que também toca em um outro aspecto de Marx como profeta religioso:

> Testemunhar Eugen von Böhm-Bawerk ou o Sr. Horace William Brindley Joseph (1867-1943) trinchando Karl Marx não passa de um prazer pedestre; pois não passam de escritores pedestres, que são tão pedestres a ponto de agarrar-se ao significado imediato das palavras, não percebendo que o que Marx realmente queria dizer não possuía [*sic*], necessariamente, conexão com o que Marx inegavelmente disse. Testemunhar Marx rodeado por seus amigos é, entretanto, um prazer de ordem inteiramente distinta. Pois está mais do que claro que nenhum deles de fato sabe o que Marx realmente queria dizer; inclusive apresentam dúvidas consideráveis acerca do que ele estava falando; há indícios de que o próprio Marx não

---

⁵ *What Marx Really Means* é título de uma simpática obra do socialista fabiano G. D. H. Cole (1889-1959) sobre o marxismo. Ver: COLE, G. D. H. *What Marx Really Meant*. London: Victor Gollancz Ltd., 1934.

sabia o que estava fazendo. Em particular, não há ninguém que possa nos explicar o que Marx acreditava que queria dizer por "valor". *O Capital* é, em certo sentido, um tratado em três volumes que apresenta uma teoria do valor e suas aplicações variadas. Ainda assim, Marx nunca condescende em explicar o que quer dizer por "valor", e consequentemente ninguém se preocupa com isso, como se ele estivesse desenrolando um pergaminho de 1867 até 1894 [...]. O que nos preocupa aqui é *Wissenschaft* (ciência), são *slogans*, mitos ou encantamentos? Marx, como têm dito por aí, foi um profeta [...] e talvez esta sugestão proporcione a melhor abordagem. Não se aplicam a Jeremias (655-586 a.C.) ou a Ezequiel (622-570 a.C.) os testes aos quais os homens menos inspirados estão sujeitos. Talvez o equívoco que o mundo e a maior parte dos críticos tenham cometido seja exatamente que não consideraram Marx suficientemente como um profeta – um homem acima da lógica, proferindo palavras enigmáticas e incompreensíveis, que cada homem pode interpretar como bem entender[6].

II - Teologia da Reabsorção

Mas a natureza do marxismo-como-religião corta mais profundamente que as tolices e evasões dos marxistas[7] ou

---

[6] GRAY, Alexander. *The Socialist Tradition*. London: Longmans Green, 1946. p. 321-22.

[7] Um outro exemplo do que pode ser chamado de comportamento "religioso" por parte dos marxistas é a insistência dos pensadores que claramente abandonaram

a arcana e frequentemente ininteligível natureza dos escritos marxistas. Pois o que este texto defende é que o objetivo crucial – o comunismo – é uma versão ateísta de um certo tipo de escatologia religiosa; que o processo supostamente inevitável para o atingir – a dialética – é uma forma ateísta das próprias leis religiosas da história; e que o problema supostamente central do capitalismo tal como percebido pelos marxistas "humanistas", o problema da "alienação", é uma versão ateísta da mesmíssima queixa metafísica da religião à totalidade do universo criado.

Pelo que sei, não há um nome consensual para designar esta fatalmente influente religião. Um nome é "teologia de processo", porém prefiro chamá-la de "teologia da reabsorção", dado que a palavra "reabsorção" ressalta o supostamente inevitável ponto de chegada da história humana bem como seu suposto ponto inicial em uma união com Deus antes da criação.

Tal como Leszek Kołakowski (1927-2009) observa em sua obra monumental sobre o marxismo, a teologia da reabsorção começa no século III de nossa era com o filósofo neoplatônico Plotino (204-270) e vai deste para alguns dos platonistas cristãos, onde ocupa seu lugar como uma heresia cristã. Trata-se de uma heresia que tende a efervescer repetidamente por debaixo da superfície nos trabalhos de místicos

---

quase todos os pontos essenciais do marxismo ao se chamarem pelo nome mágico de "Marxismo". Um caso recente são os "marxistas analíticos" britânicos, tais como John Roemer e Jon Elster. Para uma crítica desta escola por um marxista ortodoxo, ver: LEBOWITZ, Michael A. "Is 'Analytical Marxism' Marxism?" *Science and Society*, Volume 52 (Summer 1988): 191-214.

cristãos tais como, no século IX, com o filósofo João Escoto Erígena (810-877) e, no século XIV, com o mestre Eckhart de Hochheim, O.P. (1260-1328)[8].

A natureza e as profundas implicações da teologia da reabsorção podem ser melhor compreendidas contrastando esta heresia com a ortodoxia cristã. Começamos pelo princípio – com a *creatologia*, a ciência ou disciplina dos primeiros dias. Por que Deus criou o universo? A resposta cristã ortodoxa é que Deus criou o universo a partir de um amor benevolente e transbordante pelas suas criaturas. A criação foi, portanto, boa e maravilhosa; a mosca na sopa foi introduzida pelo homem que desobedeceu às leis de Deus, pecado pelo qual foi expulso do Éden. Após esta Queda, pode ser redimido pela Encarnação de Deus em forma humana e pelo sacrifício de Jesus na Cruz. Observe que a Queda foi de caráter moral e que a própria Criação permanece metafisicamente boa. Note, também, que no cristianismo ortodoxo cada ser humano individual, feito à imagem de Deus, é de suprema importância, e a salvação de cada indivíduo é algo de importância crítica.

A teologia da reabsorção se origina, contudo, de uma creatologia muito distinta. Um de seus pontos cruciais é que, *antes* da Criação, o homem – obviamente o homem enquanto espécie coletiva e não cada indivíduo – existia em união feliz, em alguma espécie de bolha cósmica poderosa, unido a Deus e mesmo à Natureza. Na perspectiva cristã, Deus, diferentemente do homem, é perfeito e, portanto, não

---

[8] KOLAKOWSKI, Leszek. *Main Currents of Marxism: Its Origins, Growth and Dissolution*. Oxford: Oxford University Press, 1981. Vol. 1, p. 9-39.

realiza, tal como os homens, ações de melhora. Entretanto, para os reabsorcionistas, Deus age de maneira análoga aos homens: age a partir do que Mises chamou de "sentimento de desconforto", da insatisfação com sua sorte corrente. Deus, em outras palavras, cria o universo a partir da solidão, insatisfação ou, geralmente, para desenvolver suas faculdades não desenvolvidas. Deus cria o universo a partir de uma percepção de necessidade.

Na visão reabsorcionista, a Criação, em vez de ser maravilhosa e boa, é essencialmente e metafisicamente má. Pois gera diversidade, individualidade e desagregação, cortando, assim, o homem de sua união cósmica com Deus. O homem se encontra, agora, permanentemente "alienado" de Deus, o que é a alienação fundamental; e também dos outros homens, assim como da natureza. É esta separação metafísica cósmica que reside no cerne do conceito marxista de "alienação" e *não*, como poderíamos pensar agora, uma reclamação pessoal a respeito de não controlar a operação da própria fábrica ou acerca de uma falta de acesso à riqueza ou ao poder político. A alienação é uma condição cósmica e não uma queixa psicológica. Para os reabsorcionistas, os problemas cruciais do mundo não decorrem de uma falha moral mas sim da natureza essencial da própria criação.

O budismo e diversas religiões panteístas, bem como vários místicos, proporcional uma saída parcial deste estado de alienação cósmica. Para esses panteístas, Deus-Homem-e--Natureza são e continuam a ser um e os homens individuais podem recapturar essa unidade desejada por intermédio de diversas formas de treinamento até que o Nirvana (vacuidade) seja alcançado e o ego individual seja – pelo menos temporariamente – obliterado⁹.

Porém a saída oferecida pelos reabsorcionistas é diferente. Primeiramente, trata-se de um caminho oferecido somente ao homem-enquanto-espécie e não a quaisquer indivíduos em particular; em segundo lugar, o caminho é religiosamente determinado e é uma Lei da História inevitável. Pois há somente um aspecto bom na criação, para os reabsorcionistas: que Deus e o homem possam cada qual completar suas faculdades e expandir seus potenciais respectivos no transcorrer da história. De fato, a história é um processo por intermédio do qual esses potenciais são satisfeitos, nos quais Deus e o homem se aperfeiçoam. Então, finalmente, e aqui chegamos à *escatologia*, a ciência dos Últimos Dias, eventualmente

---

⁹ O grande apologista ortodoxo do cristianismo, G. K. Chesterton (1874-1936), iluminou de maneira brilhante a diferença entre o individualismo cristão e o coletivismo panteísta na seguinte crítica à Sra. Annie Besant (1847-1933), que era budista e uma das fundadoras da Sociedade Fabiana:

De acordo com a Sra. Besant a Igreja universal é simplesmente o *Self* universal. É a doutrina de que, na realidade, todos somos uma só pessoa; que não há muros verdadeiros de individualidade de um homem para outro [...]. Não nos diz para amar nosso vizinho; diz que sejamos nossos vizinhos [...]. O abismo intelectual entre o Budismo e o Cristianismo é que, para o budista ou o teosofista, a personalidade é a queda do homem, enquanto para o cristão é o propósito de Deus, todo o ponto de Sua ideia cósmica.

CHESTERTON, G. K. *Orthodoxy*. New York: Harper & Brothers, 1927. p. 244-45 [Em língua portuguesa a obra está disponível em duas traduções distintas, a saber: CHESTERTON, G. K. *Ortodoxia*. Apres., notas e anexo Ives Gandra da Silva Martins Filho; trad. Cláudia Albuquerque Tavares. São Paulo: Editora LTr, 2001; *Ortodoxia*. Trad. Almiro Pisetta. São Paulo: Mundo Cristão, 2008. (N. E,)].
Citado em: MOLNAR, Thomas. *Utopia: The Perennial Heresy*. New York: Sheed and Ward, 1967. p. 123.

ocorrerá uma reunião poderosa, uma reabsorção, na qual o homem e Deus por fim não estarão somente reunidos, mas reunidos em um nível mais elevado e aperfeiçoado. As duas bolhas cósmicas – Deus e o homem (e, presumivelmente, também a Natureza) – agora se encontram e se fundem em um nível mais exaltado. O estado doloroso da criação chega então a seu término, a alienação finalmente acaba e o homem volta para casa para ocupar um nível mais elevado na pós--criação. A história, assim como o mundo, chegaria a um fim.

Uma característica crucial da reabsorção é que todo este "aperfeiçoamento" e "reunião" obviamente ocorrem somente no nível coletivista da espécie. O homem individual não é nada; somente dessa forma podemos dizer que o "homem" progride ou "se completa" ao longo dos séculos, sofre alienação de "seu" estado pré-criação e, finalmente, "retorna" para a unidade com Deus em um patamar mais elevado. A relação com o objetivo marxista do comunismo já está se tornando clara; a "alienação" eliminada pelo inevitável fim comunista da história é que da espécie coletiva do homem cada homem finalmente passa a estar unido com os demais homens e com a Natureza (a qual, para Marx, foi "criada" pelo coletivo da espécie humana, que desse modo substitui Deus como criador).

Devo lidar mais tarde com o comunismo como o objetivo da história. Aqui nos concentramos no *processo* por intermédio do qual todos esses eventos devem acontecer e necessariamente ocorrem. Primeiramente, existe a bolha cósmica pré-criação. A partir desta bolha, emerge então um estado de coisas muito diferente: um Universo criado, com Deus, homens individuais e a natureza, todos existindo. Aqui estão as origens da "dialética" hegeliana-marxista mágica: um estado de coisas de algum modo *origina* um estado contrastante. Na língua alemã, Georg Wilhelm Friedrich Hegel (1770-1831), o mestre do conceito de dialética, empregou o termo crucial *aufhebung*, uma "elevação", algo que é suficientemente ambíguo para compreender esta mudança súbita para um estado muito distinto, este estado que é, de uma vez e ao mesmo tempo uma preservação, uma transcendência e a criação de um agudo contraste com a condição original. A tradução inglesa padrão para este processo em Hegel e Marx é "negação", porém tal tradução torna a teoria ainda mais absurda do que realmente é – provavelmente "transcendente" poderia ser um termo melhor[10]. Assim, como de costume, a dialética consiste em três estágios. O primeiro estágio é o estado original da bolha cósmica na pré-criação, com o homem e Deus em unidade feliz e harmoniosa, mas cada qual de certa maneira não desenvolvido. Então a dialética mágica opera, o

---

[10] Alexander Gray se diverte muito com o conceito de "negação" na dialética hegeliana e marxista. Escreve que os exemplos da "negação da negação" no *Anti-Dühring* de Engels "pode soar como hegelianismo, mas de outro modo parece bastante bobo. Uma semente de cevada cai no solo e germina: negação da semente. No outono, produz mais grãos de cevada: negação da negação. Uma borboleta sai de uma pupa: negação da pupa. Após várias transformações, a borboleta se acasala e morre: negação da negação [...]. Hegel certamente é mais do que isto". Gray comenta adicionalmente que o admirável resumo que Marx faz do hegelianismo em seu *Philosophie de la misère* [*A Miséria da Filosofia*] "não deixa de ter valor de entretenimento": "sim se torna não, não se torna sim, sim se torna ao mesmo tempo sim e não, não se torna ao mesmo tempo não e sim, os contrários se equilibram, neutralizam-se e se paralisam mutuamente" (minha própria tradução da citação original de Gray em francês, que considerou "especialmente" divertida). GRAY, Alexander. *Socialist Tradition. Op. cit.*, p. 300, n. 1 e n. 2.

segundo estágio ocorre e Deus cria o homem e o universo. Mas então, finalmente, quando o desenvolvimento do homem e de Deus se completa, o segundo estágio cria sua própria *aufhebung*, sua transcendência para seu oposto ou negação: em resumo, o terceiro estágio, a reunião de Deus e o homem em um "êxtase de união", e o fim da história.

O processo dialético por meio do qual um estado de coisas dá origem a um estado muito diferente, quando não seu oposto, é, para os reabsorcionistas, um desenvolvimento místico, embora inevitável. Não tinham a necessidade de explicar o mecanismo. De fato, quem influenciou particularmente Hegel e os pensadores reabsorcionistas posteriores foi um dos últimos místicos cristãos desta tradição: o sapateiro alemão do início do século XVII, Jakob Boehme (1575-1624). Panteizando a dialética, Boehme declarou que não foi a vontade de Deus mas alguma força primordial o que deu início à dialética cósmica da criação e história. Como, perguntou Boehme, o mundo pré-criação transcendeu a si mesmo para a criação? Antes da criação, respondeu, havia uma fonte primordial, uma unidade eterna, algo indiferenciado, indistinto, o Nada [*Ungrund*] literal. De maneira muito estranha, este Nada trazia dentro de si uma força interior, um *nisus*, um dinamismo para a autorrealização. Aquele impulso, afirmou Boehme, deu origem ao seu oposto, a Vontade, cuja interação com o *nisus* transformou o Nada no Algo do universo criado[11].

Quem foi fortemente influenciado por Jakob Boehme foi o comunista místico inglês, Gerrard Winstanley (1609-1676),

---

[11] Ver ABRAMS, Meyer Howard. *Natural Supernaturalism: Tradition and Revolution in Romantic Literature*. New York: Norton, 1971. p. 161.

fundador da seita dos *Diggers* (escavadores) durante a Guerra Civil Inglesa. Filho de um mercador têxtil que fracassou no negócio de roupas e afundou até o *status* de lavrador, Winstanley, tão cedo como em 1649, teve uma visão mística do mundo comunista ideal do futuro. Originalmente, de acordo com esta visão, uma versão de Deus criou o universo; mas o espírito do "egoísmo", o próprio Diabo entrou no homem e deu origem à propriedade privada e à economia de mercado. A maldição do *self*, de acordo com Winstanley, foi "o início do interesse particular", ou da propriedade privada, com os homens comprando, vendendo e dizendo "isto é meu". O fim do comunismo original e sua fragmentação na propriedade privada significava que a liberdade universal tinha acabado e a criação veio a ser "sob a maldição da escravidão, da tristeza e das lágrimas". Na Inglaterra, como Winstanley sustentou de maneira absurda, a propriedade teria sido comunista até a Conquista Normanda de 1066, que criou a instituição da propriedade privada[12].

Mas logo, declarou Winstanley, o "amor" universal eliminaria a propriedade privada e conduziria a terra de volta

---

[12] A maior parte dos protestantes adota a perspectiva muito distinta e muito mais correta de que a Conquista Normanda impôs latifúndios de tipo feudal criados pelo Estado em uma Inglaterra que tinha chegado muito perto de ser um idílio de propriedade privada genuína.
Engels e outros historiadores e antropólogos viram o Comunismo Primitivo original, ou a Era de Ouro, nas sociedades tribais primitivas anteriores ao mercado. A pesquisa antropológica recente, no entanto, demonstrou que a maior parte das sociedades primitivas e tribais se baseavam na propriedade privada, na moeda e em economias de mercado. Ver: BENSON, Bruce. "Enforcement of Private Property Rights in Primitive Societies: Law Withtout Government". *Journal of Libertarian Studies*, Volume 9 (Winter 1989): 1-26.

à "propriedade comum tal como era no princípio [...] fazendo da terra um celeiro e cada homem e mulher viventes [...] como membros de um só lar". Este comunismo e igualdade absoluta das posses levaria, portanto, o mundo ao milênio, "um novo paraíso, e uma nova terra"[13].

Inicialmente, Winstanley acreditava que pouca ou nenhuma coerção seria necessária para estabelecer e manter esta sociedade comunista. Logo, entretanto, percebeu, na versão completa de sua utopia, que todos os salários pelo trabalho e todo o comércio teriam de ser proibidos sob pena de morte. Winstanley estava totalmente disposto a ir assim tão longe com seu programa. Todos deveriam contribuir para o celeiro comum e dele retirar o sustento, e a pena de morte deveria ser aplicada sobre todos os usos de dinheiro, ou em qualquer atividade de comprar ou vender. O "pecado" da ociosidade seria, obviamente, combatido por intermédio do trabalho forçado, para o benefício da comunidade comunista. Esta ênfase totalizante no executor torna particularmente horrenda a declaração de Winstanley de que "todas as punições que serão infligidas [...] são somente para fazer com que o transgressor [...] viva na comunidade da correta lei do amor uns para com os outros". A educação no "amor" seria assegurada nas escolas gratuitas e compulsórias conduzidas pelo estado, principalmente em ofícios úteis ao invés de artes liberais, assim como por "ministros" eleitos pelo público para pregarem sermões seculares defendendo o novo sistema[14].

---

[13] ABRAMS, Meyer Howard. *Natural Supernaturalism*. Op. cit., p. 517 n.
[14] HILL, Christopher. *The World Turned Upside Down: Radical Ideas During the*

III - Hegel como Reabsorcionista Panteísta

Todos sabem que Marx era essencialmente hegeliano na filosofia, porém a dimensão precisa da influência de Hegel sobre Marx é bem menos compreendida. A realização duvidosa de Hegel foi tornar completamente panteísta a teologia da reabsorção. É pouco notado que Hegel foi apenas um, embora tenha sido o mais elaborado e hipertrofiado, de uma multidão de escritores que constituíram o altamente influente movimento do Romantismo na Alemanha e Inglaterra no final do século XVIII e durante a primeira metade do século XIX[15]. Hegel era estudante de teologia na Universidade de Tübingen e muitos de seus companheiros no romantismo, amigos e colegas, tais como Friedrich Schelling (1775-1854), Friedrich Schiller (1759-1805), Friedrich Hölderlin (1770-1843) e Johann Gottlieb Fichte (1762-1814) começaram como estudantes de Teologia, muitos deles em Tübingen[16].

A contribuição do Romantismo para a história do reabsorcionismo foi declarar que Deus é, na realidade, o Homem. O Homem, ou, mais propriamente, o Homem-Deus, criou o universo. Mas a imperfeição do Homem, sua falha, reside em

---

English Revolution. London: Penguin Books, 1975. p. 136 [Em língua portuguesa o livro foi lançado como: HILL, Christopher. *O Mundo de Ponta Cabeça: Ideias Radicais Durante a Revolucção Inglesa de 1640*. Trad. Renato Janine Ribeiro. São Paulo: Companhia das Letras, 1987. (N. E.)]. Ver, também: DOW, F. D. *Radicalism in the English Revolution, 1640-1660*. Oxford: Basil Blackwell, 1985. p. 74-80.

[15] Ver a excelente obra de um dos principais críticos literários do Romantismo: ABRAMS, Meyer Howard. *Natural Supernaturalism. Op. cit.*

[16] Hegel era nominalmente luterano, mas o luteranismo na Alemanha, naquela época, era evidentemente latitudinário o suficiente para abranger o panteísmo.

seu fracasso em perceber que ele *é* Deus. É alienado, separado do conhecimento crucial de que é uno com Deus, que criou e que continua a empoderar o universo. A história, então, é o processo inevitável por intermédio do qual o Homem-Deus desenvolve suas faculdades, cumpre seu potencial e avança seu conhecimento *até* aquele dia abençoado quando o Homem adquire conhecimento absoluto, isto é, o conhecimento pleno e a percepção de que é Deus. Nesse ponto, o Homem-Deus finalmente atinge seu potencial, tornando-se um ser infinito sem fronteiras e desse modo põe um fim à história. A dialética da história ocorre, novamente, em três estágios fundamentais: o estágio da Pré-Criação; o estágio da Pós-Criação, do desenvolvimento com alienação; a reabsorção final no estágio do infinito e do autoconhecimento absoluto, o qual culmina no processo histórico e lhe põe um fim.

Por que, então, o Homem-Deus de Hegel (também chamado por Hegel de "*self* do mundo" ou "espírito do mundo" (*Weltgeist*) criou o universo? Não foi a partir da benevolência, mas de uma necessidade percebida de se tornar consciente de si mesmo como um *self* do mundo. Este processo de consciência crescente é atingido por intermédio da atividade criativa por meio da qual o *self* do mundo se externaliza. Primeiramente, esta externalização ocorre quando o Homem-Deus cria a natureza e, a seguir, na continuidade da auto-externalização na história humana. Ao construir a civilização, o Homem aumenta o conhecimento de sua própria divindade; dessa maneira, no transcurso da história o Homem gradativamente coloca um fim à sua própria "auto-alienação", a qual para Hegel era *ipso facto* a alienação do

Homem de Deus. O que é crucial para a doutrina hegeliana é que o Homem é alienado e percebe o mundo como hostil *porque* não é ele mesmo. Todos esses conflitos finalmente são resolvidos quando o Homem percebe, no fim das contas, que o mundo de fato *é* ele mesmo.

Mas por que o Homem de Hegel é tão esquisito e neurótico a ponto de considerar tudo o que não é ele próprio como externo e hostil? A resposta é central para a mística hegeliana. É porque Hegel, ou o Homem de Hegel, não pode suportar a ideia de não ser Deus e, portanto, não ser de espaço infinito e sem fronteiras ou limites. Ver que qualquer outro ser ou qualquer outro objeto existe implicaria que ele mesmo não é infinito ou divino. Em resumo, a filosofia de Hegel constitui uma megalomania solipsista em uma escala gigante e cósmica. O professor Robert C. Tucker (1918-2010) descreve a situação com sua precisão característica:

> Para Hegel, a alienação é a finitude e a finitude, por sua vez, é um aprisionamento. A experiência do auto-estranhamento na presença de um mundo aparentemente objetivo é uma experiência de escravidão, [...] o Espírito, quando confrontado com um objeto ou com o "outro", torna-se *ipso facto* ciente de si mesmo como um ser meramente finito [...] que se estende somente até um certo limite e não além. O objeto é, portanto, um "limite" (*Grenze*). E um limite, dado que contradiz a noção do espírito de si mesmo como ser absoluto, isto é, ser-ilimitado, é necessariamente apreendido como uma "barreira" ou "grilhão" (*Schranke*) [...]. Em sua confrontação com um

objeto aparente, o espírito se sente aprisionado na limitação. Experimenta o que Hegel chama de "sofrimento da finitude".

[...]

Na concepção bastante original de Hegel a respeito, a liberdade significa a consciência de si como ilimitado; trata-se da ausência de um objeto limitante ou de um não-*self* [...]

Consequentemente, o aumento do autoconhecimento do espírito na história pode ser descrito, de maneira alternativa, como um progresso da consciência da liberdade[17].

A dialética da história de Hegel não tem simplesmente três estágios; a história progride em uma série de etapas, cada qual impulsionada dramaticamente por um processo de *aufhebung*. É evidente que o Homem que cria o mundo, avança seu "auto"-conhecimento e finalmente "volta" para "Casa" em um êxtase de autoconhecimento não é o insignificante Homem individual, mas o Homem como espécie coletiva. Mas, para Hegel, cada estágio de avanço é impulsionado por grandes indivíduos, homens "da história do mundo", que incorporam os atributos do Absoluto mais do que os demais e que agem como agentes significativos do próximo *aufhebung*, a elevação do próximo grande avanço do Homem-Deus ou da "alma do mundo" na direção do "autoconhecimento".

Assim, em uma época na qual a maior parte dos patriotas prussianos reagiam violentamente contra as conquistas imperiais de Napoleão Bonaparte (1769-1821) e mobilizavam suas forças contra ele, Hegel escreveu para um amigo, em êxtase,

---

[17] TUCKER, Robert C. *Philosophy and Myth in Karl Marx. Op. cit.*, pp. 53-54.

a respeito de ter visto Napoleão, *"o Imperador – esta alma do mundo"* descendo pela rua; pois Napoleão, mesmo de forma inconsciente, estava cumprindo a missão histórica do mundo de permitir o surgimento de um forte Estado prussiano[18]. É interessante que Hegel tenha tido sua ideia de "astúcia da Razão", dos grandes indivíduos que agem como agentes inconscientes da alma do mundo no decorrer da história da leitura atenta das obras do reverendo Adam Ferguson (1723-1816), cuja frase a respeito dos eventos serem *"o produto da ação humana, mas não do projeto humano"* exerceu tanta influência sobre o pensamento de F. A. Hayek (1899-1992) e seus discípulos[19]. No domínio econômico, também, Hegel aprendeu a respeito da suposta miséria da alienação na separação – que corresponde à especialização e divisão do trabalho – do próprio Ferguson por intermédio de Friedrich Schiller e do bom amigo de Adam Ferguson, Adam Smith

---

[18] Ver: PLANT, Raymond. *Hegel*. Bloomington: Indiana University Press, 1973. p. 120.

[19] Adam Ferguson, ademais, usou sua frase de maneira muito semelhante à de Hegel e originalmente estava muito distante da análise hayekiana do livre mercado. Ferguson, como um jovem clérigo calvinista, alistou-se à supressão da rebelião jacobita de 1745 na Escócia. Depois que a rebelião finalmente foi derrotada, Ferguson pregou um sermão no qual tentou resolver o grande enigma: por que Deus permitiu que os católicos perseguissem seus objetivos perversos e quase triunfassem? Sua resposta: os católicos, mesmo buscando fins malévolos conscientemente, serviam como agentes inconscientes do bom propósito de Deus: isto é, despertar a Igreja Presbiteriana da Escócia de sua suposta apatia. Daqui se tem um protótipo da "astúcia da Razão" na história, exceto por seu objetivo teísta ao invés de panteísta. Ver SHER, Richard B. *Church and University in the Scottish Enlightenment*. Princeton: Princeton University Press, 1985. p. 40-44.

(1723-1790), em sua obra *The Wealth of Nations* [*A Riqueza das Nações*][20], de 1776.

É fácil ver como a doutrina reabsorcionista-hegeliana do bem-unidade e do mal-separação ajudou a constituir o objetivo marxista do comunismo, o estado final da história no qual o indivíduo se encontra completamente absorvido no coletivo, atingindo assim o estado de verdadeira "liberdade" no homem-coletivo. Mas também há influências mais específicas. Assim, a ideia marxista do comunismo primordial ou primitivo, feliz e integrado, embora não-desenvolvido, e então destruído pelo capitalismo alienante e ganancioso, embora promovesse o desenvolvimento, foi prefigurada pela perspectiva histórica de Hegel. Seguindo seu amigo e mentor, o escritor romântico Friedrich Schiller, Hegel, em um artigo escrito em 1795, louvou a suposta homogeneidade, harmonia e unidade da Grécia Antiga, supostamente livre da alienante divisão do trabalho. O *aufhebung* resultante, embora tenha levado ao crescimento do comércio, ao aumento do padrão de vida e ao individualismo, também destruiu a maravilhosa unidade da Grécia e fragmentou o homem radicalmente. Para

---

[20] Conforme Paul Craig Roberts enfatizou corretamente, a "alienação" em Marx não é simplesmente a relação salarial capitalista, mas sim, mais profundamente, a especialização, a divisão do trabalho e a economia monetária em si mesma. Mas, segundo veremos, a alienação é ainda mais fundamentalmente a condição cósmica do estado do homem até a reabsorção do homem-e-natureza coletivo sob o comunismo. Ver: ROBERTS, Paul Craig. *Alienation and the Soviet Economy*. Albuquerque: University of New Mexico, 1971; ROBERTS, Paul Craig & STEPHENSON, Matthew A. *Marx's Theory of Exchange, Alienation and Crisis*. New York: Praeger, 2nd ed. 1983.

Hegel, o próximo estágio inevitável da história reintegraria o homem e o Estado.

O Estado era crítico para Hegel. Prenunciando Marx novamente, agora é particularmente importante para o homem – o organismo coletivo – superar a fé cega inconsciente e, "conscientemente", assumir o controle de seu "destino" por intermédio do Estado.

Hegel insistiu totalmente em que, para que o Estado pudesse realizar sua função vital, deveria ser guiado por uma filosofia abrangente e de fato por um Grande Filósofo, que pudesse dar à sua regra poderosa a coerência necessária. De outra maneira, conforme explica o professor Raymond Plant, *"um tal Estado, desprovido de abrangência filosófica, pareceria meramente arbitrário e uma imposição opressora da liberdade dos indivíduos"*. Mas, pelo contrário, se armado com uma filosofia hegeliana e com o próprio Hegel como seu grande líder, *"este aspecto estranho do Estado moderno progressivo desapareceria e não seria visto como uma imposição, mas como um desenvolvimento da autoconsciência"*[21].

Dotado, portanto, de uma tal filosofia e com um tal filósofo, o Estado moderno, especialmente o da Prússia, poderia assumir seu papel divinamente apontado no ápice da história e civilização humana, como Deus na terra. Assim: *"O Estado moderno, [...] quando compreendido filosoficamente, poderia, portanto, ser visto como a mais elevada articulação do Espírito, ou Deus no mundo contemporâneo"*. O Estado, então, é *"uma manifestação suprema da atividade de Deus no mundo"*;

---

[21] PLANT, Raymond. *Hegel. Op. cit.*, p. 96.

"*o Estado é a Ideia Divina tal como existe na terra*"; "*o Estado é a marcha de Deus sobre o mundo*"; "*o Estado é a vida moral realmente existente e realizada*"; o "*Estado é a realidade do reino do céu*". E, finalmente: "*o Estado é a Vontade de Deus*"[22].

Para Hegel, de todas as diversas formas do Estado, a monarquia – tal como em sua Prússia contemporânea – é a melhor, dado que permite a todos os seus súditos serem "livres" (no sentido hegeliano) ao submergir seus seres na substância divina, que é o Estado monárquico e autoritário. As pessoas somente são "livres" com partículas insignificantes desta substância divina. Conforme Robert Tucker:

> A concepção de liberdade de Hegel é totalitarista no sentido literal da palavra. O *self* do mundo precisa experimentar-se como a totalidade do ser, ou, mas palavras do próprio Hegel, precisa elevar-se a uma "totalidade auto-abrangente" para alcançar a consciência da liberdade[23].

---

[22] Ver: PLANT, Raymond. *Hegel*, pp. 122, 123 e 181. Ver também: POPPER, Karl R. *The Open Society and its Enemies: Volume 2 – The High Tide of Prophecy: Hegel, Marx, and the Aftermath*. New York: Harper Torchbooks, 1963, p. 31 [O livro foi lançado em português na seguinte edição: POPPER, Karl R. *A Sociedade Aberta e Seus Imimigo: 2o Volume – A Premear da Profecia: Hegel, Marx e a Colheita*. Trad. Milton Amado. Belo Horizonte / São Paulo: Editora Itatiaia / Editora da Universidade de São Paulo, 1974. (N. E.)].

[23] TUCKER, Robert C. *Philosophy and Myth in Karl Marx*. Op. cit., p. 54-44. Edgar Frederick Carritt (1876-1964) observa que, para Hegel, "*liberdade*" é "*desejar, acima de tudo, servir ao sucesso e à glória de seu Estado. Ao desejar isto, desejam que a vontade de Deus seja cumprida*". Se um indivíduo pensa que deveria fazer algo que *não* é para o sucesso e glória do Estado, então, para Hegel, "*deveria ser 'forçado a ser livre'*". Como uma pessoa *sabe* qual ação será em prol da glória do Estado? Para Hegel, a resposta era fácil: o que quer que os governantes do Estado orde-

Todo credo determinista proporciona cuidadosamente uma via de escape para o próprio determinista, de maneira que possa elevar-se acima dos fatores determinantes, expondo sua filosofia e convencendo seus companheiros. Hegel não foi exceção, mas a sua foi, indubitavelmente, a mais grandiosa de todas as vias de escape. Pois de todas as figuras históricas do mundo, aquelas incorporações do Homem-Deus, que são chamadas a realizar o próximo estágio da dialética, quem poderia ser maior e estar em mais consonância com a divindade do que o próprio Grande Filósofo que nos deu a conhecer a totalidade deste processo e, portanto, foi capaz de completar para si mesmo a compreensão final do homem do Absoluto e da divindade totalizante do homem? E por acaso o grande criador da filosofia crucial a respeito do homem e o universo não é, em um sentido profundo, maior do que a própria filosofia? E portanto, se o homem espécie é Deus, acaso não é ele, o grande Hegel, em um sentido profundo o Deus dos Deuses?[24] Finalmente, como a sorte e a dialética

---

nem, dado que *"o próprio fato de serem governantes é o sinal mais seguro da vontade de Deus de que devam ser"*. Uma lógica de fato impecável! Ver: CARRITT, E. F. "Reply". *In*: KAUFFMANN, W. (Ed.). H*egel's Political Philosophy*. New York: Atherton Press, 1970 [1940]. p. 38-39.

[24] O professor Robert Tucker proporciona um comentário divertido a respeito da reação do eminente hegeliano Walter Terence Stace (1889-1967), que escreveu: *"não podemos nos adiantar à conclusão absurda de que, de acordo com a filosofia de Hegel, eu, este espírito humano particular, sou o Absoluto, nem que o Absoluto seja qualquer espírito em particular, nem que seja a humanidade em geral. Tais conclusões seriam praticamente chocantes"*. Tucker acrescenta que este *"argumento da propriedade"* não responde à questão: *"por que devemos assumir que Hegel não poderia ser 'chocante'"*. Ou, como podemos acrescentar, absurdo ou megalomaníaco. Ver: TUCKER, Robert C. *Philosophy and Myth in Karl Marx. Op. cit.*, p. 46n, 47n.

teriam permitido, Hegel chegou bem a tempo de ocupar seu lugar como o Grande Filósofo, no maior, mais nobre e mais desenvolvido Estado autoritário da história do mundo: a monarquia prussiana existente do rei Frederico Guilherme III (1770-1840). Se o rei apenas aceitasse esta missão histórica do mundo, Hegel, lado a lado com o rei, poderia inaugurar o autoconhecimento na forma da culminação final do Homem--Deus Absoluto. Juntos, Hegel, ajudado pelo rei, poria um término à história humana.

De sua parte, Frederico Guilherme III estava pronto para desempenhar seu papel divinamente apontado. Quando as potências reacionárias tomaram a Prússia em 1815, precisavam de um filósofo oficial que exortasse os súditos prussianos a adorarem o Estado e, assim, a combaterem os ideais de individualismo, liberdade, razão e direitos naturais dos franceses revolucionários. Hegel foi conduzido à grande nova Universidade de Berlim em 1818, para se tornar o filósofo oficial daquele monumento acadêmico ao Estado prussiano autoritário.

Embora altamente influente na Prússia e nos setores protestantes da Alemanha, o hegelianismo também estava afinado com os escritores românticos da Inglaterra e os influenciou. Praticamente a totalidade da produção poética de William Wordsworth (1770-1850) contrapôs sua própria visão panteísta da espiral ascendente da história na qual o Homem, enquanto espécie, inevitavelmente retorna para casa de sua alienação cósmica. Os poetas Samuel Taylor Coleridge (1772-1834), Percy Bysshe Shelley (1792-1822) e John Keats (1795-1821) também se dedicaram a esta visão wordsworthiana. É instrutivo que todos esses homens eram cristãos hereges, convertidos a partir de uma teologia explicitamente cristã: Wordsworth foi treinado como sacerdote anglicano; Coleridge fora pregador leigo e introduzido ao neo-platonismo e às obras místicas de Jakob Boehme; e Shelley tinha sido absorvido pelo estudo da Bíblia.

Finalmente, o tempestuoso escritor conservador estatista britânico, Thomas Carlyle (1795-1881), rendeu homenagem ao mentor de Hegel, Friedrich Schiller, escrevendo em 1825 uma biografia de Schiller. Desse momento em diante, os influentes escritos de Carlyle ficaram impregnados da visão hegeliana. A unidade é boa, a diversidade e a separação são más e doentias; a ciência bem como o individualismo constituem divisão e desagregação. A identidade, vociferou Carlyle, é alienação da natureza, dos outros e de si mesmo. Mas algum dia, profetizou Carlyle, o avanço, o renascimento espiritual do mundo, chegaria, liderado por figuras históricas do mundo ("grandes homens") por intermédio dos quais o homem retornaria a um mundo amistoso por meio da total "aniquilação do *self*" (*Selbst-todtung*)[25]. Finalmente, em *Past and Present* [*Passado e Presente*] de 1843, Carlyle aplicou sua visão profundamente anti-individualista às questões econômicas. Denunciou o egoísmo, a ganância material e o *laissez-faire* que, por alimentarem a separação entre os homens, conduziu a um mundo *"que se tornou um outro desprovido de*

---

[25] Sobre a influência das perspectivas de Schiller sobre o organicismo e a alienação sobre Hegel, Marx e a sociologia posterior, ver: BRAMSON, Leon. *The Political Context of Sociology*. Princeton: Princeton University Press, 1961. p. 30n.

vida, e na separação também dos demais seres humanos dentro de uma ordem social na qual 'o pagamento em dinheiro constitui [...] o único nexo dos homens uns para com os outros '". Em oposição a este malévolo "nexo do dinheiro", tem-se a relação familiar com a natureza e com os companheiros, a relação de "amor". O palco foi preparado para Karl Marx[26].

IV - COMUNISMO COM O REINO DE DEUS NA TERRA: DE JOAQUIM DE FIORE A THOMAS MÜNTZER

Até agora, lidamos com a teologia da reabsorção como precursora crucial do comunismo religioso escatológico de Marx. Mas, há outra importante corrente, que, às vezes, se entremeia com a primeira, fundida à sua visão escatológica: o milenismo messiânico, ou quiliasma, o estabelecimento de um Reino de Deus comunista na Terra.

No decorrer de sua história, a Cristandade precisou confrontar a questão do milênio: o reino de mil anos de Deus na terra. Particularmente, em partes turvas da Bíblia tal como o livro de Daniel e o livro do Apocalipse, há sugestões a respeito desse reino milenar de Deus na terra antes do Dia do Juízo Final e o fim da história humana. A linha cristã ortodoxa foi estabelecida pelo grande Santo Agostinho (354-430) no início do século V e tem sido aceita desde então pelas igrejas cristãs dominantes: católica apostólica romana, luterana e, provavelmente, pelos calvinistas, ao menos pela ala holandesa da

---

[26] Ver: ABRAMS, Meyer Howard. *Natural Supernaturalism. Op. cit.*, p. 311.

igreja calvinista. Essa linha ortodoxa sustenta que o Reino de Deus milenar na Terra é estritamente uma metáfora para a igreja cristã, que reina na terra somente no sentido espiritual. A concretização material do Reino de Deus ocorrerá somente com o Dia do Juízo, e, portanto, será reservado somente ao céu. Cristãos ortodoxos sempre avisaram que tomar o Reino de Deus na Terra no sentido literal, o que o teórico ortodoxo cristão Eric Voegelin (1901-1985) chamou de "imanetizar o *eschaton*" — trazer o *eschaton* para a terra — levaria à criação de graves problemas sociais. Uma razão é que a maior parte das versões de como o Reino de Deus na Terra será realizado são apocalípticas. O Reino de Deus na Terra deverá ser precedido por um poderoso Armagedom, uma guerra titânica do bem contra o mal, no qual o bem irá em última análise, embora de forma inevitável, triunfar. Uma razão para o apocalipse é um problema fundamental enfrentado por todos os teóricos do Reino de Deus na Terra. O Reino de Deus na Terra, por definição, consistirá em uma sociedade de santos, de pessoas perfeitas. Mas, se isto é verdade, o que acontecerá com as multidões de humanos pecadores, que, infelizmente, constituem uma legião? Para estabelecer o Reino de Deus na Terra, primeiro tem que ocorrer algum tipo de purga apocalíptica poderosa dos pecadores, para limpar o terreno para a sociedade dos santos. As variantes "pré-milenista" e "pós-milenista" dos apocalípticos lidam com esta tarefa de maneiras diferentes. Os pré-milenistas, que acreditam que o Segundo Advento de Jesus precederá o Reino de Deus na Terra e que Jesus comandará o Reino com o time de santos em sua mão direita, fará a purga por intermédio de um Armagedom divinamente determinado entre as forças de Deus e as forças da Besta e o Anticristo. A pós-milenistas, que acreditam que o homem precisa estabelecer o Reino de Deus na Terra como precondição para a Segunda Vinda de Jesus, precisam lidar com a questão mais diretamente com suas próprias mãos e fazer a purga por si mesmos.

Assim, um aspecto perturbador do Reino de Deus na Terra é a purga preparatória da multidão de humanos pecadores. Um segundo problema é como deverá ser o Reino de Deus na Terra. Como podemos imaginar, os teóricos do Reino de Deus na Terra têm sido extremamente nebulosos a respeito da natureza de sua sociedade perfeita, mas uma característica problemática é que, na medida em que sabemos como opera, o Reino de Deus na Terra é quase sempre descrito como uma sociedade comunista, na qual não há trabalho, propriedade privada ou divisão do trabalho. Em resumo, algo como a utopia comunista marxista, exceto por ser conduzida por um time de santos teocráticos e não pela vanguarda do proletariado.

Qualquer sistema comunista enfrenta o problema da produção: quem teria o incentivo para produzir para o celeiro comum e como isto trabalho e seus frutos seriam alocados? O primeiro e mais influente dos hereges cristãos comunistas foi o abade calabrês do século XII e ermitão, Joaquim de Fiore (1135-1202). Joaquim, que quase conseguiu converter três papas à sua heresia, adotou a tese de que a história está destinada a apresentar não somente duas Eras (pré e pós--cristã), conforme acreditam os cristãos ortodoxos, mas que há uma Terceira Era aborindo, da qual ele seria o profeta. A era pré-cristã seria a era do Pai, do Antigo Testamento; a era cristã seria a era do Filho, o Novo Testamento. E agora nos deparamos com a terceira era apocalíptica do Espírito Santo, a ser inaugurada durante o meio século vindouro, uma era de puro amor e liberdade, na qual a história chegaria ao fim. A Igreja, a Bíblia, e o Estado seriam varridos e o homem viveria em uma comunidade comunista livre, sem trabalho ou propriedade.

Joaquim de Fiore evitava o problema da produção e alocação sob o comunismo de forma bastante nítida e efetiva, muito mais do que qualquer sucessor comunista. Na Terceira Era, declarou, os corpos materiais dos homens desaparecerão e o homem será espírito puro, livre para gastar todos os seus dias em êxtase místico cantando hinos a Deus durante mil anos até o Dia do Juízo. Sem corpos físicos, obviamente há pouca necessidade de produzir[27]. Para Joaquim de Fiore, o caminho até este reino do espírito puro seria alardeado por uma nova ordem de monges altamente espirituais, dos quais viriam os doze patriarcas liderados por um professor supremo, que converteria os judeus ao cristianismo tal como previsto no livro do Apocalipse. Durante três anos e meio terríveis, um rei secular, o Anticristo, esmagaria e destruiria a Igreja Cristã corrupta, após o que o Anticristo seria derrubado pela nova ordem monástica, que rapidamente estabeleceria a era milenar do Espírito. Não é de admirar que uma ala rigorosa

---

[27] Tal como colocado pelo historiador Norman Cohn (1915-2007), o novo mundo joaquimita *"seria um grande mosteiro, no qual todos os homens seriam monges contemplativos arrebatados em êxtase místico e unidos no canto de louvores a Deus"*. COHN, Norman. *The Pursuit of the Millennium*. New York: Oxford University Press, Ed. rev., 1970. p. 108-09.

da ordem franciscana, que surgiria durante a primeira metade do século XIII, dedicada à pobreza material, tenha se considerado como a equipe de santos de Joaquim de Fiore.

No mesmo período, os amaurianos, liderados por um grupo de estudantes de teologia de Amalrico de Bena (†1207) na Universidade de Paris, prosseguiram com a doutrina joaquimita das Três Eras e acrescentaram um aspecto interessante: cada era, declararam, teve sua própria Encarnação. Na era do Antigo Testamento, a Encarnação divina recaiu sobre Abraão e talvez sobre outros patriarcas; para a era do Novo Testamento, a Encarnação foi, obviamente, Jesus; e agora, no alvorecer da Era do Espírito Santo, a Encarnação emergiria dentre os vários seres humanos em si mesmos. Como poderia ser esperado, os amaurianos se proclamaram como deuses vivos, a Encarnação do Espírito Santo. Não que fossem permanecer para sempre como uma elite divina entre os homens; pelo contrário, estavam destinados a ser a vanguarda, liderando a humanidade à sua Encarnação universal.

Durante o século seguinte, um conglomerado de grupos surgiu no norte da Europa, conhecido como a Irmãos do Livre Espírito, e acrescentou um outro ingrediente importante a esta receita: a dialética mística da "reabsorção em Deus". Mas essa irmandade adicionou seu próprio toque elitista: enquanto a reabsorção de todos os homens precisa esperar pelo fim da história, e a massa dos "brutos em espírito" precisa, nesse meio tempo, enfrentar suas mortes individuais, havia uma gloriosa minoria, os "sutis no espírito", que poderiam ser e se tornaram reabsorvidos, sendo assim deuses viventes durante seu tempo de vida. Esta minoria, obviamente, era o grupo do próprio Irmãos do Livre Espírito, que, por virtude dos anos de treinamento, autotortura e visões, vieram a se tornar deuses perfeitos, mais perfeitos e mais divinos que o próprio Cristo. Ademais, uma vez que este estágio de união mística era atingido, seria permanente e eterno. Nesses novos deuses, de fato, frequentemente se proclamavam maiores que o próprio Deus.

O fato de serem deuses vivendo na terra deixou um rastro de coisas muito boas. Em primeiro lugar, levou diretamente a uma versão extrema da heresia antinomista; ou seja, se as pessoas são deuses, então não é possível que possam pecar. O que quer que façam será necessariamente moral e perfeito. Isto significa que qualquer ato corriqueiramente considerado como pecado, do adultério ao assassinado, torna-se perfeitamente legítimo quando realizado pelos deuses viventes. De fato, os Espíritos Livres, tal como outros antinomistas, viam-se tentados a demonstrar e ostentar sua liberdade do pecado realizando todos os tipos imagináveis de pecados.

Mas havia um ligeiro detalhe. Entre os veneradores do Espírito Livre, somente uma minoria dos adeptos principais eram "deuses viventes"; para os veneradores comuns, que lutavam para se tornar deuses, havia um e somente um pecado que não podiam cometer: desobediência a seu mestre. Cada discípulo estava sob a obrigação de um juramento de obediência absoluta para com um deus vivente específico. Tomemos, por exemplo, Nicolau de Basileia (1308-1397), um Espírito Livre principal, cujo culto se estende por quase a totalidade da região do Reno. Afirmando ser o novo Cristo, Nicholas dizia que o único caminho de cada um à salvação consistia em realizar um ato de total e absoluta submissão a ele mesmo. Em troca dessa lealdade total, Nicholas garantia a seus seguidores a liberdade de todos os pecados.

Quanto ao restante da humanidade que estava de fora dos cultos, eram seres simplesmente sem redenção e não regenerados que existiam somente para serem usados e explorados pelos Eleitos. Este evangelho da dominação total caminhava lado a lado com a doutrina social de vários dos cultos do Espírito Livre no século XIV: um ataque comunista à instituição da propriedade privada. Em um certo sentido, entretanto, este comunismo filosófico não passava de um disfarce sutilmente dissimulado para o autoproclamado direito dos Espíritos Livres de cometerem roubos à vontade. Os adeptos do Espírito Livre, resumidamente, consideravam toda a propriedade dos não-Eleitos como se fosse deles por direito. Como o Bispo de Estrasburgo, Johann I von Strassburg (†1328), sintetizou em seu credo, em 1317: *"Acreditam que todas as coisas são comuns, de onde concluem que o roubo lhes é lícito"*. Ou como o adepto do Espírito Livre de Erfurt, Johann Hartmann, coloca: *"o homem verdadeiramente livre é rei e senhor de todas as criaturas. Todas as coisas lhe pertencem e tem o direito de usá-las como desejar. Se alguém tentar impedi--lo, o homem livre pode matá-lo e tomar seus bens"*[28]. Conforme colocado por um dos provérbios prediletos da Fraternidade do Espírito Livre: *"O que quer que seja que o olho vê e cobiça, deixe que a mão o apanhe"*.

---

[28] Idem. *Ibidem.*, p. 182.

O século seguinte, o século XV, trouxe a primeira tentativa para dar início ao Reino de Deus na Terra, o primeiro experimento breve com o comunismo totalitário teocrático. Esta tentativa se originou na esquerda, ou na ala extrema dos taboritas, que por sua vez constituíam a ala radical do movimento revolucionário hussita na Boêmia tcheca do início do século XV. O movimento hussita, liderado por Jan Hus (1369-1415), foi uma formação revolucionária pré-protestante que reuniu lutas religiosas (hussitas contra católicos), por nacionalidades (tchecos populares contra alemães da classe alta e do alto clero) e por classes (artesãos cartelizados em guildas urbanas tentando tomar o poder político dos patrícios). Baseando-se nos movimentos de Reino de Deus na Terra comunistas anteriores, e especialmente na Fraternidade do Espírito Livre, os ultra-taboritas adicionaram, com entusiasmo considerável, um ingrediente extra: o dever de exterminar. Pois os Últimos Dias estão chegando e os Eleitos devem avançar e matar o pecado por intermédio do extermínio de todo os pecadores, o que significa, minimamente, todos os que não são ultra-taboritas. Pois todos os pecadores são inimigos de Cristo e *"amaldiçoados pelo homem que segura sua espada de derramar o sangue dos inimigos de Cristo. Todo crente deve lavar suas mãos nesse sangue"*. Esta destruição, obviamente, não pararia com a erradicação intelectual. Quando saqueavam igrejas e mosteiros, os taboritas tinham prazer especial em destruir bibliotecas e queimar livros. Pois *"todos os pertences devem ser tirados dos inimigos de Deus e queimados ou, de outra forma, destruídos"*. Ademais, os Eleitos não precisam de livros. Quando o Reino de Deus na Terra tiver chegado, não seria mais necessário que *"uns ensinem a outros. Não haverá mais necessidade de livros ou escrituras e toda a sabedoria mundana perecerá"*. Assim como todas as pessoas, suspeitamos.

Os ultra-taboritas também trouxeram o tema da reabsorção: um retorno a uma alegada condição primeva do comunismo tcheco: uma sociedade sem o pecado da propriedade privada. Para voltar a esta sociedade sem classes, os taboritas determinaram que as cidades, aqueles centros notórios de luxúria e avareza, sejam exterminadas. E assim que o Reino de Deus na Terra comunista estivesse estabelecido na Boêmia, os Eleitos deveriam forjar a partir dessa base e impor tal comunismo no resto do mundo.

Os taboritas também acrescentaram um outro ingrediente para tornar consistente seu ideal comunista. Além do comunismo da propriedade, as mulheres também deveriam ser tornadas comuns. Os sacerdotes taboritas ensinavam que *"tudo deverá ser comum, inclusive as esposas; haverá filhos e filhas livres de Deus e não haverá casamento como união de dois – marido e mulher"*.

A revolução hussita irrompeu em 1419 e, no mesmo ano, os taboritas se reuniram na cidade de Usti, no norte da Boêmia, perto da fronteira alemã. Renomearam Usti como "Tabor", isto é, o Monte das Oliveiras onde Jesus tinha prenunciado seu Segundo Advento, ascendeu aos céus e espera-se que reapareça. Os taboritas radicais se engajaram em um experimento comunista em Tabor, possuindo tudo em comum e dedicados à proposição de que "qualquer um que possua propriedade privada cometerá um pecado mortal".

Fieis às suas doutrinas, todas as mulheres eram possuídas em comum e se marido e mulher chegassem a ser vistos juntos, seriam espancados até a morte ou executados de alguma outra forma. Caracteristicamente, os taboritas estavam tão presos ao seu direito ilimitado de consumir do celeiro comum que se sentiam isentos da necessidade de trabalhar. O celeiro comum em breve desapareceria, e então o quê? Então, obviamente, os taboritas radicais afirmavam que sua necessidade lhes dava o direito de reclamarem a propriedade dos não-Eleitos e começavam a roubar os outros à vontade. Como reclamado em um sínodo dos taboritas moderados: "muitas comunidades nunca pensaram em ganhar sua própria vida pelo trabalho de suas mãos, estão dispostas apenas a viver da propriedade de outras pessoas e de empreender campanhas injustas para poder roubar". Ademais, os camponeses taboritas que se regozijaram com a abolição dos deveres feudais pagos aos patrícios católicos fundaram o regime radical, reimpondo os mesmos deveres feudais e obrigações apenas seis meses mais tarde.

Caindo em descrédito perante seus aliados moderados e junto a seus camponeses, o regime comunista radical em Usti/Tabor colapsou rapidamente. Mas sua tocha foi rapidamente reerguida por uma seita conhecida como adamitas da Boêmia. Tal como os Espíritos Livres do século anterior, os adamitas se autoproclamavam como deuses viventes, superiores a Cristo, dado que Cristo morreu enquanto eles ainda estavam vivos (lógica impecável, embora ligeiramente míope). Para os adamitas, guiados por um líder camponês que chamavam de "Adão-Moisés", todos os bens eram possuídos estritamente em comum e o casamento era considerado um pecado hediondo. Em resumo, a promiscuidade era compulsória, dado que os castos não eram merecedores de entrar no Reino messiânico. Qualquer homem podia escolher qualquer mulher à vontade e esse desejo deveria ser obedecido. Por outro lado, a promiscuidade era ao mesmo tempo compulsória e severamente restrita; dado que o sexo somente poderia acontecer com a permissão do líder Adão-Moisés. Os adamitas acrescentaram um toque especial: andavam nus na maior parte do tempo, imitando seu estado original como Adão e Eva.

Assim como os outros taboritas radicais, os adamitas consideravam que tinham a missão sagrada de exterminar todos os descrentes do mundo, brandindo as espadas, em uma de suas imagens favoritas, até que o sangue suba pelo mundo até o nível dos arreios dos cavalos. Os adamitas eram os ceifadores de Deus, enviados para matar e erradicar os ímpios.

Perseguidos pelo comandante militar hussita, Jan Žižka de Trocnov (1360-1424), os adamitas encontraram refúgio em uma ilha no rio Nezarka, de onde lançavam ondas de ataques para tentar fazer seu melhor, a despeito de seu número relativamente pequeno, para cumprir seu testemunho duplo do comunismo compulsório e do extermínio dos não-eleitos. À noite, avançavam para a terra, em incursões que chamavam de "Guerra Santa" – para roubar tudo o que pudesse cair em suas mãos e exterminar suas vítimas. Fieis a seu credo, assassinaram todo homem, mulher e criança que puderam encontrar.

Finalmente, em outubro de 1421, Jan Žižka enviou uma força de quatrocentos soldados treinados para cercarem a ilha dos adamitas, esmagando rapidamente a comuna e massacrando até o último adepto da seita. Mais um Reino infernal de Deus na Terra foi passado pela espada.

O exército taborita moderado foi, por sua vez, esmagado pelos hussitas na Batalha de Lipan em 1434 e, a partir daí, o taborismo decaiu e se tornou clandestino. Mas as ideias taboritas e milenistas continuaram a aparecer, não somente entre os tchecos, mas também na Bavaria e em outras terras alemãs em torno da Boêmia.

Algumas vezes, Martinho Lutero (1483-1546) pode ter sentido que perdeu o controle do turbilhão, ou mesmo que abriu os portões do Inferno. Logo após Lutero ter iniciado a Reforma, as seitas anabatistas apareceram e se espalharam pela Alemanha. Os anabatistas acreditavam que eram os Eleitos e que o sinal da eleição era uma experiência de conversão emocional e mística, o processo de "nascer de novo" ou de ser batizado no Espírito Santo. Para os grupos de anabatistas eleitos, que se encontravam em meio a uma sociedade corrupta e pecadora, havia dois caminhos a tomar. Um era o dos anabatistas voluntários, tais como os *amish* ou os menonitas, que se tornaram praticamente anarquistas, lutando para se separarem o máximo possível do Estado e da sociedade pecadora. A outra ala, dos anabatistas teocráticos, buscava tomar o poder no Estado e moldar a sociedade empregando coerção extrema. Tal como apontado pelo monsenhor Ronald Knox (1888-1957), esta abordagem ultrateocrática deve ser diferenciada do tipo de teocracia (recentemente chamado de *teonomia* – o império da Lei de Deus) imposta por João Calvino (1509-1564) em Genebra ou pelos calvinistas puritanos nos Estados Unidos da América no século XVII.

Lutero e Calvino, na terminologia de Knox, não pretendiam ser "profetas" gozando de revelações divinas pessoais contínuas; eram apenas "autoridades", peritos acadêmicos na interpretação da Bíblia e na aplicação das leis bíblicas sobre os homens[29]. Mas os anabatistas coercitivos foram liderados por homens que reivindicavam iluminação e revelação místicas e que se diziam, portanto, merecedores do poder absoluto.

A onda do anabatismo teocrático varreu a Alemanha e os Países Baixos com a força de um furacão que pode ser chamado de "era Müntzer-Münster", por ter sido iniciada por Thomas Müntzer (1489-1525) em 1520 e terminado na cidade de Münster quinze anos depois. Um jovem teólogo erudito e graduado pelas universidades de Leipzig e de Frankfurt, Müntzer foi selecionado por Lutero para se tornar pastor luterano na cidade de Zwickau. Zwickau, entretanto, ficava próxima à fronteira com a Boêmia e lá Müntzer foi convertido pelo tecelão Niklas Storch (1500-1525), adepto do antigo credo taborita, que viveu na Boêmia. Em particular: para prosseguir com a revelação divina pessoal ao profeta do culto, e com a necessidade dos eleitos de tomarem o poder e imporem uma sociedade de comunismo teocrático pela forma brutal das armas. Em acréscimo, haveria o comunismo das mulheres: o casamento deveria ser proibido e cada homem poderia ter qualquer mulher que desejasse.

Thomas Müntzer passou a dizer que era o profeta escolhido divinamente, destinado a empreender uma guerra de

---

[29] KNOX, Ronald A. *Enthusiasm: A Chapter in the History of Religion*. New York: Oxford University Press, 1961. p. 132-34.

sangue e extermínio dos eleitos contra os pecadores. Müntzer afirmou que o "Cristo vivo" entrara permanentemente em sua alma; dotado então de percepção perfeita quanto à vontade divina, assegurou a si mesmo que estava especialmente qualificado para cumprir com a missão divina. Falou de si mesmo como alguém que estava "se tornando Deus". Tendo se graduado no mundo dos estudos, Müntzer agora estava pronto para o mundo da ação.

Müntzer vagou pela Alemanha central durante muitos anos, arrebanhando adeptos e inspirando revoltas que foram rapidamente suprimidas. Obtendo um posto ministerial na pequena cidade turíngia de Allstedt, Müntzer obteve amplo apoio popular por pregar no vernáculo, atraindo assim uma grande quantidade de mineiros sem instrução, que transformou em uma organização revolucionária chamada de "Liga dos Eleitos". Um ponto de virada na carreira de Müntzer ocorreu em 1524, quando o luterano duque João da Saxônia (1468-1532), *o Constante* – irmão do Eleitor da Saxônia, o católico Frederico III (1463-1525), *o Sábio* – foi à cidade e pediu a Müntzer que lhe pregasse um sermão. Aproveitando esta oportunidade, Müntzer defendeu que os príncipes da Saxônia deveriam assumir uma posição como servos de Deus ou como servos do Diabo. Se desejassem a primeira opção, deveriam "recorrer à espada" para "exterminar" todos os "descrentes" e "pecadores", incluindo especialmente os padres, monges e governantes descrentes. Se os príncipes da Saxônia falhassem nesta tarefa, advertiu Müntzer, *"a espada será removida de suas mãos [...]. Se* [os príncipes] *resistirem, que sejam eliminados sem piedade* [...]". Tal extermínio, realizado pelos príncipes e guiado por Müntzer, inauguraria um reinado de mil anos por parte do "Eleito".

A reação do Duque João a este ultimato feroz foi surpreendentemente indiferente, mas, avisado repetidamente por Lutero a respeito de Müntzer estar se tornando perigoso, o Duque finalmente ordenou que Müntzer se abstivesse de qualquer pregação provocativa até que seu caso fosse decidido pelo Eleitor.

Esta reação dos príncipes da Saxônia, embora branda, foi suficiente para colocar Thomas Müntzer em seu caminho revolucionário final. Os príncipes se mostraram indignos de confiança: caberia agora à massa dos pobres fazer a revolução. Os pobres, o Eleito, estabeleceriam um governo de comunismo igualitário compulsório, onde todas as coisas seriam possuídas em comum por todos, onde todos seriam iguais em todas as coisas e cada pessoa receberia de acordo com sua necessidade. Mas não ainda. Pois mesmo os pobres precisam, primeiramente, ser libertados dos desejos mundanos e prazeres frívolos, e precisam reconhecer a liderança de um novo *"servo de Deus"* que *"precisa se erguer no espírito do profeta Elias* [...] *e colocar as coisas em movimento"*. Não é difícil imaginar quem deveria ser esse tal Líder.

Vendo que Allstedt estava se tornando inóspita, Müntzer se mudou para a cidade turíngia de Muhlhausen, onde encontrou um lar amistoso em uma terra de turbulência política. Sob a inspiração de Müntzer, um grupo revolucionário tomou Muhlhausen em fevereiro de 1525, Müntzer e seus aliados procederam a impor um regime comunista nessa cidade.

Os mosteiros de Muhlhausen foram ocupados e toda a propriedade foi declarada como comum; em consequência, como um observador contemporâneo percebeu, o regime *"afetou tanto o povo que ninguém queria trabalhar"*. Tal como sob os taboritas, o regime do comunismo e do amor logo se tornou, na prática, uma desculpa sistemática para o roubo:

> [...] quando alguém precisar de comida ou de roupas, que vá até um homem rico e peça em nome de Cristo, pois Cristo ordenou que todos devem partilhar com os necessitados. E o que não for dado livremente, que seja tomado pela força. Muitos agiram assim. [...] Thomas [Müntzer] instituiu esta bandidagem e a multiplicou todos os dias[30].

Nesse ponto, a grande Guerra dos Camponeses irrompeu ao longo da Alemanha, uma rebelião dos camponeses em favor de sua autonomia local e em oposição ao novo governo centralizador dos príncipes alemães com sua política de altos tributos. No processo de esmagar os camponeses fragilmente armados, os príncipes foram a Muhlhausen no dia 15 de maio de 1525 oferecendo anistia aos camponeses caso entregassem Müntzer e seus seguidores mais imediatos. Os camponeses ficaram tentados, porém Müntzer, brandindo sua espada, fez seu último discurso inflamado, declarando que Deus tinha lhe prometido pessoalmente a vitória; que ele apanharia todas as balas de canhão dos inimigos nas mangas de seu manto; e que Deus iria proteger a todos. Em um momento de clímax no

---

[30] Idem. *Ibidem.*, p. 132-34.

discurso de Müntzer, um arco-íris apareceu no céu. Dado que Müntzer tinha adotado o arco-íris como símbolo de seu movimento, os camponeses crédulos naturalmente interpretaram o evento como um sinal confiável do céu. Infelizmente, o sinal não deu certo e o exército dos príncipes arrasou os camponeses, matando 5.000 enquanto perdeu apenas meia dúzia de homens. O próprio Müntzer fugiu e se escondeu, porém foi capturado logo depois, sendo torturado até confessar os crimes e ser devidamente executado.

V - Comunismo como o Reino de Deus na Terra: O Golpe de Thomas Müntzer

Thomas Müntzer e seu sinal podem ter durado pouco, mas, apesar de seu corpo estar apodrecendo no túmulo, o seu espírito prosseguiu. Sua causa foi rapidamente assumida por um discípulo, o encadernador Hans Hut (1490-1527). Hut afirmava ser um profeta enviado por Deus para anunciar que Cristo retornaria à terra no Pentecostes, em 1528, e daria o poder para fazer justiça para ele e para o seu grupo de santos rebatizados. Os santos, então, *"tomariam espadas de dois gumes"* e desencadeariam a vingança de Deus sobre os padres, pastores, reis e nobres. Este "profeta" e seus homens, então, *"estabeleceriam o domínio de Hans Hut sobre a terra"*, com Muhlhausen, como era de se esperar, passando a funcionar como a capital do mundo. Cristo, ajudado por Hut e sua turma, criaria então um milênio de comunismo e amor livre. Hut foi capturado em 1527 (infelizmente antes de Jesus ter a chance de retornar), aprisionado em Augsburg e morto ao supostamente tentar fugir. Durante um ou dois anos, seguidores hutianos apareceram por todo o sul da Alemanha, ameaçando criar um Reino de Deus comunista pela força das armas. Em 1530, entretanto, foram esmagados e eliminados pelas autoridades alarmadas. O anabatismo müntzeriano iria, agora, para o noroeste da Alemanha.

O noroeste da Alemanha apresentava uma certa quantidade de pequenos estados eclesiásticos, cada qual governado por um príncipe-bispo, bispos que eram senhores seculares aristocráticos, não ordenados como padres. O clero dominante do estado os eximia da tributação, porém impunha taxas severas sobre o restante da população. Geralmente, as cidades capitais de cada estado eram governadas por uma oligarquia de guildas que cartelizavam seus ofícios, e que lutavam contra o clero estatal por algum grau de autonomia.

O maior desses estados eclesiásticos no noroeste da Alemanha era o episcopado de Münster; sua cidade capital de Münster, que contava com cerca de 10.000 habitantes, era governada pelas guildas da cidade. Durante e após a Guerra dos Camponeses, as guildas e o clero lutaram uma e outra vez, até que, em 1532, as guildas, com o apoio da população, conseguiram tomar a cidade, rapidamente forçando o bispo católico a reconhecer Münster como uma cidade luterana.

Entretanto, Münster não estava destinada a permanecer luterana por muito tempo. Por todo o Noroeste, hordas de anabatistas ensandecidos fluíram para a cidade, buscando a implementação da Nova Jerusalém. O anabatismo escalou quando o popular e eloquente jovem ministro Bernt Rothmann

(1495-1535), um altamente educado filho de um ferreiro da cidade, converteu-se ao anabatismo. Originalmente um padre católico, Rothmann se tornou amigo de Lutero e um líder da igreja luterana em Münster. Mas agora dedicava sua pregação eloquente à causa do comunismo como teria supostamente existido na Igreja Cristã primitiva, com tudo sendo de posse comum, sem "meu" ou "seu", e cada um recebendo de acordo com sua "necessidade". A ampla reputação de Rothmann atraiu milhares para Münster, principalmente os pobres, os itinerantes e aqueles que estavam afundados em dívidas.

O líder da horda dos anabatistas de Münster, entretanto, estava destinado a não ser Rothmann, mas um padeiro holandês da cidade de Haarlem, Jan Matthys (1500-1534). No início de 1534, Matthys enviou missionários ou "apóstolos" para rebatizarem todos os que pudessem ao movimento de Matthys, e seus apóstolos foram recebidos em Münster com enorme entusiasmo. Mesmo Rothmann foi rebatizado novamente, seguido por várias antigas freiras e grande parte da população. O líder do movimento de Matthys chegou logo, um jovem holandês de 25 anos chamado Jan Bockelson (1509-1536), também conhecido como Jan de Leiden. Bockelson rapidamente desposou a filha do rico mercador de roupas, Bernt Knipperdollinck (1495-1536), o líder das guildas de Münster, e os dois homens, liderando a cidade em frenesi apocalíptico, fizeram com que uma revolta bem-sucedida a dominasse. Os dois líderes enviaram mensagens para fora da cidade, ordenando todos os seguidores a se dirigirem para Münster. O resto do mundo, proclamaram, seria destruído em um mês ou dois; somente Münster permaneceria a salvo, para se tornar a Nova Jerusalém. Milhares foram para lá, de lugares tão distantes quanto a Frísia no norte dos Países Baixos. Como resultado, os anabatistas foram capazes de impor domínio absoluto sobre a cidade, com o recém-chegado Matthys, ajudado por Bockelson, tornando-se praticamente os ditadores de Münster. Finalmente o anabatismo tomara uma cidade na vida real; o maior experimento comunista da história até aquele momento agora poderia começar.

O primeiro programa custoso a esta nova teocracia comunista era, obviamente, purgar a Nova Jerusalém dos impuros e descrentes como prelúdio de seu extermínio final que ocorreria por todo o mundo. Matthys, então, pediu a execução de todos os católicos e luteranos remanescentes, mas Knipperdollinck, ligeiramente mais astuto politicamente, advertiu Matthys de que tal massacre imediato poderia levantar a ira do resto do mundo. Matthys, então, fez a segunda melhor coisa e, no dia 27 de fevereiro de 1534, os católicos e luteranos foram expulsos da cidade, no meio de uma horrenda tempestade de neve. Prefigurando as ações no Cambodja comunista na década de 1970, todos os que não eram anabatistas, inclusive velhos, inválidos, bebês e mulheres grávidas, foram conduzidos à tempestade e forçados a deixar para trás todo o seu dinheiro, propriedades, comida e roupas. Os luteranos e católicos remanescentes foram compulsoriamente rebatizados e todos aqueles que se recusaram foram mortos. A expulsão em massa dos que não eram anabatistas foi suficiente para no dia seguinte o príncipe e bispo Franz von Waldeck (1491-1553) dar início a um longo cerco militar em Münster.

Com cada pessoa da cidade convocada para trabalhar no cerco, Jan Matthys deu início à sua revolução social comunista totalitária. O primeiro passo foi confiscar as propriedades dos que foram expulsos. Todos os seus bens mundanos foram colocados em depósitos centrais e os pobres foram encorajados e tomar "de acordo com suas necessidades", sendo que as "necessidades" seriam interpretadas por sete "diáconos" indicados escolhidos por Matthys. Quando um ferreiro protestou contra as medidas impostas, particularmente irritantes, por um grupo de forasteiros holandeses, Matthys prendeu o corajoso ferreiro. Convocando toda a população da cidade para testemunhar, Matthys pessoalmente atirou, esfaqueou e matou o ferreiro "descrente", e então atirou na prisão vários cidadãos importantes que protestaram contra esse tratamento. A população foi avisada para se beneficiar desta execução pública e, obedientemente, cantaram um hino em louvor à matança.

Parte crucial do reinado de terror anabatista foi sua decisão, novamente antecipando o regime do Khmer Vermelho no Cambodja, de abolir toda a propriedade privada sobre o dinheiro. Sem dinheiro para comprar qualquer coisa, a população se tornou servilmente dependente das esmolas ou racionamentos da elite no poder. Em concordância, Matthys, Rothmann e o resto iniciaram uma campanha de propaganda, dizendo que era anticristão possuir dinheiro privadamente; e que todo o dinheiro deveria ser mantido "em comum", o que, na prática, significava que todo o dinheiro existente deveria ser entregue a Matthys e a sua claque dominante. Vários anabatistas que retiveram ou esconderam seu dinheiro foram presos e aterrorizados até caírem de joelhos diante de Matthys, implorando por perdão, o que Matthys, graciosamente, concedeu.

Após dois meses de propaganda incessante, combinada com ameaças e terror contra os desobedientes, a propriedade privada do dinheiro foi efetivamente abolida em Münster. O governo colocou as mãos em todo o dinheiro e o usou para comprar bens ou contratar trabalhadores do mundo exterior. Salários eram pagos em espécie pelo único empregador: o Estado anabatista teocrático.

A comida foi confiscada dos lares privados e racionada de acordo com a vontade dos diáconos do governo. Ademais, para acomodar a multidão de imigrantes, todas as casas privadas foram efetivamente tornadas comuns e todos tinham permissão para se acomodarem onde quisessem; agora passou a ser ilegal fechar, assim como trancar, as próprias portas. Salas de jantar comunitárias compulsórias foram criadas, onde as pessoas comiam juntas e se reuniam para ouvir leituras do Antigo Testamento.

O comunismo compulsório e o reinado de terror foram levados a cabo em nome da comunidade e do "amor" cristão. Esta comunização foi considerada o primeiro passo gigante na direção do comunismo igualitário, onde, tal como Rothmann colocou, *"todas as coisas seriam de posse comum, não haverá propriedade privada e ninguém mais terá de trabalhar, mas simplesmente confiar em Deus"*. Por alguma razão, parece que a parte da abolição do trabalho nunca chegou.

Um panfleto entregue pelo regime de Matthys a outras comunidades anabatistas aclamava sua nova ordem de amor cristão através do terror:

> Pois não somente colocamos todos os nossos pertences em um celeiro comum sob os cuidados dos diáconos, e vivemos disso de acordo com nossas necessidades; oramos a Deus através de Cristo com um único coração e mente, e estamos sempre ansiosos para ajudar uns aos outros com todo tipo de serviço.
>
> E, consequentemente, tudo o que serviu aos propósitos do autointeresse e da propriedade privada, tal como comprar e vender, trabalhar por dinheiro, aceitar juros e praticar usura [...] ou comer e beber do suor dos pobres [...] e de fato tudo o que nos ofende contra o amor – todas essas coisas foram abolidas de nosso meio pelo poder do amor e da comunidade.

No final de março de 1534, entretanto, o ego inchado de Matthys o derrubou. Convencido, na época da Páscoa, de que Deus tinha ordenado a ele e a uns poucos fiéis que levantassem o cerco do bispo e libertassem a cidade, Matthys e um punhado de seguidores saíram dos portões e foram de encontro ao exército que os sitiava. Em resposta, foram transformados em pedaços.

A morte de Matthys deixou Münster nas mãos de Bockelson. E, se Matthys tinha castigado o povo de Münster com chicotes, Bockelson o faria com escorpiões. Bockelson perdeu pouco tempo lamentando a perda de seu mentor. Pregou aos fiéis: *"Deus lhes dará um outro profeta que será ainda mais poderoso"*. Como este jovem entusiasmado poderia superar seu mestre? No início de maio, Bockelson chamou a atenção da cidade correndo nu pelas ruas, frenético, e a seguir caindo em um êxtase de três dias. Quando se levantou ao terceiro dia, anunciou a toda a população uma nova determinação que Deus havia lhe revelado. Com Deus debaixo do braço, Bockelson aboliu os antigos cargos da cidade do Conselho e da magistratura principal, e instalou um novo conselho dominante de doze anciãos, liderados por ele próprio. Os anciãos receberam autoridade total sobre a vida e a morte, a propriedade e o espírito de cada habitante de Münster. As antigas guildas foram abolidas e um sistema estrito de trabalho forçado foi imposto. Todos os artesãos que não foram para o exército eram, agora, funcionários públicos que trabalhavam para a comunidade sem remuneração monetária.

O totalitarismo em Münster agora estava completo. A morte passou a ser a punição para praticamente qualquer ação independente. A pena capital foi decretada para os altos crimes de: assassinato, roubo, mentira, avareza e brigas. A morte também foi decretada para qualquer tipo de insubordinação concebível: os filhos contra os pais, mulheres contra seus maridos, e, obviamente, qualquer um contra os representantes escolhidos de Deus na terra, o governo de Münster. Bernt Knipperdollinck foi apontado como o alto executor para fazer cumprir os decretos.

O único aspecto da vida que fora deixado intocado era o sexo, mas esta deficiência logo seria sanada. A única relação sexual permitida pelo regime de Bockelson era o casamento entre dois anabatistas. Sexo de qualquer outro tipo, inclusive o casamento com um dos "descrentes", passou a ser crime capital. Mas Bockelson rapidamente superou este credo totalmente ultrapassado e decidiu implementar a poligamia compulsória em Münster. Dado que muitos dos que foram expulsos tinham deixado suas esposas e filhas para trás, Münster agora contava com três vezes mais mulheres adequadas para o casamento do que homens, então a poligamia passou a ser factível. Bockelson convenceu os outros pregadores, bastante perplexos, citando a poligamia entre os patriarcas de Israel, e reforçando este método de persuasão com a ameaça de morte para quaisquer dissidentes.

A poligamia compulsória passou um pouco dos limites para muitos dos habitantes de Münster, que deram início a uma rebelião em protesto. A rebelião, entretanto, foi rapidamente esmagada e a maior parte dos rebeldes foram mortos. E assim, por volta de agosto de 1534, a poligamia foi estabelecida de forma coercitiva em Münster. Como poderíamos esperar, o jovem Bockelson apresentou gosto imediato pelo novo regime e rapidamente reuniu um harém de quinze esposas, inclusive Divara van Haarlem (1511-1535), a bela e jovem viúva de Jan Matthys. O restante da população masculina também passou a desfrutar com entusiasmo do novo decreto. Muitas das mulheres, contudo, reagiram de maneira diferente, então os Anciãos aprovaram uma lei ordenando o casamento compulsório para toda mulher abaixo de (e presumivelmente também acima de) uma certa idade, o que geralmente significada ser, obrigatoriamente, uma terceira ou quarta esposa.

Dado que o casamento entre os descrentes não era somente inválido, mas também ilegal, as esposas dos expulsos se tornaram presas fáceis e foram forçadas a se "casarem" com bons anabatistas. A recusa em cumprir a nova lei era passível, obviamente, de ser punida com a morte – e várias mulheres foram realmente executadas em decorrência disto. As esposas "antigas", que ficaram descontentes com as novas competidoras em seus lares também foram reprimidas e suas brigas foram transformadas em crime capital; muitas mulheres foram, portanto, executadas por brigar.

O despotismo de Bockelson não podia ir muito mais longe do que isso, entretanto, e a resistência geral forçou o regime a ceder e a permitir o divórcio. Em uma reviravolta, não somente o divórcio passou a ser permitido, mas todo casamento passou a ser totalmente contra a lei e o divórcio ficou muito fácil. Como resultado, Münster se tornou um regime do que passou a ser amor livre obrigatório. Assim, em um lapso de poucos meses, um puritanismo rígido foi transformado em um sistema de promiscuidade compulsória.

Bockelson mostrou ser um excelente organizador de uma cidade sitiada. O trabalho compulsório foi rigorosamente cumprido, e ele também foi capaz de convencer muitos dos mercenários miseravelmente pagos pelo bispo a desistirem ao lhes oferecer um pagamento regular – com *dinheiro*, obviamente, que tinha sido confiscado dos cidadãos de Münster. Quando o bispo disparou panfletos sobre a cidade oferecendo anistia gral em troca da rendição, Bockelson fez da leitura desses panfletos um crime punível com a morte. Como resultado, os exércitos do bispo ficaram confusos por volta do final de agosto e o cerco foi temporariamente levantado.

Jan Bockelson aproveitou a oportunidade para levar sua revolução comunista "igualitária" a dar mais um passo crucial: proclamou-se Rei e Messias dos Últimos Dias.

Bockelson percebeu que proclamar a si mesmo rei podia parecer ridículo e não convincente, mesmo para seus fiéis. Então conseguiu que um certo Johann Dusentschur, ourives de uma idade próxima e autoproclamado profeta, fizesse o trabalho para ele. No início de setembro, Dusentschur anunciou a todos a nova revelação: que Jan Bockelson seria o Rei do mundo todo, o herdeiro do Rei Davi, destinado a permanecer no trono até que o próprio Deus viesse reclamar Seu Reino. De forma não surpreendente, Bockelson confirmou que ele mesmo tivera a mesma revelação. Após uma timidez momentânea, Bockelson aceitou a Espada da Justiça e foi ungido como Rei do Mundo por Dusentschur, anunciando à população que Deus lhe dera "poder sobre todas as nações da terra" e que qualquer um que ousasse resistir à vontade de Deus "deverá sem demora ser morto pela espada". Os pregadores anabatistas de Münster explicaram diligentemente ao seu rebanho estupefato que Bockelson era realmente o Messias previsto no Antigo Testamento e que era, portanto, o governante de direito, tanto temporal quanto espiritual, do mundo inteiro.

Muitas vezes acontece com os autoproclamados "igualitaristas" que uma via de escape especial da uniformidade enfadonha da vida seja criada – para eles. E assim ocorreu com o Rei Bockelson. Era significativo enfatizar, de todas as maneiras, a importância do Advento do Messias. Assim, Bockelson usava as melhores vestes, metais e joias; indicou cortesãos e cavalheiros de armas, que também se vestiam finamente. A mulher principal do Rei Bockelson, Divara, foi proclamada Rainha do Mundo, também vestida com grande elegância e passou a desfrutar de um conjunto de cortesãos e seguidores. A nova corte luxuosa incluía as centenas de pessoas acomodadas em mansões finas requisitadas. O Rei Bockelson também decidia questões de justiça em um trono revestido em ouro na praça pública, usando uma coroa e carregando um cetro. Também finamente paramentados se encontravam os leais ajudantes de Bockelson, inclusive Knipperdollinck como primeiro ministro e Rothmann como orador real.

Se o comunismo é a sociedade perfeita, *alguém* deve ser capaz de aproveitar seus frutos; e quem melhor do que o próprio Messias e seus cortesãos? Embora a propriedade privada do dinheiro tivesse sido abolida, confiscou ouro e prata que agora eram utilizados para cunhar moedas ornamentais em honra do novo Rei. Todos os cavalos foram confiscados para o esquadrão armado do Rei. Os nomes na Münster revolucionária também foram transformados; todos os recém-nascidos seriam nomeados pessoalmente pelo Rei de acordo com um padrão especial.

Para que o Rei e seus nobres pudessem viver com altos luxos, a população sujeitada passou a ser roubada de tudo o que ficasse acima do mínimo essencial; roupas e dormitórios passaram a ser severamente racionados e todos os "excedentes" deviam ser entregues ao Rei Bockelson, sob pena de morte.

Não é de surpreender que as massas iludidas de Münster começassem a reclamar por serem forçadas a viver em pobreza extrema enquanto o Rei Bockelson e seus cortesãos viviam com grandes luxos com as receitas de seus pertences confiscados. Bockelson respondeu emitindo propagandas para justificar o novo sistema. A justificação foi a seguinte: era correto que Bockelson vivesse com pompa e luxos porque já estava "morto" para o mundo da carne. Como estava morto para o mundo, em um sentido profundo sua luxúria não contava. No estilo de cada guru que já viveu no luxo entre seus crédulos seguidores pobres, explicou que, para ele, os objetos materiais não tinham valor. Mais importante, talvez, foi que Bockelson assegurou a seus súditos que ele e sua corte eram somente a vanguarda da nova ordem; logo, *eles* também viveriam no mesmo luxo milenar. Sob sua nova ordem, as pessoas de Münster em breve sairiam para o exterior, armadas com a vontade de Deus, para conquistar o mundo inteiro, exterminando os ímpios, após o que Jesus retornaria e todos viveriam no luxo e perfeição. O comunismo igualitário com grande luxo para todos seria, então, atingido.

Quanto maior fosse a dissidência, isso significava, obviamente, que maior seria o terror, e o reinado de "amor" e morte do Rei Bockelson intensificou seu curso de intimidação e assassinatos. Assim que proclamou a monarquia, o profeta Dusentschur anunciou uma nova revelação divina: que todos aqueles que persistissem em discordar ou desobedecer ao Rei Bockelson deveriam ser mortos e sua própria memória deveria ser extirpada para sempre. Muitas das vítimas executadas foram mulheres, que foram mortas por negar a seus esposos os direitos maritais, por insultarem um pregador ou por praticarem a poligamia – que era considerada um privilégio unicamente masculino.

O bispo Franz von Waldeck começou a retomar o cerco, mas Bockelson era capaz de usar muito do ouro e prata que tinham sido expropriados para enviar apóstolos e panfletos para as áreas vizinhas, tentando incitar as massas à revolução anabatista. A propaganda exerceu efeito considerável, levando a insurreições massivas por toda a Holanda e noroeste da Alemanha durante o mês de janeiro de 1535. Mil anabatistas armados se reuniram sob a liderança de alguém que chamou a si mesmo de Cristo, Filho de Deus; e sérios levantes anabatistas ocorreram na Frísia Ocidental, na cidade de Minden e mesmo na grande cidade de Amsterdam, onde os rebeldes conseguiram capturar a prefeitura. Todas essas revoltas foram eventualmente suprimidas, com a ajuda da traição por parte de rebeldes e a revelação de seus depósitos de munições.

Por volta desta época, os príncipes do noroeste da Europa ficaram cansados; e todos os Estados do Sacro Império Romano Germânico concordaram em enviar tropas para acabar com o regime infernal de Münster. No final de janeiro, Münster foi total e completamente bloqueada e isolada do mundo exterior. A escassez de alimentos se fez visível imediatamente e a crise veio acompanhada do rigor característico do regime de Bockelson: toda a comida restante seria confiscada, todos os cavalos seriam mortos, para o benefício da alimentação do Rei, de sua corte real e de seus guardas armados. Durante todo o tempo do cerco, o rei e sua corte conseguiram comer e beber bem, enquanto a fome e a devastação varreram a cidade de Münster e as massas comiam literalmente qualquer coisa, por mais inadequada que fosse, em que conseguissem pôr as mãos.

O Rei Bockelson preservou seu regime disparando propaganda contínua e promessas para as massas famintas. Deus definitivamente os salvaria na época da Páscoa, caso contrário o próprio Bockelson seria queimado na praça pública. Quando a Páscoa chegou e passou, e nenhuma salvação apareceu, Bockelson explicou habilidosamente que quis dizer apenas salvação "espiritual", o que de fato tinha ocorrido. Então, prometeu que Deus transformaria os paralelepípedos em pão, o que também não aconteceu. Finalmente, Bockelson, há muito tempo fascinado pelo teatro, ordenou a seus súditos famintos que se engajassem em danças e demonstrações atléticas durante três dias. Performances dramáticas foram realizadas, bem como uma Missa Negra.

As pobres e famintas pessoas de Münster agora se encontravam completamente condenadas. O bispo continuou a mandar folhetos para a cidade, prometendo anistia geral se pudesse apenas depor o Rei Bockelson e sua corte, e entregá--los às forças do príncipe. Para se proteger contra esta ameaça, Bockelson intensificou ainda mais seu reinado de terror. No início de maio, Bockelson dividiu a cidade em doze setores e colocou um "Duque" em cada seção, juntamente com uma força de vinte e quatro homens armados. Os Duques eram estrangeiros assim como ele, e enquanto imigrantes holandeses seriam mais propensos a serem leais ao Rei Bockelson. Cada Duque foi estritamente proibido de sair de sua própria seção e eles, por sua vez, proibiram qualquer reunião, mesmo de umas poucas pessoas. Ninguém podia deixar a cidade e qualquer um que fosse apanhado tentando ou planejando sair, ajudando alguém a sair ou criticando o Rei seria instantaneamente decapitado – em geral pelo próprio Rei Bockelson. Em meados de junho, ações desse tipo ocorriam todos os dias, com o corpo frequentemente sendo esquartejado e as partes pregadas como aviso para as massas de Münster.

Bockelson certamente teria deixado toda a população da cidade morrer de fome ao invés de se render; mas dois fugitivos o traíram apontando pontos fracos nas defesas da cidade e, na noite do dia 24 de junho de 1535, o pesadelo do comunismo e "amor" da Nova Jerusalém finalmente chegou a um final sangrento. As últimas várias centenas de guerreiros anabatistas se renderam sob uma anistia e foram imediatamente massacrados, e a Rainha Divara foi decapitada. Quanto ao Rei Bockelson, foi conduzido acorrentado e, em janeiro do ano seguinte, ele e Knipperdollinck foram publicamente torturados até a morte, e seus corpos suspensos em gaiolas na torre de uma igreja.

O antigo *establishment* de Münster foi devidamente restaurado e a cidade se tornou católica novamente. As estrelas foram novamente colocadas em seus cursos e os eventos de 1534-1535 levaram, compreensivelmente, a uma desconfiança permanente com relação ao misticismo e a movimentos entusiasmados por toda a Europa protestante.

É educativo entender a atitude de todos os historiadores marxistas para com Münster e os demais movimentos milenistas do início do século XVI. Os marxistas, compreensivelmente, sempre louvaram tais movimentos e regimes, (a) por serem comunistas; e (b) por serem movimentos revolucionários que começaram de baixo. Os marxistas invariavelmente aclamavam esses movimentos como precursores do seu próprio.

Ideias são notavelmente difíceis de matar e o comunismo anabatista foi uma dessas ideias. Um dos colaboradores de Müntzer, Henry Niclaes (1502-1580), que nasceu em Münster, sobreviveu para fundar o familismo, um credo panteísta que afirma que o Homem *é* Deus e que exorta ao estabelecimento do Reino de Deus na Terra como o único lugar onde isso existiria. Uma chave para esse reino seria um sistema no qual toda a propriedade fosse de posse comum e todos os homens atingiriam a perfeição de Cristo. As ideias familistas foram levadas para a Inglaterra por um marceneiro holandês, Christopher Vittels (1543-1579), um discípulo de Niclaes e a doutrina se espalhou pela Inglaterra durante o final do século XVI. Um centro de familismo na Inglaterra do início do século XVII foram os grindletonianos, em Grindleton, Yorkshire, liderados, na década que se seguiu a 1615, pelo pároco reverendo Roger Brearly (1586-1637). Parte da atração do familismo era seu aninomianismo, a visão de que uma pessoa verdadeiramente divina – assim como eles – nunca poderia, por definição, cometer um pecado, e o comportamento antinomianista geralmente ostentava o que a maior parte das pessoas consideraria como pecados para demonstrar a todos seu *status* de divindades livres de pecados.

Durante a Guerra Civil Inglesa das décadas de 1640 e 1650, muitos grupos religiosos radicais vieram à tona, inclusive Gerrard Winstanley e os panteístas comunistas *Diggers* mencionados anteriormente. Apresentando antinomianismo extremado combinado com panteísmo e comunismo, incluindo o comunismo das mulheres, estavam os Ranters meio enlouquecidos, que instavam todas as pessoas ao pecado para poderem demonstrar sua pureza.

VI - O Reaparecimento do Comunismo na Revolução Francesa

Em tempos de problemas, guerras e insurreições sociais, seitas milenistas e messiânicas sempre apareceram e floresceram. Depois que a Guerra Civil Inglesa terminou, os credos milenistas e comunistas se desvaneceram, para reaparecer com força novamente na época da Revolução Francesa. A diferença era que agora, pela primeira vez, movimento comunistas seculares ao invés de religiosos apareceram. Porém os novos profetas comunistas seculares enfrentavam um grave problema: qual era a sua agência para a mudança social? A agência aclamada pelos milenistas religiosos sempre foi Deus e seu Messias Providencial ou profetas da vanguarda, bem como as tribulações apocalípticas destinadas. Mas qual poderia ser a agência para um milênio secular e como profetas seculares poderiam arrebanhar a confiança necessária em seu triunfo predeterminado?

Os primeiros comunistas secularizados apareceram na forma de dois indivíduos isolados na França de meados do século XVIII. Um foi o aristocrata Gabriel Bonnot de Mably (1709-1785), irmão mais velho do filósofo liberal do *laissez-faire*, Étienne Bonnot de Condillac (1714-1780). O foco principal de Mably foi insistir em que todos os homens são "perfeitamente" iguais e uniformes, idênticos em toda parte. Tal como no caso de muitos outros comunistas que vieram depois, Mably se viu forçado a enfrentar um dos maiores problemas do comunismo: se toda a propriedade é comum e todas as pessoas são iguais, então deve haver pouco ou nenhum incentivo para trabalhar. Pois somente o celeiro comum se beneficiaria do trabalho de alguém, e não o próprio indivíduo. Mably, em particular, teve que enfrentar este problema, dado que também sustentava que o estado natural e original do homem fora o comunismo e que a propriedade privada surgiu para estragar tudo precisamente a partir da indolência de alguns que desejavam viver às custas dos outros. Conforme aponta Alexander Gray, *"a indolência que arruinou o comunismo primitivo provavelmente arruinará o comunismo novamente, caso seja restabelecida"*.

As duas soluções propostas por Mably para este problema crucial dificilmente são adequadas. Uma seria exortar todos a apertarem os cintos e querer menos, ficarem satisfeitos com a austeridade espartana. A outra foi vir com o que Che Guevara (1928-1967) e Mao Tse-Tung (1893-1976) posteriormente chamariam de "incentivos morais": trocar as recompensas monetárias grosseiras e colocar, em seu lugar, o reconhecimento dos méritos pelos nossos irmãos – na forma de faixas, medalhas etc. Em sua crítica devastadoramente sagaz e perspicaz, Alexander Gray escreveu que:

> A ideia de que o mundo poderia encontrar sua força motriz em uma Lista de Felicitações de Aniversário (dando ao Rei, se

necessário, 365 aniversários por ano) ocorre com frequência patética nas formas mais utópicas da literatura socialista [...].

Mas, obviamente, se alguém fosse suficientemente sábio ou depravado para dizer que prefere a indolência a uma faixa (e haveria muitos assim), deveriam ser permitidos a levar vidas ociosas, sugando de seus vizinhos; talvez alguém que tenha ao menos conseguido a faixa possa explodir em um acesso de *faineantise* (preguiça) para que possam, sem distração, saborear o prazer que acompanha a consideração.

Gray vai ao ponto de que quanto mais as "distrações" são entregues como incentivos, menos serão verdadeiramente distinções e menos influência exercerão a partir daí. Ademais, Mably *"não diz como ou por quem suas distinções devem ser conferidas"*. O analista prossegue:

> Assume-se, e sempre se assume, que haverá uma crença universal e inquestionável e que a fonte da honra tenha borrifado sua água refrescante sobre todos os que merecem mais e em ninguém mais além deles. Esta fé ingenuamente inocente não existe no mundo que conhecemos e é provável que não existe em paraíso terreno que se possa imaginar.

Em uma sociedade comunista do mundo real, Gray conclui, muitas pessoas que *não* recebem honrarias podem e provavelmente ficarão desapontadas e ressentidas diante da suposta injustiça: *"Um general ou um servidor civil, mantido esperando indevidamente na fila para o banho, pode considerar que o ardor de sua juventude está sendo substituído pelo azedume da esperança adiada e o zelo pode esmorecer"*[31].

Assim, em suas duas soluções preferidas, Gabriel de Mably depositou sua esperança em uma transformação milagrosa da natureza humana, algo bem parecido com o que os marxistas fariam posteriormente ao esperarem pelo advento do Novo Homem Socialista, propenso a submeter seus desejos e incentivos aos requisitos e às quinquilharias conferidas pelo coletivo. Mas apesar de toda a sua devoção ao comunismo, Mably era, no fundo, um realista e, dessa forma, não alimentava esperanças de que o comunismo pudesse triunfar. O homem se encontra demasiado aferrado ao pecado do egoísmo e à propriedade privada para que uma vitória possa ocorrer. Claramente, Mably dificilmente começou a resolver o problema secularista da mudança social ou a inspirar o nascimento e florescimento de um movimento comunista revolucionário.

Se o pessimismo de Mably mal era adequado para inspirar um movimento, o mesmo não valia para o outro comunista secular influente da França em meados do século XVIII, o desconhecido escritor Étienne-Gabriel Morelly (1717-1778). Embora pouco conhecido pessoalmente, *La Code de la Nature* [*O Código da Natureza*] de Morelly, publicado em 1755, foi altamente influente, atingindo mais cinco edições até 1773. Morelly não tinha dúvidas a respeito da capacidade funcional do comunismo; para ele, não havia problema com a preguiça ou com os incentivos negativos, e portanto não

---

[31] GRAY, Alexander. *Socialist Tradition. Op. cit.*, p. 90-91.

havia necessidade para criar um Novo Homem Socialista. Para Morelly, o homem é sempre bom, altruísta e dedicado ao trabalho; somente as *instituições* são decadentes e corruptas, especificamente a instituição da propriedade privada. Basta aboli-la e a bondade natural do homem facilmente triunfará. (Pergunta: de onde vêm essas instituições humanas corruptas senão do próprio homem?).

De modo semelhante, para Étienne-Gabriel Morelly, assim como para Karl Marx e Vladimir Lenin (1870-1924) depois dele, a administração da utopia comunista também seria absurdamente fácil. Atribuir a cada pessoa sua tarefa na vida, e decidir quais bens materiais e serviços preencheriam suas necessidades, seria aparentemente um problema trivial para um Ministério do Trabalho ou para um Ministério do Consumo. Para Morelly, tudo isto não passa de uma questão de enumeração trivial, listando coisas e pessoas.

Ainda assim, de certa forma a coisa não serão *tão* fáceis na utopia de Morelly. Enquanto Mably, o pessimista, estava aparentemente disposto a deixar a sociedade para as ações voluntárias dos indivíduos, o otimista Morelly estava alegremente preparado para empregar método coercitivo brutais para manter todos os seus naturalmente "bons cidadãos" na linha. Morelly elaborou um projeto intrincado para sua proposta de governo e sociedade ideais, inteiramente supostamente baseado nos ditames evidentes da lei natural, cuja maior parte se supunha que eram imutáveis e eternos.

Em particular, não haveria propriedade privada, exceto para as necessidades diárias; cada pessoa seria sustentada e empregada pelo coletivo. Todo homem seria forçado a trabalhar, para contribuir com o celeiro comum, de acordo com seus talentos, e então receberia bens desses centros de armazenamento de acordo com suas supostas necessidades. Os casamentos seriam compulsórios e as crianças seriam criadas comunitariamente, todas absolutamente idênticas na alimentação, roupas e treinamento. Doutrinas filosóficas e religiosas seriam absolutamente prescritas; nenhuma diferença seria tolerada; as crianças não seriam corrompidas por nenhuma *"fábula, história ou ficções ridículas"*. Todo o comércio ou trocas seriam proibidos por uma *"lei inviolável"*. Todos os edifícios seriam idênticos e agrupados em blocos iguais; todas as roupas seriam feitas de um mesmo tecido (uma proposta profética da China de Mao). As ocupações seriam limitadas e estritamente determinadas pelo Estado.

Finalmente, as leis impostas seriam sagradas e invioláveis, e qualquer um que tentasse mudá-las seria isolado e aprisionado pelo resto da vida.

Deve ficar claro que essas utopias são versões obsoletas e secularizadas das visões dos milenistas cristãos. Não somente não há nenhuma agência ordenada de mudança social capaz de atingir este estado-final, mas também carecem do brilho do mandato messiânico ou da glorificação de Deus para disfarçar o fato de que essas utopias são estados estáticos, nos quais, tal como observado por Alexander Gray, *"nada nunca acontece; ninguém nunca discorda de ninguém; o governo, qualquer que seja sua forma, é sempre guiado tão sabiamente que pode haver espaço para a gratidão, mas nunca para a crítica. [...] Nada acontece, nada pode acontecer e nenhuma delas"*. Gray conclui que, mesmo assim, de acordo com os autores utópicos, *"estamos certos de que nunca existiu uma população assim tão feliz"*, que *"de fato, nunca foi descrita nenhuma Utopia na qual qualquer homem mentalmente saudável aceitaria viver sob quaisquer condições, caso tivesse a possibilidade de escapar [...]"*[32].

Não devemos acreditar, contudo, que o milenismo comunista cristão desapareceu. Pelo contrário, o cristianismo messiânico herético também foi revivido na época tempestuosa de meados e final do século XVIII. Assim, o pietista suevo Friedrich Christoph Oetinger (1702-1782), em meados do século XVIII, profetizou que um reinado teocrático mundial dos santos estaria vindo, no qual todos viveriam de maneira comunal, sem distinções ou propriedade, como membros de uma comunidade milenar cristã. Particularmente influente entre os pietistas alemães posteriores foi o místico francês e teosofista Louis Claude de Saint-Martin (1743-1803), que em sua influente obra *Des Erreurs et la Verite* [*Sobre os Erros e a Verdade*] de 1773 afirmou que uma *"igreja interna dos eleitos"* já existia desde os primórdios da história e em breve tomaria o poder na era vindoura. Este tema "martinista" foi desenvolvido pelo movimento rosacruz, que se concentrava na Bavária. Originalmente místicos alquimistas durante os séculos XVII e XVIII, os rosacruzes bávaros começaram a enfatizar a chegada ao poder mundial da igreja dos eleitos no alvorecer da era milenar. O autor rosacruz bávaro mais influente, Karl von Eckartshausen (1752-1803), expôs este tema em duas obras amplamente lidas, *Aufschlüsse über Magie*

---

[32] Idem. *Ibidem.*, p. 62-63.

[*Explicações sobre a Magia*], publicada entre 1788 e 1792, e *Die Wolke über dem Heiligtum* [*A Nuvem sobre o Santuário*], de 1797. Nesta última obra, desenvolveu a ideia de que a igreja interna dos eleitos existia já desde os tempos de Abraão e desde então progrediu até um governo mundial comandado por esses guardiões da luz divina. A terceira e última era da história, a Era do Espírito Santo, agora estava chegando. Os eleitos iluminados destinados a comandar a nova ordem comunal mundial constituíam, como era de se esperar, a Ordem Rosacruz, dado que a maior evidência em favor da iminência do início da Terceira Era era a rápida difusão do martinismo e do próprio rosacrucianismo.

Tais movimentos de fato estavam se espalhando durante os anos 1780 e 1790. O rei prussiano Frederico Guilherme II (1744-1797) e grande parte de sua corte se converteram ao rosacrucianismo no final dos anos 1780, assim como aconteceu com o czar russo Paulo I (1754-1801) uma década mais tarde, com base em suas leituras de Louis Claude de Saint-Martin e de Karl von Eckartshausen, que Paulo considerava os transmissores da revelação divina. Saint-Martin também foi influente por intermédio de sua liderança do Rito Maçom Escocês em Lyons e foi a principal figura no que pode ser chamado de ala cristã-apocalíptica do movimento maçônico[33].

O principal movimento comunista durante a Revolução Francesa, entretanto, era secular. As ideias de Gabriel Bonnot de Mably e Étienne-Gabriel Morelly não tinham

---

[33] Ver o revelador artigo: GOTTFRIED, Paul. "Utopianism of the Right: Maistre and Schlegel". *Modern Age*, Volume 24, Number 2 (Spring 1980): 150-60.

esperanças de serem incorporadas à realidade na ausência de um *movimento* ideológico concreto, e a tarefa de colocar essas ideias em movimento foi assumida por um jovem jornalista e comissário de títulos de propriedade de Picardy, François Noël Babeuf (1760-1797), mais conhecido como Gracchus Babeuf, que chegou a Paris em 1789 e assimilou a inebriante atmosfera revolucionária da cidade. Em 1793, Babeuf se comprometeu com o igualitarismo e o comunismo; dois anos mais tarde, fundou a secreta Conspiração dos Iguais, uma organização conspiratória revolucionária dedicada à causa do comunismo. A Conspiração dos Iguais se organizava em torno de seu novo jornal, *Le Tribun du Peuple* [*A Tribuna do Povo*]. Esta publicação, antecipando a *Iskra* [*Centelha*] Lenin que viria um século depois, foi usada para firmar uma linha coerente para seu grupo bem como para seus seguidores públicos. *Le Tribun du Peuple* de Babeuf *"foi o primeiro jornal da história que funcionada como braço legal de uma conspiração revolucionária extralegal"*[34].

O ideal último de Babeuf e de sua conspiração era a igualdade absoluta. A natureza, afirmavam, demanda a igualdade perfeita; toda a desigualdade é injustiça; assim, a comunidade da propriedade deve ser estabelecida. Como a Conspiração dos Iguais proclamava enfaticamente em seu *Manifeste des Égaux* [*Manifesto dos Iguais*] – escrito por um dos principais aliados de Babeuf, o poeta Pierre Sylvain Maréchal (1750-1803) – *"Exigimos igualdade real, ou a Morte;*

---

[34] BILLINGTON, James H. *Fire in the Minds of Men: Origins of the Revolutionary Faith*. New York: Basic Books, 1980. p. 73.

isto é o que devemos ter". *"Para isto"*, prosseguia o panfleto, *"estamos dispostos a tudo; queremos varrer absolutamente tudo. Que as artes desapareçam, se for necessário, desde que a igualdade genuína permaneça para nós"*.

Na sociedade comunista ideal buscada pela Conspiração dos Iguais, a propriedade privada seria abolida e toda a propriedade seria da comunidade e armazenada em celeiros comuns. Desses armazéns, os bens seriam distribuídos de forma "equitativa" pelos superiores – o que é mais estranho, aparentemente haveria um grupo de "superiores" neste mundo "igual"! O trabalho seria universal e compulsório, *"servindo à pátria [...] por intermédio do trabalho útil"*. Professores ou cientistas *"devem submeter certificações de lealdade"* aos superiores. O *Manifeste des Égaux* reconhecia que haveria uma enorme expansão dos oficiais do governo e dos burocratas no mundo comunista, o que era inevitável onde *"a pátria controla um indivíduo desde seu nascimento até sua morte"*. Haveria punições severas consistindo em trabalhos forçados contra *"pessoas de qualquer sexo que dessem à sociedade um mau exemplo por intermédio da ausência da mentalidade cívica, pelo ócio, pelo modo de vida luxuoso, pela licenciosidade"*. Essas punições, descritas, conforme observa um historiador, *"cuidadosamente e com grandes detalhes"*[35], consistiam em deportações para ilhas prisionais. A liberdade de expressão e a imprensa seriam tratadas como era de se esperar. Não se permitiria que

---

[35] Para esta frase e outras citações traduzidas do Manifesto, ver: SHAFAREVICH, Igor. *The Socialist Phenomenon*. New York: Harper & Row, 1980. p. 121-24. Ver, também: GRAY, Alexander. *Socialist Tradition. Op. cit.*, p. 107.

a imprensa *"colocassem em risco a justiça da igualdade"* ou sujeitasse a República *"a discussões intermináveis e fatais"*. Ademais, *"ninguém poderá proferir pontos de vista que estejam em contradição direta com os princípios sagrados da igualdade e da soberania do povo"*. De fato, uma obra somente poderia ser impressa *"se os guardiães da vontade de nação considerarem que sua publicação poderá beneficiar a República"*.

Todas as refeições serão consumidas em público em todas as comunas, e a participação compulsória será imposta sobre todos os membros da comunidade. Mais ainda, cada um somente poderá obter *"sua ração diária"* no distrito em que vive; a única exceção seria *"quando estiver viajando com permissão da administração"*. Todo o entretenimento privado será *"estritamente proibido"*, para evitar que *"a imaginação, libertada da supervisão de um juiz rigoroso, possa gerar vícios abomináveis contrários à comunidade"*. E, quanto à religião, *"tudo aquilo a que se chama de revelação será banido pela lei"*.

Importante como influência para o marxismo-leninismo posterior não foi somente o objetivo comunista, mas também a teoria estratégica de Babeuf e a prática na organização concreta da atividade revolucionária. Os desiguais, proclamavam os babuvistas, devem ser despojados, os pobres devem se levantar e saquear os ricos. Acima de tudo, a Revolução Francesa precisa ser "completada" e refeita; deve haver uma revolta total (*bouleversement total*), uma destruição completa das instituições existentes, para que um mundo novo e perfeito possa ser construído a partir dos entulhos. Conforme exortava Babeuf, na conclusão de seu *Le Manifeste des Plébéiens* [*O Manifesto dos Plebeus*], *"que tudo possa retornar ao caos e do caos poderá, então, emergir um mundo novo e regenerado"*[36]. De fato, *Le Manifeste des Plébéiens*, publicado pouco antes do *Manifeste des Égaux* em novembro de 1795, foi o primeiro de uma linha de manifestos revolucionários que atingiriam o clímax com o *Manifesto do Partido Comunista* de Karl Marx meio século depois.

Os dois manifestos, o dos plebeus e o dos iguais, revelavam uma importante diferença entre Babeuf e Maréchal que poderia ter causado uma divisão caso os Iguais não tivessem sido esmagados logo depois pela repressão policial. Pois em seu *Le Manifeste des Plébéiens*, Babeuf começou a ir na direção do messianismo cristão, não somente rendendo homenagens a Moisés e a Josué, mas também em particular a Jesus Cristo como o "co-atleta" de Babeuf. Na prisão, ademais, Babeuf escreveu *Histoire nouvelle de la vie de Jésus-Christ* [*Nova História da Vida de Jesus Cristo*]. A maioria dos Iguais, no entanto, eram ateístas militantes, encabeçados por Maréchal, que gostava de chamar a si mesmo utilizando o acrônimo grandioso de HSD (*l'Homme sans Dieu* / o Homem Sem Deus).

Além da ideia de uma revolução conspiratória, Babeuf, fascinado pelas questões militares, começou a desenvolver a ideia de uma guerrilha popular: da revolução constituída por "falanges" de pessoas cuja ocupação permanente seria fazer a revolução – o que Lenin chamaria, mais tarde, de

---

[36] BILLINGTON, James H. *Fire in the Minds of Men. Op. cit.*, p. 75. Ver, também: GRAY, Alexander. *Socialist Tradition. Op. cit.*, p. 105n. Conforme comenta Gray, *"o que se deseja é a aniquilação de todas as coisas, confiando em que da poeira da destruição uma cidade justa possa emergir. E impulsionada por tal esperança, com quanta alegria Babeuf aguardava por essa poeira"*. Idem. *Ibidem*, p. 105.

"revolucionários profissionais". Também brincou com a ideia de falanges militares assegurando uma base geográfica e se expandindo a partir daí.

Um círculo interno conspiratório e secreto, uma falange de revolucionários profissionais – inevitavelmente, isto significava que a perspectiva estratégica de Babeuf para a sua revolução incorporava alguns paradoxos fascinantes. Pois em nome de um objetivo de harmonia e igualdade perfeita, os revolucionários deveriam ser liderados por uma hierarquia que exigiria obediência total; o grupo mais interno conseguiria impor seu desejo sobre a massa. Um líder absoluto, encabeçando um grupo todo-poderoso, iria, no momento certo, dar o sinal para inaugurar uma sociedade de igualdade perfeita. A Revolução poria um fim a todas as demais revoluções; uma hierarquia todo-poderosa seria necessária, supostamente para colocar um fim à hierarquia para sempre.

Mas, obviamente, aqui não havia verdadeiramente um paradoxo porque Babeuf e seu grupo na realidade não tinham intenção de eliminar a hierarquia. Os hinos à "igualdade" eram um disfarce sutil para o objetivo real – uma ditadura permanentemente enraizada e absoluta.

Após sofrer repressão policial no final de fevereiro de 1796, a Conspiração dos Iguais afundou mais ainda na clandestinidade e, um mês depois, constituíram-se como o Diretório Secreto da Segurança Pública. Os sete diretores secretos, que se reuniam todas as noites, chegariam a decisões coletivas e anônimas, e então cada membro deste comitê central irradiaria as atividades para doze "instrutores", sendo que cada qual mobilizaria um grupo de insurreição mais amplo em cada um dos doze distritos de Paris. Desta maneira, a Conspiração conseguiu mobilizar dezessete mil parisienses, porém o grupo foi traído pela impaciência do diretório secreto de recrutar dentro do exército. Um informante levou à prisão de Babeuf no dia 10 de maio de 1796, seguida pela destruição da Conspiração dos Iguais. Babeuf foi executado no ano seguinte, em 27 de maio de 1797.

A repressão policial, no entanto, quase sempre faz com que grupos de dissidentes se levantem novamente, e o novo portador da tocha do comunista revolucionário passou a ser um seguidor de Babeuf que fora preso com o líder, mas que conseguiu evitar a execução. Filippo Giuseppe Maria Ludovico Buonarroti (1761-1837) era o filho mais velho de uma família florentina aristocrática, porém empobrecida, e descendente direto do grande Michelangelo (1475-1564). Estudou direito na Universidade de Pisa no início dos anos 1780 e foi convertido pelos discípulos de Morelly na faculdade de Pisa. Como jornalista e editor radical, Buonarroti então participou de batalhas pela Revolução Francesa contra as tropas italianas. Na primavera de 1794, foi colocado como responsável pela ocupação francesa da cidade italiana de Oneglia, onde anunciou ao povo que todos os homens devem ser iguais e que qualquer distinção que exista entre os homens constitui uma violação da lei natural. De volta a Paris, Buonarroti conseguiu se defender com sucesso em um julgamento contra seu emprego do terror em Oneglia, e finalmente se uniu à Conspiração dos Iguais de Babeuf. Sua amizade com Napoleão lhe permitiu escapar da execução, e eventualmente foi enviado de um campo prisional no exílio em Genebra.

Pelo restante de sua vida, Buonarroti tornou-se o que seus biógrafos modernos chamam de "Primeiro Revolucionário Profissional", pois tentou criar revoluções e organizações conspiratórias por toda a Europa. Antes da execução de Babeuf e de outros, Buonarroti solicitou a seus camaradas que escrevessem toda a sua história, e cumpriu sua promessa quando, aos 67 anos, publicou em 1828 na Bélgica o livro *Histoire de la Conspiration pour l'Égalité dite de Babeuf* [*História da Conspiração pela Igualdade de Babeuf*]. Babeuf e seus camaradas estavam há muito esquecidos, mas esta obra massiva agora contava a primeira e mais abrangente narrativa da saga de Babeuf e seus seguidores. O livro mostrou-se uma verdadeira inspiração para os grupos revolucionários e comunistas, e vendeu extremamente bem, com a tradução inglesa de 1836 vendendo cinquenta mil cópias em um breve lapso de tempo. Durante a última década de sua vida, o outrora obscuro Buonarroti foi tratado como celebridade pela extrema-esquerda da Europa.

Meditando a respeito de fracassos revolucionários anteriores, Buonarroti aconselhou a necessidade de uma elite governante com mão de ferro imediatamente após a chegada ao poder das forças revolucionárias. Em resumo, o poder da revolução deve ser imediatamente entregue a uma *"vontade forte, constante, iluminada e imutável"*, que *"direcionará toda a força da nação contra os inimigos internos e externos"* e, muito gradualmente, preparará o povo para a sua soberania. O ponto, para Buonarroti, era que *"as pessoas são incapazes ou da regeneração por si mesmas, ou para designarem as pessoas que deveriam orientar a regeneração"*.

VII - O Florescimento do Comunismo nos Anos 1830 e 1840

As décadas de 1830 e 1840 viram o florescimento do comunismo messiânico e quialista e de grupos socialistas por toda a Europa: notavelmente na França, Bélgica, Alemanha e Inglaterra. Owenitas, cabetistas, fourieristas, saint-simonianos e muitos outros brotaram e interagiram, e não precisamos examiná-los ou suas variantes nuançadas em detalhes. Enquanto o galês Robert Owen (1771-1858) foi o primeiro a usar a palavra "socialista" impressa em 1827 e também brincou com o termo "comunionista", a palavra "comunista" finalmente pegou como o rótulo mais popular para o novo sistema. Foi utilizada pela primeira vez em uma obra popular impressa no romance utópico de Étienne Cabet (1788-1856), *Voyage en Icarie* [*Viagem a Icaria*] de 1839[37] e, a partir daí a palavra se espalhou como incêndio florestal por toda a Europa, estimulada pelo desenvolvimento recente de um serviço de correios regular via barcos a vapor e o primeiro telégrafo. Quando Karl Marx e Engels, na famosa sentença de abertura de seu *Manifesto do Partido Comunista* de 1848 escreveram

---

[37] Étienne Cabet foi um distinto advogado francês e procurador geral na Córsega, mas foi expulso por atitudes radicais contra o governo francês. Após fundar um jornal, Cabet ficou exilado em Londres durante os anos 1830 e inicialmente se tornou owenita. A despeito da nacionalidade de Cabet, o livro foi escrito e publicado originalmente em inglês e uma tradução francesa foi publicada no ano seguinte. Comunista pacífico em vez de revolucionário, Cabet tentou estabelecer comunas utópicas em vários projetos fracassados nos Estados Unidos da América, desde 1848 até sua morte oito anos mais tarde.

que *"um espectro está assombrando a Europa — o espectro do Comunismo"*, isto certamente foi uma certa retórica hiperbólica, mas não estava tão longe do algo. Conforme escreve James H. Billington (1929-2018), a palavra-talismã "comunismo" *"se espalhou pelo continente com uma velocidade verdadeiramente sem precedentes na história de tais epidemias verbais"*[38].

Entre este amontoado de indivíduos e grupos, alguns interessantes se sobressaem. O primeiro grupo alemão de exilados revolucionários foi a Liga dos Foras da Lei, fundada em Paris pelo imigrante alemão Theodore Schuster (1808-1872), inspirado pelos escritos de Buonarroti. O panfleto de Schuster, *Glaubensbekenntnis eines Geächteten* [*Profissão de Fé de um Fora da Lei*] de 1834 foi talvez a primeira projeção da revolução vindoura como criação dos foras da lei e marginalizados da sociedade, aqueles situados fora do circuito da produção e que Marx compreensivelmente rejeitou bruscamente como o *"lumpenproletariat"*. O *lumpen* recebeu ênfase posterior na década de 1840 pelo importante anarco-comunista russo, Mikhail Bakunin (1814-1876), prefigurando várias correntes da Nova Esquerda do final da década de 1960 e início da década de 1970.

A Liga dos Foras da Lei constituiu a primeira organização internacional de comunistas revolucionários, contando com aproximadamente cem membros em Paris e quase oitenta em Frankfurt-am-Main. A instituição, no entanto, desintegrou-se por volta de 1838 e muitos membros, inclusive o próprio Schuster, foram para a agitação nacionalista. Mas a Liga dos

---

[38] BILLINGTON, James H. *Fire in the Minds of Men. Op. cit.*, p. 243.

Foras da Lei foi rapidamente sucedida por um grupo maior de exilados alemães, a Liga dos Justos, também localizada em Paris. Os grupos comunistas alemães sempre tenderam a ser mais cristãos do que os de outras nacionalidades. Assim, Karl Schapper (1812-1870), líder da seção parisiense da Liga dos Justos, chamava seus seguidores de *"Irmãos em Cristo"* e aclamava a revolução social vindoura como *"o grande dia da ressurreição do povo"*. Intensificando a tônica religiosa da Liga dos Justos, estava o proeminente comunista alemão, o alfaiate Wilhelm Weitling (1808-1871). No manifesto que escreveu para a Liga dos Justos, *Die Menschheit, wie sie ist und wie sie sein sollte* [*A Humanidade, como ela é e como deveria ser*] de 1838, que, embora clandestino, foi amplamente disseminado e discutido, Weitling se proclamou como um *"Lutero social"* e denunciou o dinheiro como a fonte de toda corrupção e exploração. Toda a propriedade privada e todo o dinheiro deveriam ser abolidos e o valor de todos os produtos deveria ser calculado em *"horas de trabalho"* – a Teoria do Valor Trabalho sendo levada muito a sério. Para o trabalho nos escritórios públicos e na indústria pesada, Weitling propôs mobilizar um "exército industrial" centralizado, alimentado pelo recrutamento de todo homem e mulher entre os 15 e 18 anos de idade.

Expulsa da França após problemas revolucionários em 1839, a Liga dos Justos se mudou para Londres, onde também estabeleceu uma frente mais ampla, a Sociedade Educacional para os Trabalhadores Alemães em 1840. Os três principais líderes desta sociedade, Karl Schapper, Bruno Bauer (1809-1882) e Joseph Moll (1813-1849) conseguiram arrebanhar um total de mil membros em 1847, incluindo duzentos e cinquenta membros em outros países da Europa e da América Latina.

Há um contraste fascinante entre dois jovens comunistas, ambos líderes do movimento durante os anos 1840, e ambos quase completamente esquecidos pelas gerações posteriores – mesmo pela maior parte dos historiadores. Cada qual representou um lado diferente da perspectiva comunista, duas correntes distintas do movimento.

Um foi o cristão inglês, visionário e sonhador, John Goodwyn Barmby (1820-1881). Aos vinte anos, Barmby, então owenita, chegou a Paris em 1840 com a proposta de criar uma Associação Internacional de Socialistas ao redor do globo. Um comitê provisório foi de fato criado, liderado pelo owenita francês Jules Gay (1809-1883), mas nada saiu do papel. O plano, entretanto, prefigurou a Associação Internacional dos Trabalhadores (AIT), mais conhecida como Primeira Internacional. O que é mais importante, em Paris, Barmby descobriu a palavra "comunista", a adotou e a difundiu com grande fervor. Para Barmby, "comunista" e "comunitarista" eram termos intercambiáveis. Ele ajudou a organizar por toda a França o que relatou aos owenitas ingleses como sendo "banquetes sociais dos Comunistas ou da Escola Comunitarista". De volta à Inglaterra, o fervor de Barmby não esmoreceu. Fundou a Communist Propaganda Society [Sociedade Comunista de Propaganda], que logo passaria a se chamar Universal Communitarian Society [Sociedade Comunitarista Universal] e criou um jornal, *The Promethean or Communitarian Apostle* [*O Prometeano ou Apóstolo Comunitarista*], que logo foi renomeado para *The*

Communist Chronicle [*A Crônica Comunista*]. O comunismo, para Barmby, era tanto uma "ciência da sociedade" quanto a religião final da humanidade. Seu *Credo*, publicado na primeira edição do Prometeano, professava que "o divino é o comunismo, o diabólico é o individualismo". Após esse voo inicial, Barmby escreveu hinos e orações comunistas e convocou à construção do *Communitariums*, todos comandados por uma Comunarquia suprema encabeçada por um Comunarqua e uma "Comunarquesa". Barmby proclamava repetidamente "a religião do comunismo" e queria estar certo de começar as coisas bem ao intitular a si mesmo como "Pontífice da Igreja Comunista".

O subtítulo do periódico *The Communist Chronicle* revelava seu messianismo neo-cristão: "O Apóstolo da Igreja Comunista e da Vida Comunitativa: Comunhão com Deus, Comunhão dos Santos, Comunhão dos Sufrágios, Comunhão dos Trabalhos e Comunhão dos Bens". A luta pelo comunismo, declarou John Goodwyn Barmby, era apocalíptica, destinada a terminar com a reunião mística de Satã em Deus: *"Na santa Igreja Comunista, o diabo será transformado em Deus. [...] E nesta conversão de Satã em Deus chama as pessoas. [...] para essa comunhão dos sufrágios, dos trabalhos e dos bens, tanto espirituais quanto materiais [...] para esses últimos dias"*[39]. A chegada a Londres de Wilhelm Weitling em 1844 fez com que colaborasse com Barmby na promoção do comunismo cristão, mas por volta do final de 1847, acabaram perdendo e o

---

[39] Idem. *Ibidem.*, p. 257.

movimento comunista começou a se deslocar decisivamente para o ateísmo.

A virada crucial veio em junho de 1847, quando os dois grupos comunistas mais ateístas – a Liga dos Justos em Londres e o pequeno (de quinze homens) Communist Correspondence Committee of Brussels [Comitê de Correspondência Comunista de Bruxelas], liderado por Karl Marx, fundiram-se para formar a Communist League [Liga Comunista]. Em seu segundo congresso em dezembro, lutas ideológicas dentro da Liga foram resolvidas quando pediram a Marx que escrevesse os estatutos para um novo partido, o que veio a ser o famoso *Manifesto do Partido Comunista*.

Étienne Cabet e Wilhelm Weitling, jogando a toalha, foram permanentemente para os Estados Unidos da América em 1848, para tentarem estabelecer o comunismo por lá. Ambas as tentativas desmoronaram ignominiosamente na sociedade norte-americana em expansão e altamente individualista. Os icarianos de Cabet se estabeleceram no Texas e depois na cidade de Nauvoo, em Illinois, então se fragmentaram uma e outra vez, até que Cabet, expulso pelos seus antigos seguidores em Nauvoo, foi para a cidade de Saint Louis, em Missouri, e morreu, desprezado por quase todos, em 1865. Quanto a Weitling, desistiu mais rápido. Em Nova York, tornou-se seguidor do esquema trabalho-dinheiro individualista, embora ricardiano de esquerda, de Josiah Warren (1798-1874) e, em 1854, desviou-se mais ainda se tornando burocrata no Serviço de Imigração dos Estados Unidos, gastando a maior parte dos seus dezessete anos restantes tentando promover suas várias invenções. Aparentemente, Weitling, por bem ou por mal, finalmente "desistiu" e se juntou à ordem capitalista.

Nesse ínterim, John Goodwyn Barmby isolou-se em uma após a outra das Ilhas do Canal para tentar fundar uma comunidade utópica e denunciou um antigo seguidor por criar um *Communist Journal* [*Jornal Comunista*] mais prático como "violação de sua propriedade intelectual" com relação ao termo "comunismo". Gradativamente, no entanto, Barmby abandonou seu universalismo e passou a chamar-se de "Nacional Comunista". Em 1848 foi para a França, tornou-se um ministro unitarista, amigo de Giuseppe Mazzini (1805-1872) e, finalmente, abandonando o comunismo em favor do nacionalismo revolucionário.

Por outro lado, um jovem líder comunista francês, Theodore Dezamy (1808-1850), representava uma corrente competidora do ateísmo militante e uma abordagem de estrutura mais forte. No início da sua juventude, foi secretário pessoal de Étienne Cabet e liderou o *boom* comunista súbito inaugurado em 1839 e 1840. No ano seguinte, Dezamy se tornou talvez o fundador da tradição marxista-leninista de excomungar ideológica e politicamente todos os desvios da linha correta. De fato, em 1842, Dezamy, panfleteiro altamente prolífico, voltou-se contra seu antigo mentor Cabet e o denunciou em seu *Calomnies et politique de M. Cabet* [*Calúnias e Políticas do Sr. Cabet*], por hesitação crônica. Em *Calomnies et politique de M. Cabet*, Dezamy, pela primeira vez, argumentou que a disciplina ideológica, bem como política são necessárias para o movimento comunista.

O que é mais importante, Theodore Dezamy desejava purgar o comunismo francês da influência do código comunista moralista e poético quase-religioso proposto por Étienne Cabet em sua *Voyage en Icarie* e especialmente em seu *Comment je suis communiste et mon credo communiste* [*Como sou Comunista e meu Credo Comunista*] de 1841. Dezamy, então, respondeu com seu *Code de la communauté* [*Código da Comunidade*] no ano seguinte. Dezamy tentou ser severamente "científico" e afirmou que a revolução comunista era ao mesmo tempo racional e inevitável. Não é de admirar que Theodore Dezamy fosse grandemente admirado por Karl Marx.

Ademais, medidas pacíficas ou graduais deveriam ser rejeitadas. Dezamy insistiu que uma revolução comunista deveria confiscar toda a propriedade privada e todo o dinheiro imediatamente. Meias medidas não seriam satisfatórias para ninguém, afirmou, e, mais ainda, conforme Billington ilustra em sua paráfrase, *"a mudança rápida e total seria menos sangrenta que um processo lento, pois o comunismo liberta a bondade natural do homem"*[40]. Foi também de Dezamy que Marx adotou a perspectiva absurdamente simplista de que o funcionamento do comunismo seria meramente um trabalho burocrático de manter livros contábeis e registros de pessoas e recursos[41].

O comunismo revolucionário não seria somente imediato e total; também seria global e universal. No mundo comunista

---

[40] Idem. *Ibidem.*, p. 251.
[41] Ver a seguinte biografia padrão de Marx: MCLELLAN, David. *Karl Marx: His Life and Thought.* New York: Harper and Row, 1973. p. 118.

do futuro, haveria um "congresso da humanidade" global, uma única língua e um único serviço de trabalho chamado de "atletas industriais", que realizariam o trabalho na forma de festivais da juventude comunitários. Ademais o novo "país universal" aboliria não somente o nacionalismo "estreito", mas também as lealdades desagregadoras tais como a família. Em total contraste prático com sua própria carreira como excomungador ideológico, Dezamy proclamou que, sob a comissão, o conflito seria logicamente impossível "não pode haver divisões entre os comunistas; nossas lutas entre nós mesmos podem ser somente disputas de harmonia e de razão", dado que os "princípios comunitaristas" constituem "a solução para todos os problemas".

No meio deste ateísmo militante havia, entretanto, um tipo de fervor religioso e mesmo de fé. Pois Dezamy falou a respeito da *"devoção sublime que constitui o socialismo"*, e exortou os proletários a reentrarem na *"igreja igualitária, fora da qual não pode haver salvação"*.

A prisão de Theodore Dezamy e seu julgamento em 1844 inspirou os comunistas alemães de Paris tais como Arnold Ruge (1802-1880), Moses Hess (1812-1875) e Karl Marx. Hess começou a trabalhar em uma tradução para o alemão do *Code de la communauté* de Dezamy, encorajado por Marx, que proclamou ser este panfleto *"científico, socialista, materialista e verdadeiramente humanista"*[42].

---

[42] Ver: TALMON, Jacob L. *Political Messianism: The Romantic Phase*. New York: Praeger, 1960. p. 157.

VIII - KARL MARX: COMUNISTA APOCALÍPTICO REABSORCIONISTA

Karl Marx nasceu em Trier, uma venerável cidade na Prússia do Reno, em 5 de maio de 1818, filho de Henrietta Pressburg (1788-1863) e de Heinrich Marx (1777-1838), um distinto jurista e pela linhagem paterna neto do rabino Levy Mordechai (1743-1804). De fato, tanto pai quanto a mãe de Marx descendiam de rabinos. O pai de Karl, Heinrich foi um racionalista liberal que não teve muitos escrúpulos a respeito de sua conversão forçada ao luteranismo oficial em 1816. O que pouco se sabe é que, em seus primeiros anos, o batizado Karl era um cristão dedicado[43]. Em seu ensaio de conclusão do *gymnasium* de Trier em 1835, o muito jovem Marx prenunciou seu desenvolvimento posterior. O ensaio *Die Vereinigung der Gläubigen mit Christo* [*A União dos Fiéis com Cristo*] apresenta uma postura de cristão ortodoxo evangélico, mas, também continha orientações do tema fundamental da "alienação" que posteriormente Marx encontraria em Hegel. A discussão sobre a "necessidade de união" com Cristo enfatizada colocaria fim à tragédia da suposta rejeição do homem por Deus. No ensaio correlato *Betrachtung eines*

---

[43] Friedrich Engels foi filho de um grande industrial e manufatureiro do algodão, que também era um convicto pietista da área de Barmen no Rhineland, na Alemanha. Barmen era um dos maiores centros do pietismo na Alemanha e Engels recebeu uma formação estritamente pietista. Ateu e posteriormente hegeliano em 1839, Engels terminou na Universidade de Berlim e com os jovens hegelianos em 1841, até mover-se para os mesmos círculos de Marx, tornando-se rapidamente amigos em 1844.

Jünglings bei der Wahl eines Berufes [*Considerações de um Jovem a Respeito da Escolha de uma Profissão*] expressou preocupação a respeito de seu próprio *"demônio da ambição"*, da grande tentação que sentia para *"injuriar contra a Divindade e amaldiçoar a humanidade"*.

Indo primeiro para a Universidade de Bonn e depois para a prestigiosa e nova Universidade de Berlim para estudar Direito, Karl Marx rapidamente se converteu ao ateísmo militante, alterou sua ênfase para Filosofia e juntou-se a um *Doktorklub* de jovens hegelianos de esquerda, dos quais rapidamente se tornou líder e secretário geral.

A mudança para o ateísmo rapidamente deu rédeas ao demônio da ambição de Karl Marx. O que é particularmente revelador a respeito do caráter de Marx adulto bem como jovem são volumes de poemas, a maior parte perdidos até que uns poucos foram recuperados em anos recentes[44]. Historiadores, quando discutem esses poemas, tendem a desprezá-los como anseios românticos insipientes, porém são muito congruentes om as doutrinas sociais e revolucionárias do adulto Marx para que possam ser casualmente negligenciados. Certamente, aqui parece haver um caso no qual um Marx unificado (tanto inicial quanto tardio) é vivamente revelado. Assim, em seu poema *Gefühle* [*Sentimentos*], dedicado ao seu amor da juventude e quem viria posteriormente a se tornar sua esposa, Jenny von Westphalen (1814-1881),

---

[44] Os poemas foram escritos em sua quase totalidade em 1836 e 1837, nos primeiros meses de Marx em Berlim. Dois dos poemas constituíram os primeiros trabalhos publicados de Marx, no *Berlin Atheneum* em 1841. Os outros foram perdidos.

Marx expressou tanto sua megalomania quanto sua enorme sede por destruição:

> O céu compreenderei,
> Atrairei o mundo para mim;
> Amar, odiar, pretendo
> Que minha estrela fulgure brilhantemente [...]

E mais adiante:

> [...]
> Destruirei mundos para sempre,
> Dado que não posso criar um mundo;
> Fado que ninguém se dá conta do meu chamado [...]

Aqui, obviamente, encontra-se uma clássica expressão da suposta razão de Satã para odiar e se rebelar contra Deus.

Em outro poema, Marx escreve a respeito de seu triunfo assim que tiver destruído o mundo criado por Deus:

> Então poderei caminhar triunfante,
> Como um deus, através das ruínas de seu reino.
> Cada uma de minhas palavras é fogo e ação.
> Meu seio é igual ao do Criador.

E, em seu poema *Aufruf eines Verzweiflung* [*Invocação de Alguém em Desespero*], Marx escreve:

Construirei meu trono bem no alto,
Fria e tremenda deverá ser sua cúpula.
Para seu baluarte – o pavor supersticioso.
Para seu marechal – a agonia mais escura[45].

O tema de Satã é desenvolvido de forma mais explícita em *Die Violinist* [*O Violinista*], dedicado a seu pai Heinrich Marx:

Vês esta espada?
O príncipe das trevas
A vendeu para mim.

No mesmo poema afirma:

Com Satã atingi meu propósito,
Ele traça os sinais e marca o tempo para mim
Eu toco a marcha fúnebre rápido e livre.

O que é particularmente instrutivo é o longo e inacabado drama poético do período da juventude de Karl Marx, *Oulanem: Eine Tragödie* [*Oulanem: Uma Tragédia*]. No decorrer do drama seu herói, Oulanem, profere um notável solilóquio, derramando injúrias constantes, um profundo ódio pelo mundo e pela humanidade, ódio pela criação e uma ameaça e visão da total destruição do mundo.

---

[45] WURMBRAND, Richard. *Marx and Satan*. Westchester: Crossway Books, 1896. p. 12-13.

Assim, a personagem Oulanem derrama a ira de seus frascos:

> Lançarei maldições gigantescas sobre a humanidade.
> Ha! Eternidade! Ela é um sofrimento eterno. [...]
> Nós mesmos funcionando como o relógio, cegamente mecânico,
> Feitos para sermos calendários tolos de Tempo e Espaço,
> Sem ter nenhum propósito salvo para acontecer, sermos arruinados,
> Para que exista algo para arruinar [...]
> Se existe Algo que devora,
> Saltarei para dentro dele, embora eu leve o mundo às ruínas -
> O mundo que fica entre eu e o Abismo
> Farei em pedaços com minhas maldições duradouras.
> Lançarei meus braços em torno de sua dura realidade:
> Abraçando-me, o mundo passará em silêncio
> E então afundar no nada completo
> Morto, sem existência – isso seria, verdadeiramente, viver!

Mais adiante, encontramos a seguinte passagem:

> O mundo de chumbo nos mantém gordos,
> E estamos acorrentados,
> quebrados, vazios, amedrontados,
> Eternamente acorrentados a este bloco de mármore do Ser,
> [...] e nós –
> Nós somos os macacos de um Deus frio[46].

---

[46] Para o texto completo traduzido para o inglês de *Oulanem*, ver: PAYNE, Ro-

Tudo isto revela um espírito que frequentemente parece animar o ateísmo militante. Em contraste com a variedade não-militante, que expressa uma simples descrença na existência de Deus, o ateísmo militante parece acreditar implicitamente na existência de Deus, mas para odiá-lo e para empreender uma guerra para sua destruição. Tal espírito também se revela claramente na réplica mordaz do ateísta militante e anarcocomunista Mikhail Bakunin à famosa observação pró-teísta de Voltaire (1694-1778): *"Se Deus não existe, seria necessário criá-lo"*. A isto, o demente Bakunin respondeu: *"Se Deus existisse, seria necessário destruí-lo"*. Era este ódio de Deus como um criador maior do que ele mesmo o que aparentemente animava Karl Marx.

Quando Marx chegou à Universidade de Berlim, o coração do hegelianismo, encontrou essa doutrina reinante, mas de certa forma desorganizada. Hegel tinha morrido em 1831; esperava-se que o grande filósofo tivesse conseguido trazer o fim da história, mas agora Hegel estava morto e a história continuava sua marcha. Então, se o próprio Hegel não foi a culminação final da história, então talvez o Estado prussiano de Frederico Guilherme III também não fosse o estágio final da história. Mas, se não era ela, então não poderia ser que a

---

bert. *The Unknown Karl Marx*. New York: New York University Press, 1971. p. 81-83. Também excelente a respeito dos poemas e sobre Marx como messiânico, temos: MAZLISH, Bruce. *The Meaning of Karl Marx*. New York: Oxford University Press, 1984. O pastor Richard Wurmbrand (1909-2001) observa que a palavra "Oulanem" é um anagrama de "Emanuel", o nome bíblico para Jesus, e que tais inversões dos nomes sagrados são práticas correntes nos cultos satânicos. Não há evidência real, entretanto, de que Marx tenha sido membro de um desses cultos. Ver: WURMBRAND, Richard. *Marx and Satan. Op. cit.*, p. 13-14 e *passim*.

dialética da história estivesse ficando pronta para mais uma virada, mais um *aufhebung*?

Assim pensavam os grupos jovens radicais que, durante o final da década de 1830 e nos anos 1840 na Alemanha e em outros lugares formaram o movimento dos jovens hegelianos de esquerda. Desiludidos com o Estado prussiano, estes jovens hegelianos proclamavam a vinda inevitável da revolução apocalíptica que destruiria e transcenderia o Estado, uma revolução que *realmente* resultaria no fim da história na forma do comunismo nacional ou mundial. Após Hegel, ainda era necessário dar mais um passo dialético.

Um dos primeiros e mais influentes hegelianos de esquerda era um aristocrata polonês, o conde August Cieszkowski (1814-1894), que escreveu em alemão e publicou, em 1838, seu *Prolegomena zur Historiosophie* [*Prolegômenos para uma Historiografia*]. Cieszkowski levou ao hegelianismo uma nova dialética da história, uma nova variante das três eras do homem. A primeira era, a era da antiguidade, seria, por alguma razão, a Era da Emoção, a época do sentimento puro, de nenhum pensamento reflexivo, de imediatismo elementar e, portanto, de unidade com a natureza. O "espírito" era "em si mesmo" (*an sich*). A segunda era, a Era Cristã, situada desde o nascimento de Jesus até a morte do grande Hegel, foi a Era do Pensamento, da reflexão, na qual o "espírito" se moveu "para si mesmo", na direção da abstração e da universalidade. Mas a cristandade, a Era do Pensamento, também era uma era de dualismo intolerável, de alienação, do homem separado de Deus, do espírito separado da matéria, e do pensamento separado da ação. Finalmente, a terceira e última era, a Era nascente e proclamada (claro!) pelo Conde August Cieszkowski, seria a Era da Ação. A terceira era pós-hegeliana seria uma era de ação prática, na qual o pensamento tanto da cristandade, quanto de Hegel seriam transcendidos e incorporados a um ato de vontade, uma revolução final para derrubar e transcender as instituições existentes. Para o termo "ação prática", Cieszkowski tomou emprestada a palavra grega *praxis* para resumir a nova era, um termo que logo iria adquirir praticamente a influência de um talismã sobre o marxismo. Esta era final da ação traria, finalmente, uma unidade abençoada de pensamento e ação, espírito e matéria, Deus e terra, e a "liberdade" total. Com Hegel e os místicos, Cieszkowski enfatizou que *todos* os eventos passados, mesmo aquele que pareceram perversos, foram necessários para a culminação da salvação última e definitiva.

Na obra *De la pairie et de l'aristocratie moderne* [*Nobreza e Aristocracia Moderna*], um trabalho publicado em francês na cidade de Paris em 1844, August Cieszkowski também anunciou a nova classe destinada a se tornar líder da sociedade revolucionária: a *intelligentsia*, uma palavra que tinha sido cunhada recentemente por um polonês educado na Alemanha, Bronislaw Ferdynand Trentowski (1808-1869)[47]. Cieszkowski então proclamou e glorificou um desenvolvimento que ao menos estaria implícito no movimento marxista (afinal de contas, os grandes marxistas, a partir de Karl Marx

---

[47] TRENTOSWKI, B. F. *Stosunek filozofii do cybernetyki, czyli sztuka rządzenia narodem*. Poznan: J. K. Żupański, 1843. Nessa obra, o autor cunha o termo "cibernética" para a nova e emergente forma de tecnologia social que transformaria a humanidade. Ver: BILLINGTON, James H. *Fire in the Minds of Men. Op. cit.*, p. 231.

e Friedrich Engels, eram todos intelectuais burgueses em vez de filhos do proletariado). Em geral, contudo, marxistas têm estado envergonhados a respeito desta realidade que desmente o proletarianismo e a igualdade do marxismo, e os teóricos da "nova classe" foram todos críticos do socialismo marxista, como por exemplo Mikhail Bakunin, Jan Waclaw Machajski (1866-1926), Robert Michels (1876-1936), Milovan Djilas (1911-1995).

O conde Cieszkowski, no entanto, não estava destinado a participar da onda do futuro socialismo revolucionário. Pois ele adotou um caminho cristão messiânico em vez de ateísta para a nova sociedade. Em sua massiva e inacabada obra de 1848, *Ojcze nasz* [*Nosso Pai*], Cieszkowski sustentou que a nova era do comunismo revolucionário seria uma Terceira Era, uma Era do Espírito Santo (traços de joaquinismo!), uma era que seria o Reino de Deus na Terra "tal como é no céu". Este último Reino de Deus na Terra reintegraria a totalidade da "humanidade orgânica" e seria governado por um Governo Central de Toda a Humanidade, liderado por um Conselho Universal do Povo.

Nessa época, não estava claro de forma alguma qual corrente do comunismo revolucionário, se a religiosa ou ateísta, seria em última análise a vencedora. Assim, Alexander Ivanovich Herzen (1812-1870), um dos fundadores da tradição revolucionária russa, ficou fascinado com o ramo do hegelianismo de esquerda de Cieszkowski e escreveu que *"a sociedade futura deve ser trabalho não só do coração, mas do concreto. Hegel é o novo Cristo que traz a palavra da verdade para os homens"*[48]. Logo, Bruno Bauer, amigo e mentor de Karl Marx e líder do *Doktorklub* dos jovens hegelianos na Universidade de Berlim, aclamou a nova filosofia da ação de Cieszkowski no final de 1841 como *"o toque da Trombeta do Juízo Final"*.

Mas a corrente vencedora do movimento socialista europeu, tal como indicamos, veio eventualmente a ser o ateísmo de Karl Marx. Se Hegel tinha panteizado e elaborado a dialética do messianismo cristão, Marx agora "virou Hegel de ponta cabeça" ao ateizar a dialética, sustentando-a não no misticismo, na religião ou no espírito ou na Ideia Absoluta ou no Mundo-Mente, mas no fundamento supostamente sólido e "científico" do materialismo filosófico. Marx adotou este materialismo do hegeliano de esquerda apresentado no ateísmo de Ludwig Feuerbach (1804-1872), em particular o expresso no trabalho *Das Wesen des Christentums* [*A Essência do Cristianismo*] de 1843. Em contraste com a ênfase hegeliana no "espírito", Marx estudaria as leis supostamente científicas da matéria que de alguma forma opera através da história. Marx, em resumo, tomou a dialética e a transformou em uma "dialética materialista da história".

Ao reformular a dialética em termos materialistas e ateístas, entretanto, Karl Marx desistiu do poderoso motor da dialética dado que supostamente operava através da história: ou o cristianismo messiânico ou a Providência, ou o crescimento da auto-consciência do Espírito-Mundial. Como Marx poderia encontrar um substituto materialista "científico", recém afirmado nas inelutáveis "leis da história", que pudesse

---

[48] BILLINGTON, James H. *Fire in the Minds of Men. Op. cit.*, p. 225.

explicar o progresso histórico até então e também – o que seria mais importante – explicar a inevitabilidade da transformação apocalíptica iminente do mundo para o comunismo? Uma coisa é basear a previsão do Armagedom vindouro na Bíblia; outra coisa completamente diferente é deduzir este evento de alguma lei supostamente científica. O estabelecimento das especificidades deste motor da história ocuparia Marx pelo restante de sua vida.

Embora Karl Marx considerasse Ludwig Feuerbach indispensável para adotar uma posição completamente ateísta e materialista, logo percebeu que este pensador não tinha ido longe o suficiente. Mesmo que Feuerbach fosse um comunista filosófico, basicamente acreditava que se o homem se livrasse da religião, então a alienação do homem de seu *self* chegaria ao fim. No entanto, para Marx a religião era apenas um dos problemas. Na visão marxista a totalidade do mundo dos homens (o *Menschenwelt*) era alienante e precisava ser radical e completamente derrubado. Apenas uma destruição apocalíptica deste mundo dos homens permitiria que a verdadeira natureza humana se concretizasse. Isto ocorreria somente quando os não-homens (*Unmensch*) existentes se tornarem verdadeiramente homens (*Mensch*). Conforme Marx esbravejou na quarta de suas "teses sobre Feuerbach", *"Devemos destruir a 'família terrena' tal como é, tanto na teoria quanto na prática"*[49].

Em particular, declarou Marx, o homem verdadeiro, tal como argumentara Feuerbach, é um *"ser comunal"* (*Gemeinwesen*) ou um *"ser espécie"* (*Gattungswesen*). Embora o

---

[49] TUCKER, Robert C. *Philosophy and Myth in Karl Marx. Op. cit.*, p. 101.

Estado tal como existe precise ser negado ou transcendido, a participação do homem no Estado ocorre como esse tal ser comunal. O maior problema acontece na esfera privada, o mercado, ou "sociedade civil", na qual o não-homem age como um egoísta, como uma pessoa privada, tratando os demais como meios, e não coletivamente como mestres de seus destinos. E, na sociedade existente, infelizmente, a sociedade civil vem em primeiro lugar, enquanto o Estado, ou a "comunidade política", é secundário. O que precisa ser feito para realizar a natureza plena da humanidade é transcender o Estado e a sociedade civil politizando a totalidade da vida, tornando todas as ações do homem "coletivas". Então, os homens individuais de verdade se tornarão um ser-espécie verdadeiro e pleno[50].

Mas somente uma revolução, uma orgia de destruição, pode realizar tal tarefa. E neste ponto, Karl Marx voltou a chamar para a destruição total que tinha animado sua visão de mundo nos poemas de sua juventude. De fato, em um discurso proferido em Londres, em 1856, Marx deu expressões carinhosas e gráficas desde objetivo de sua *"práxis"*. Mencionou que, na Alemanha medieval, existia um tribunal secreto chamado *Vehmgericht* (Liga da Corte Sagrada). Então, explicou:

---

[50] Idem. *Ibidem.*, p. 105. É ao mesmo tempo irônico e fascinante que os intelectuais dominantes na Hungria contemporânea que estão liderando a saída do socialismo e a caminhada para a liberdade estejam honrando o conceito marxista de "sociedade civil" como aquilo a que se aproximam enquanto se afastam do coletivo e do comunal.

Se uma cruz vermelha aparecesse marcando uma casa, as pessoas sabiam que seu proprietário estava condenado pelo *Vehm*. Todas as casas da Europa estão, agora, marcadas com a cruz vermelha misteriosa. A história é a juíza – seu carrasco são os proletários[51].

Karl Marx, de fato, não estava satisfeito com o comunismo filosófico ao qual ele e Friedrich Engels se converteram separadamente graças ao ligeiramente mais velho Moses Hess no início dos anos 1840. Ao comunismo de Hess, Marx, no final de 1843, acrescentou a ênfase crucial no *proletariado*, não simplesmente enquanto classe econômica, mas como destinada a se tornar a "classe universal" quando o comunismo fosse alcançado. Ironicamente, Marx adquiriu sua visão do proletariado como a chave para a revolução comunista de um livro influente publicado em 1842 por um jovem inimigo do socialismo, o economista e sociólogo conservador Lorenz von Stein (1815-1890), que interpretou os movimentos socialistas e comunistas de sua época como racionalizações dos interesses de classe do proletariado sem propriedades. Marx descobriu, no ataque de Stein, o motor "científico" para o advento inevitável da revolução comunista[52]. O proletariado,

---

[51] TUCKER, Robert C. *Philosophy and Myth in Karl Marx*. Op. cit., p. 15.

[52] Lorenz von Stein era um hegeliano conservador monarquista, que recebeu do governo prussiano a atribuição de estudar as novas doutrinas perturbadoras do socialismo e do comunismo que se tornavam cada vez mais fortes na França. Karl Marx apresentou uma "familiaridade textual minuciosa" com o seguinte livro: STEIN, Lorenz von. *Der Sozialismus und Kommunismus des heutigen Frankreichs*. Liepzig: O. Wigand, 1842. Este é um livro que permanece sem tradução para o inglês. Stein passou seus anos de maturidade como professor de finanças públicas

a classe mais "alienada" e supostamente "desprovida de propriedade", seria a chave.

Por conta das alterações no marxismo feitas por Joseph Stalin (1878-1953), estamos acostumados a considerar o "socialismo" como a "primeira etapa" de uma sociedade comandada pelo comunismo, e o "comunismo" como o estágio final. No entanto, não era assim que Karl Marx via o desenvolvimento do seu sistema. Como todos os demais comunistas de sua época, Marx usava "socialismo" e "comunismo" de forma intercambiável para descrever sua sociedade ideal. Diferente da noção stalinista, Marx previu a dialética operando misteriosamente para conduzir ao primeiro estágio, de comunismo "cru" ou "bruto", a ser magicamente transformado pela operação da dialética no estágio "mais elevado" do comunismo. É de notar que Marx, especialmente em seu *Privateigentum und Kommunismus* [*Propriedade Privada e Comunismo*], aceitou o quadro horrendo que von Stein apresentou do estágio "bruto" do comunismo. Stein previu que o comunismo tentaria implementar o igualitarismo mediante expropriações selvagens e furiosas, e pela destruição da propriedade, confiscando-a, e comunizando coercitivamente as mulheres assim como a riqueza material. De fato, a avaliação de Marx do comunismo "bruto", o estágio da ditadura do proletariado, era ainda mais negativa que a de Stein:

---

e administração pública na Universidade de Viena. Ver: TUCKER, Robert C. *Philosophy and Myth in Karl Marx. Op. cit.*, p. 114-17.

Da mesma maneira como as mulheres abandonam os casamentos para a prostituição geral [i.e., universal], assim todo o mundo da riqueza, isto é, o ser objetivo do homem, devem abandonar a relação de casamento exclusivo com o detentor da propriedade privada para uma relação de prostituição geral com a comunidade.

Não somente isso, mas, conforme colocado pelo professor Robert Tucker, Marx concede que:

> O comunismo bruto não é a verdadeira transcendência da propriedade privada, mas apenas sua universalização, e não a abolição do trabalho, mas somente sua extensão para todos os homens. É meramente uma forma nova na qual a vileza da propriedade privada vem à superfície.

Em resumo, no estágio da comunalização da propriedade privada, o que o próprio Marx considera como sendo as piores características da propriedade privada serão maximizadas. Não somente isso: mas Marx concede a verdade da acusação dos anti-comunistas de então e de agora que o comunismo e a comunização não passam da expressão, nas palavras de Marx, *"da inveja e do desejo de reduzir todos a um mesmo nível"*. Longe de conduzir ao florescimento da personalidade humana, como se supõe que Marx afirmava, admite que o comunismo negará totalmente a personalidade. Assim, Marx:

> Ao negar por completo a *personalidade* do homem, este tipo de comunismo não é nada além da expressão lógica da

propriedade privada. A *inveja* geral, constituindo-se como um poder, é o disfarce no qual a *ganância* se restabelece e se satisfaz, somente *de outra forma* [...]. Na abordagem das *mulheres* como o espólio à mão da luxúria comunal, expressa-se a infinita degradação na qual o homem existe para si mesmo[53].

Marx claramente não enfatiza este lado negro da revolução comunista em seus escritos posteriores. O professor Tucker explica que

> Essas indicações vívidas dos manuscritos de Paris da maneira como Marx vislumbrava e avaliava o período imediatamente após a revolução muito provavelmente explicam a extrema reticência que sempre mostrou a respeito deste tópico em suas obras publicadas[54].

Mas se este comunismo é assumidamente tão monstruoso, um regime de "infinita degradação", por que alguém deveria defendê-lo e chegar ao ponto de dedicar a vida e lutar uma revolução sangrenta para implementá-lo? Aqui, como é frequente nos pensamentos e escritos de Marx, retorna à mística da "dialética" – aquela maravilhosa varinha mágica por intermédio da qual um sistema social inevitavelmente dá origem à sua transcendência e negação vitoriosa. E, neste caso, pela qual o mal absoluto – que vem a ser, o que é

---

[53] Citado por: TUCKER, Robert C. *Philosophy and Myth in Karl Marx. Op. cit.*, p. 155. Os itálicos são de Marx.
[54] TUCKER, Robert C. *Philosophy and Myth in Karl Marx. Op. cit.*, p. 155-56.

interessante, a ditadura pós-revolucionária do proletariado e *não* o capitalismo anterior – transforma-se no bem total, uma terra do nunca desprovida da divisão do trabalho e de todas as demais formas de alienação. O ponto curioso é que embora as tentativas de Marx para explicar o movimento dialético do feudalismo ao capitalismo e do capitalismo ao primeiro estágio do comunismo em termos da luta de classes e das forças materiais produtivas, ambas essas coisas desaparecem assim que o comunismo "bruto" é atingido. A supostamente inevitável transformação do inferno do comunismo "bruto" para o suposto paraíso do comunismo mais elevado é deixado completamente sem explicação; para confiar *nessa* transformação crucial, precisamos nos entregar com fé pura à mística da dialética.

A despeito da afirmação de Karl Marx de que era um "socialista científico", desprezando todos os outros socialistas, que rejeitava como moralistas e "utópicos", deve ficar claro que o próprio Marx era muito mais um representante da tradição messiânica utópica do que todos os seus competidores "utópicos". Pois Marx não somente buscou uma desejada sociedade futura que poria fim à história, afirmava ter encontrado o caminho para tal utopia, inevitavelmente determinado pelas "leis da história".

No entanto, podemos afirmar que Karl Marx certamente era um utópico, e do tipo feroz. Uma marca característica de toda utopia é um desejo militante de pôr um fim à história, de congelar a humanidade em um estado estático, colocar término à diversidade e ao livre-arbítrio dos homens, e ordenar a vida de cada um de acordo com o plano utópico totalitário. Muitos dos primeiros comunistas e socialistas estabeleceram suas utopias fixas em detalhes grandes e absurdos, determinando o tamanho do espaço que cada um teria para habitar, o alimento que comeriam etc. Marx não foi tolo o suficiente para fazer isso, mas a totalidade de seu sistema, conforme aponta o professor Thomas Molnar (1921-2010), é *"a busca da mentalidade utópica para a estabilização definitiva da humanidade, ou, em termos gnósticos, sua reabsorção no eterno"*. Para Marx, sua busca pela utopia era, como temos visto, um ataque explícito contra a criação de Deus e um desejo feroz de destrui-la. A ideia de esmagar as várias e distintas facetas da criação, e de retornar a um estado de Unidade supostamente perdida com Deus começou, como vimos, com Plotino. Como Molnar sintetiza:

> Nesta perspectiva, a própria existência se insinua no não-ser. Filósofos desde Plotino até Fichte e além têm sustentado que a reabsorção do universo policromático no Um eterno seria preferível à criação. Aquém desta solução, propuseram arranjar um mundo no qual a mudança ocorra sob controle, de modo a pôr um fim ao perturbador livre-arbítrio e aos movimentos não planejados da sociedade. Desejam retornar do conceito linear hebraico-cristão para o ciclo greco-hinduísta - ou seja, a uma permanência atemporal e imutável.

O triunfo da unidade sobre a diversidade significa que, para os utópicos (inclusive Marx), *"a sociedade civil, com sua perturbadora diversidade, pode ser abolida"*[55].

---

[55] MOLNAR, Thomas. "Marxism and the Utopian Theme". *Marxist Perspectives*,

O que está em Karl Marx no lugar da Vontade de Deus ou a dialética hegeliana do Mundo-Espírito ou a Ideia Absoluta, é o monismo materialista, seu pressuposto central, como Molnar coloca, sendo "que o universo consiste de matéria mais algum tipo de lei unidimensional imanente na matéria". Nesse caso, "o próprio homem é reduzido a um agregado material complexo, porém manipulável, que vive na companhia de outros agregados e que forma superagregados cada vez mais complexos chamados de sociedades, corpos políticos e igrejas". As supostas leis da história, portanto, são derivadas, pelos marxistas científicos, como supostamente evidentes e imanentes dentro desta própria matéria.

O processo marxista em direção à utopia, então, consiste nos homens adquirirem percepções a respeito de sua própria natureza verdadeira, para que então rearranjem o mundo de acordo com essa natureza. Engels, de fato, proclamou explicitamente sobre o conceito hegeliano de Homem-Deus:

> Até agora a questão tem sempre sido posta como: O que é Deus? – e a filosofia hegeliana alemã retornou o seguinte: Deus é o homem [...]. O Homem precisa, agora, arranjar o

---

Volume I, Number 4 (Winter 1978): 153-54. O economista David McCord Wright (1909-1968), embora não mergulhe nos meandros religiosos do problema, enfatizou que um grupo na sociedade, os estatistas, busca *"atingir um padrão estático fixo ideal de organização técnica e social. Uma vez que este ideal for atingido, ou pelo menos bastante aproximado, precisará apenas ser repetido incessantemente"*. WRIGHT, David McCord. *Democracy and Progress*. New York: Macmillan, 1948. p. 21.

mundo em uma forma de *domínio* humano, de acordo com as exigências de sua *natureza*[56].

Porém este processo está repleto de autocontradições; por exemplo, e de maneira central, como a mera matéria pode obter percepções a respeito de "sua" natureza? Conforme Molnar coloca: "pois como a matéria pode ter percepções? E, se tem percepções, não é somente matéria, mas matéria com algo adicional".

Neste processo supostamente inevitável, de chegar à utopia comunista proletária depois que a classe proletária se torne consciente de sua verdadeira natureza, qual deveria ser então o papel do próprio Karl Marx? Na teoria hegeliana, o próprio Hegel é a última e maior de todas as figuras mundo-históricas, o Homem-Deus dos homens-deuses. De forma semelhante, Marx, em sua própria perspectiva, situa-se em um ponto focal da história como o homem que trouxe ao mundo o conhecimento crucial da verdadeira natureza humana e das leis da história, servindo assim como a "parteira" do processo que colocaria um fim à história. Assim, na observação de Molnar:

> Tal como os demais escritores utópicos e gnósticos, Marx está muito menos interessado nos estágios da história até o presente (o egoísta *agora* de todos os autores utópicos) do que nos estágios finais, quando o material do tempo se torna mais concentrado, quando o drama se aproxima de seu desfecho.

---

[56] MOLNAR, Thomas. *Marxism and the Utopian Theme. Op. cit.*, p. 149; p. 150-51.

De fato, o autor utópico concebe a história como um processo que a leva até ele, dado que ele, o último *compreendedor*, situa-se no centro da história. É natural que essas coisas se acelerem durante seu próprio tempo de vida e ocorra um divisor de águas: *ele* parece grande entre o Antes e o Depois[57].

Assim, em comum com outros socialistas utópicos e comunistas, Marx buscava, no comunismo, a apótese do coletivo espécie-humanidade e um novo super-ser, no qual o único significado possuído pelo indivíduo é como partícula negligenciável daquele organismo coletivo. Vários dos diversos epígonos de Marx tentaram levar adiante sua missão. Um retrato incisivo do organicismo coletivo marxista – que equivale a uma celebração do Novo Homem Socialista a ser criado durante o processo de comunização – foi o de um alto teórico bolchevique do início do século XX, Alexander Aleksandrovich Bogdanov (1873-1928). Bogdanov, também, falou a respeito das "três eras" da história humana. Primeiro veio a religiosa, a sociedade autoritária e a economia autossuficiente. A seguir, veio a "segunda era", uma economia de trocas, marcada pela diversidade e pela emergência da "autonomia" da "personalidade humana individual". Porém este individualismo, de início progressivo, posteriormente se torna um obstáculo ao progresso dado que prejudica e "contradiz as tendências unificadoras da era das máquinas". Mas então virá a Terceira Era, o estágio final da história, o

---

[57] Idem. *Ibidem.*, p. 151-52.

comunismo. Este último estágio será marcado por uma economia coletiva autossuficiente, e pela

> [...] fusão das vidas pessoais em um todo colossal, harmonioso na relação entre suas partes, agrupando sistematicamente todos os elementos para uma luta final – a luta contra a espontaneidade sem fim da natureza [...]. Uma massa enorme de atividade criativa [...] é necessária para resolver este problema. Demanda a força não do homem, mas da humanidade – e somente lidado com esta tarefa a humanidade como tal emerge[58].

Finalmente, no ápice do comunismo messiânico marxista temos um homem que funde todas as tendências e correntes analisadas até agora. Uma mistura do messiânico cristão *e* do devoto marxista-leninista-stalinista, o marxista alemão do século XX, Ernst Bloch (1885-1977), estabeleceu sua visão em seu recentemente traduzido trabalho fantasmagórico em três volumes, *Das Prinzip Hoffung* [*O Princípio da Esperança*]. Mais cedo em sua carreira, Bloch escreveu um estudo louvando as perspectivas e a vida do anabatista comunista coercitivo Thomas Müntzer, a quem aclamava como magico, ou "teúrgico". A "verdade" interna das coisas, escreveu Bloch, somente será descoberta após *"uma completa transformação do universo, um grande apocalipse, a vinda do Messias, um novo céu e uma nova terra"*. Há mais do que uma sugestão em Bloch de que

---

[58] Citado por: UTECHIN, S. V. "Philosophy and Society: Alexander Bogdanov". *In*: LABEDZ, Leopold (Ed.). *Revisionism: Essays on the History of Marxist Ideas*. New York: Praeger, 1962. p. 122.

a doença, para não dizer a própria morte, serão abolidas com o advento do comunismo[59]. Deus está em desenvolvimento; *"O próprio Deus é parte da Utopia, uma finalidade que ainda não está realizada"*. Para Bloch, êxtases místicos e a adoração de Lenin e Stalin caminhavam lado a lado. Segundo Joseph Peter Stern (1920-1991), o livro de Bloch contém declarações dignas de nota tais como *"Ubi Lenin, ibi Jerusalem"* [Onde está Lenin, ali está Jerusalém] e que *"a consecução bolchevique do Comunismo"* é parte da *"luta milenar por Deus"*.

Na pessoa de Ernst Bloch, a antiga divisão dolorosa no interior do movimento comunista europeu das décadas de 1830 e 1840, entre suas alas cristã e ateísta, finalmente foi reconciliada. Ou, colocando de outra maneira, em um último toque bizarro da dialética da história, a conquista total, em 1848, das variantes cristãs do comunismo pelas mãos da vontade e organização revolucionária superior de Karl Marx, agora foi transcendida e negada. A visão escatológica messiânica dos religiosos heréticos e dos comunistas cristãos voltou com força total, dentro do suposto baluarte do comunismo ateísta, o próprio marxismo. De Ernst Bloch aos cultos fanáticos da personalidade de Josef Stalin e Mao Tsé-Tung, até a visão genocida e a crueldade de Pol Pot (1925-1998) no Cambodja e no movimento de guerrilha do Sendero Luminoso no Peru, parece que, no interior do corpo e da alma do marxismo, Thomas Müntzer no fim das contas triunfou definitivamente sobre Ludwig Feuerbach.

---

[59] STERN, Joseph Peter. "Marxism on Stilts: Review of Ernst Bloch, *The Principle of Hope*". *The New Republic*. Volume 196 (March 9, 1987): 40, 42. Ver, também: KOLAKOWSKI, Leszek. *Main Currents of Marxism. Op. cit.*, Vol. 3, p. 423-24.

Índice Remissivo e Onomástico

A

Abraão, 16, 293, 329
Abrams, Meyer Howard (1912-2015), 278
Ação direta, 129
Action Française (Ação Francesa), 130
Action Nacionale (Ação Nacional), 130
Acton, John Emerich Edward Dalberg-Acton (1834-1902), conhecido como Lorde, 24
Adamitas, taboritas radicais, 298-99
Adão, 299
Adler, Alfred (1870-1937), 29
África, 133, 251, 254
Agostinho de Hipona, Santo (354-430), 289
Akademische Freiheit, 20
Alemanha, 13, 16, 18, 21-22, 29, 31, 35, 61, 91, 111-12, 132, 137, 153-54, 198, 203, 246, 278, 287, 300-02, 304, 306, 318, 337, 346, 352-53, 357
Allstedt, 302-03
Althusser, Louis (1918-1990), 265
América do Norte, 239-40
América Latina, 249, 340
Amish, 300
Amsterdam, 251, 318
Anabatismo teocrático, 301, 308, 311-12, 314-15
Anabatistas, 262, 300-01, 306, 308-11, 318, 320-21, 367
Angel, *Sir* Norman (1872-1967), 138
Aniquilação do *self* (*Selbst-todtung*), 288
Anschluss, 32
Anticristo, 291-92
Anti-Dühring, de Friedrich Engels, 104, 274
Antigo Liberalismo, 23
Antigo Testamento, 291, 293, 310, 315
Arbeiterstand (estado do trabalho), 98
Argentina, 246
Aristóteles (384-322 a.C.), 136, 169, 186
Armagedom, 261-62, 290-91, 356
Aron, Raymond (1905-1983), 26
Ashton, T. S. [Thomas Southcliffe] (1899-1968), 118
Ásia, 133, 236, 251, 254
Associação Internacional de Socialistas, 340

Associação Internacional dos Trabalhadores (AIT), *ver* Primeira Internacional
Atenas, 175
Atlântico, 56
Aufruf eines Verzweiflung [*Invocação de Alguém em Desespero*], de Karl Marx, 348
Aufschlüsse über Magie [*Explicações sobre a Magia*], de Karl von Eckartshausen, 328
Augsburg, 306
Ausserordentlicher Professor, 28
Austrália, 239
Áustria Alpina, 15
Authoritarian State, The: An Essay on the Problem of the Austrian State, de Eric Voegelin, 30

B

Babeuf, François Noël Babeuf (1760-1797), conhecido como Gracchus, 330, 332-36
Bakunin, Mikhail (1814-1876), 338, 351, 354
Bálcãs, 135
Balzac, Honoré de (1799-1850), 157
Banco da França, 23
Banco da Inglaterra, 207
Banco Mundial, 250
Barmby, John Goodwyn (1820-1881), 340-41, 343
Barreira ou grilhão (*Schranke*), 280
Basileia, 24
Bastiat, Frédéric (1801-1850), 180, 193
Batalha de Legnica de 1241, 17
Batalha de Lipan em 1434, 300
Baudelaire, Charles (1821-1867), 156-57

Bauer, Bruno (1809-1882), 339, 355
Bauman, Zygmunt (1925-2017), 86
Bavaria, 300, 328
Baviera, 27
Beethoven, Ludwig van (1770-1827), 105
Bem, Józef (1794-1850), 17
Bena, Amalrico de (†1207), 293
Berg, Alban (1885-1935), 35
Bergson, Henri (1859-1941), 130, 169
Berlim, 26, 29, 223, 287, 347
Besant, Annie (1847-1933), 272
Betrachtung eines Jünglings bei der Wahl eines Berufes [*Considerações de um Jovem a Respeito da Escolha de uma Profissão*], de Karl Marx, 347
Bettelheim, Bruno (1903-1990), 29
Bíblia, 149, 288-89, 292, 301, 356
Biblioteca Pública de São Francisco, 8, 52, 54
Billington, James H. (1929-2018), 338, 344
Bismarck, Otto von (1815-1898), 21-22, 119, 150-51, 183
Bloch, Ernst (1885-1977), 367-68
Bloom, Allan (1930-1992), 31
Bockelson, Jan (1509-1536), conhecido como Jan de Leiden, 307-08, 311-20
Boehme, Jakob (1575-1624), 275, 288
Boêmia tcheca, 296
Bogdanov, Alexander Aleksandrovich (1873-1928), 366
Böhm-Bawerk, Eugen von (1851-1914), 39, 60, 76, 146, 266-67
Bolcheviques, 17, 105, 131-32, 152, 158, 161, 366, 368
Bonaparte, Luís Napoleão (1808-1873), imperador Napoleão III, 221

ÍNDICE REMISSIVO E ONOMÁSTICO 371

Bonaparte, Napoleão (1769-1821), 84, 112, 281
Bourdieu, Pierre (1930-2002), 86
Bramson, Leon (1869-1941), 288
Brandeburgo, 151, 223
Brasil, 40
Brearly, Roger (1586-1637), 321
Breuer, Josef (1842-1925), 154-56
Broch, Hermann (1886-1951), 35
Brogan, Sir Denis William (1900-1974), 26-27
Browning, Reed, 27
Brueghel, Pieter (1525-1569), 179
Bukharin, Nikolai (1888-1938), 91
Bula Dourada da Hungria de 1222, 14
Buonarroti, Filippo Giuseppe Maria Ludovico (1761-1837), 335-36, 338
Bureaucracy [*Burocracia*], de Ludwig von Mises, 64
Burgtheater, 35
Burke, Edmund (1729-1797), 23
Burckhardt, Jacob (1818-1897), 24

C

Cabet, Étienne (1788-1856), 90, 337, 342-44
Califórnia, 8, 52, 54, 178, 183, 216
Calomnies et politique de M. Cabet [*Calúnias e Políticas do Sr. Cabet*], panfleto de Theodore Dezamy, 343
Calvino, João (1509-1564), 300-01
Câmara de Comércio em Viena, 32
Cambodja, 308-09, 368
Canadá, 194, 239
Carey, Henry Charles (1793-1879), 104
Carlyle, Thomas (1795-1881), 288
Carnap, Rudolf (1891-1970), 35

Carritt, Edgar Frederick (1876-1964), 285
Casa de Orange, 130
Casimiro (1301-1370), *o Grande*, rei da Polônia, 16
Century of Total War [*O Século da Guerra Total*], *ver Les Guerres em chaîne*
Chamberlain, Houston Stewart (1855-1927), 131
Charles I (1600-1649), rei da Inglaterra, 207, 210
Chesterton, G. K. [Gilbert Keith] (1874-1936), 272
China, 55, 133, 163, 174, 248, 251, 253, 256, 327
China Comunista, 56
Cieszkowski, August (1814-1894), 352-55
Civilização Ocidental, 17, 36, 174, 234, 236
Closing of the American Mind, The [*O Fechamento da Mente Norte-americana*], de Allan Bloom, 31
Clube do Livro do Mês, 36
Cocanha, 178-79
Code de la communauté [*Código da Comunidade*], de Theodore Dezamy, 344-45
Code de la Nature, La [*O Código da Natureza*] de Étienne-Gabriel de Morelly, 325
Colapso da União Soviética, 70
Cole, George Douglas Howard (1889-1959), 267
Coleridge, Samuel Taylor (1772-1834), 287-88
Comissões Parlamentares Britânicas, 46, 134
Comment je suis communiste et mon credo communiste [*Como sou*

Comunista e meu Credo Comunista] de Étienne Cabet, 344
Commonwealth, 119-20
Communist Chronicle, The [*A Crônica Comunista*], 341
Communist Correspondence Committee of Brussels [Comitê de Correspondência Comunista de Bruxelas], 342
Communist Journal [*Jornal Comunista*], 343
Communist League [Liga Comunista], 342
Communist Propaganda Society [Sociedade Comunista de Propaganda], 340
Communitariums, 341
Comte, Auguste (1798-1857), 40, 90, 157
Conceitos fundamentais no *Manifesto do Partido Comunista*, Classes, 87, 94
Conflito de classes, 87-88, 94, 106
Consciência de classe, 87, 133
Condillac, Étienne Bonnot de (1714-1780), 322
Congresso de Manchester, 48, 137
Congresso de Viena (1814-1815), 241
Congresso Pan-Eslavista em Moscou, 134
Conquista Normanda de 1066, 276
Conspiração dos Iguais, 330-31, 334-35
Constituição Espanhola de Cádiz, 24
Contribuição à Crítica da Economia Política, de Karl Marx, 45
Coreia do Norte, 56
Coroa da Áustria, 13
Córsega, 337
Cracóvia, 17
Crítica do Programa de Gotha, de Karl Marx, 57

D

Dalai Lama, 255
Dante Alighieri (1265-1321), 112, 135
Danúbio, 32
Danzig, 16
Darwin, Charles (1809-1882), 100
Davis, Jefferson (1808-1889), 241
Defoe, Daniel (1660-1731), 166
Dembiński, Henryk (1791-1864), 17
Departamento de Justiça dos Estados Unidos, 230
Descartes, René (1596-1650), 83
Desenvolvimento do Socialismo, de utopia à ciência, O, panfleto de Friedrich Engels, 104
Dezamy, Theodore (1808-1850), 343-45
Dia do Juízo Final, 289
Dietzgen, Joseph (1828-1888), 85
Diggers (como escavadores), 276
Diggers (como panteístas comunistas), 321
Diretório Secreto da Segurança Pública, 334
Djilas, Milovan (1911-1995), 354
Doktorklub, 347, 355
Dólar-ouro, 249
Dollfuss, Engelbert (1892-1934), 30-31
Douglas, Clifford H. (1879-1952), 194
Dow, F. D., 278
Dühring, Karl Eugen (1833-1921), 104
Dusentschur, Johann, 315, 317

E

Eagleton, Terry (1943-), 86
Ebeling, Richard M. (1950-), 8, 10, 55
Eckartshausen, Karl von (1752-1803), 328-29

École *Normale Supérieure* [Escola Normal Superior], 132
Éden, 270
Eden, Anthony (1897-1977), 32
Einstein, Albert (1879-1955), 18, 157
Encyclopaedia of the Social Sciences [Enciclopédia das Ciências Sociais], 77
Engenharia social, 158
Engels, Friedrich (1820-1895), 44, 46-47, 81-82, 87, 94-95, 104, 107-08, 111, 121-22, 135, 138-39, 148, 263, 274, 276, 337, 346, 354, 358, 364
Epistemological Problems of Economics, de Ludwig von Mises, 67
Era de Ouro, 85, 276
Era do Espírito Santo, 293, 329, 354
Era Müntzer-Münster, 301
Erígena, João Escoto (810-877), 240
Erinnerungen, de Karl Popper, 31
Erinnerungen [Memórias], de Ludwig von Mises, 27
Erreurs et la Verite, Des [Sobre os Erros e a Verdade], de Louis-Claude de Saint-Martin, 328
Escola Austríaca, 28-30, 38, 53, 155
Escola de Manchester, 47
Escola Monetarista Britânica, 206
Espanha, 27
Espírito do mundo (*Weltgeist*), 279
Essai sur l'inégalité des races humaines [Ensaio sobre a Desigualdade das Raças Humanas], de Arthur de Gobineau, 131
Estados Unidos, 8, 12, 17, 19, 25, 34, 36, 38, 52, 54, 56, 117, 119, 131, 139, 141, 148, 160-61, 174, 176, 176, 178, 180, 193, 198, 200, 205, 225, 238-41, 243, 245-46, 249-51, 257, 263, 300, 337, 342
Estrasburgo, 295

Europa, 12, 16-17, 40, 46, 55-56, 114-15, 134, 187, 200, 236, 238, 240-41, 243-44, 254, 293, 318, 320, 336-38, 340, 358
Evangelho, 187-88
Exércitos Brancos anticomunistas, 61
Experimento de Alberta, 194
Ezequiel (622-570 a.C.), profeta bíblico, 268

F

Fabliau de Cocagne, 178
Fair Deal [Acordo Justo], 107
Familismo, 321
Farmington Hills, 52
Federal Bureau of Investigation (FBI), 230
Federal Reserve (banco central norte-americano), 198
Ferguson, Adam (1723-1816), 282
Feuerbach, Ludwig (1804-1872), 78, 123, 355-56, 368
Fichte, Johann Gottlieb (1762-1814), 278, 363
Fiore, Joaquim de (1135-1202), 289, 192-92, 293
Ford, 77
Ford, Henry (1863-1947), 225
Foundation for Economic Education (FEE), 8, 10, 52-53, 69, 131
Foundations of the Nineteenth Century, The [Os Fundamentos do Século XIX], de Houston Stewart Chamberlain, 131
Fourier, Charles (1772-1837), 103
França, 14, 24, 27, 29, 32, 35, 56, 84-85, 132, 137, 155, 178, 205, 246, 322, 325, 337, 339-40, 343, 358
Francisco José I (1830-1916), imperador da Áustria, 20

Franço-Maçonaria, 25
Frankfurt-am-Main, 338
Fraternidade do Espírito Livre, 295-96
Frederico III, *o Sábio*, Eleitor da Saxônia (1463-1525), 150-51, 302
Frederico Guilherme II, rei da Prússia (1744-1797), 329
Frederico Guilherme III, rei da Prússia (1770-1840), 89, 287, 351
Freeman, The: Ideas on Liberty, 8, 52-55, 180
Free Market and Its Enemies, The: Pseudo-Science, Socialism, and Inflation [O Livre Mercado e seus Inimigos: Pseudociência, Socialismo e Inflação], de Ludwig von Mises, 69
Frente da Pátria, 30
Freud, Sigmund (1856-1939), 28-29, 154-57
Frísia, 308, 318
Fronda, da França, 14

G

Galícia, 13
Gattungswesen (o "ser espécie"), 356
Gay, Jules (1809-1883), 29
Gay, Peter, 340
Gedanken und Erinnerungen [Pensamentos e Memórias], de Otto von Bismarck, 150
Gefühle [Sentimentos], de Karl Marx, 347
Geist [Espírito], 89,101
Gemeinwesen (o "ser comunal"), 356
Gemeinwirtschaft, Die: Untersuchungen über den Sozialismus [A Economia Coletiva: Estudos sobre o Socialismo], de Ludwig von Mises, 62
Genebra, 32, 141, 300, 335

Gênova, 27
Gladstone, William Ewart (1809-1898), 22
Glaubensbekenntnis eines Geächteten [Profissão de Fé de um Fora da Lei], panfleto de Theodore Schuster, 338
Gobineau, Arthur de (1816-1882), 131
Goethe, Johann Wolfgang von (1749-1832), 98, 105, 136, 172, 227
Gorbachev, Mikhail Sergeyevitch (1931-), 264
Gottfried, Paul (1941-), 34
Göttliche, Das [O Divino], poema de Johann Wolfgang von Goethe, 98
Grã-Bretanha, 19, 32, 91, 114, 179-80, 190, 199, 204-05, 245-46
Grande Depressão de 1929, 173
Grande Expurgo, 91
Grandes, de Aragão, 14
Gray, Alexander (1882-1968), 267, 274, 323-24, 327, 333
Great Persuasion, The: Reinventing Free Markets Since the Depression, de Angus Burgin, 25
Greaves, Bettina Bien (1917-2018), 8, 52, 69
Greaves Jr., Percy L. (1906-1984), 52
Grécia Antiga, 283
Greenbacks, 183
Grindleton, 321
Grindletonianos, 321
Guerra Alemã-Prussiana de 1866, 22
Guerra Civil Inglesa, 262, 276, 321-22
Guerra da Coreia, 55-56
Guerra da Sucessão Austríaca, 26-27
Guerra de Independência norte-americana, 17
Guerra de Secessão nos Estados Unidos, 27, 183, 200, 241
Guerra dos Camponeses, 304, 306

ÍNDICE REMISSIVO E ONOMÁSTICO 375

Guerra Fria, 38
Guerra Santa, 299
Guerres en chaîne, Les [*As Guerras em Cadeia*], de Raymond Aron, 26-27
Guevara, Ernesto Guevara de la Serna (1928-1967), conhecido como Che, 323
Guilherme I, rei da Prússia (1797-1888), 150
Gymnasium de Trier, 346

H

Haarlem, Divara van (1511-1535), 307, 313
Haberler, Gottfried von (1900-1995), 34
Habsburg, Otto von (1912-2011), 17
Haller, Albrecht von (1708-1777), 83
Hamburgo, 16
Hammond, Barbara (1873-1961), 118
Hammond, John Lawrence (1872-1949), 118
Handelskammer, 30
Hanôver, 27
Harvard University, 14
Hayek, F. A. [Friedrich August von] (1899-1992), 18, 27, 30, 34, 282
Hazlitt, Henry (1894-1993), 251
Hegel, Georg Wilhelm Friedrich (1770-1831), 89-90, 101, 111, 274-75, 278-88, 346, 351-55, 365
Hegelianismo de esquerda, 354
Helmholtz, Hermann Ludwig Ferdinand von (1821-1894), 82
Herr, Lucien (1864-1926), 132
Herzen, Alexander Ivanovich (1812-1870), 354
Hess, Moses (1812-1875), 345, 358

Heyworth, Lawrencina (1821-1882), 99
Hill, Christopher (1912-2003), 277
Hino Nacional da Polônia, 37
Hipócrates (436-438 a.C.), 175
Histoire de la Conspiration pour l'Égalité dite de Babeuf [*História da Conspiração pela Igualdade de Babeuf*], de Buonarroti, 336
Histoire nouvelle de la vie de Jésus-Christ [*Nova História da Vida de Jesus Cristo*], de Gracchus Babeuf, 333
Hitler, Adolf (1889-1945), 32, 86, 120, 130, 161, 176-77, 205
Hobsbawm, Eric J. (1917-2012), 86
Hochheim, Eckhart de, O.P. (1260-1328), 270
Hoffman, Beth Ann (1950-2008), 53
Hofmannsthal, Hugo von (1874-1929), 35
Hohenzollern (dinastia), 140, 150-51
Hölderlin, Friedrich (1770-1843), 278
Homem-coletivo, 283
Homem-Deus, 278-79, 281, 286, 364-65
Homme Machine, L' [*O Homem-Máquina*], de Julien de la Mettrie, 77
HSD, acrônimo de *l'Homme sans Dieu* / o Homem Sem Deus, 333
Hülsmann, Jörg Guido, 25, 27
Human Action: A Treatise on Economics [*Ação Humana: Um Tratado sobre Economia*], de Ludwig von Mises, 36, 57
Hume, David (1711-1776), 164
Hungria, 14, 153, 247, 357
Hus, Jan (1369-1415), 296
Hussita, 296-97, 299-00
Hut, Hans (1490-1527), 305
Hutianos, 306

I

Idade Média, 149, 171, 224, 248
Ideologia Alemã, A, de Karl Marx, 85
Idéologues, Les, 84-85
Igreja Católica Romana, 15, 21, 23, 152-53
Igreja Católica Ucraniana, 153
Igreja Cristã primitiva, 307
Igreja da União Prussiana, 151
Igreja Luterana, 151, 307
Igreja Oriental em Constantinopla, 152
Igreja Ortodoxa Oriental, 152-53
Igreja Protestante, 151
Igreja Prussiana, 89-90, 151
Igreja Prussiana Unida, 89-90
Igreja Russa, 152-53
Ilhas do Canal, 343
Illinois, 342
Imperialismo, 242-43
Império Austro-Húngaro, 12, 14, 135, 243
Império Habsburgo, 14
Império Oriental, 152
Império Romano, 187, 318
Império Russo, 27
Index, 33
Índia, 133-34, 174, 239, 252-53, 256
Indivíduo, 41-42, 62, 94-95, 97, 110-11, 116-17, 120, 138, 158-60, 167, 170, 182, 192, 198, 229, 270, 272, 282-85, 322-23, 326, 331, 338, 366
Inglaterra, 14, 16, 115, 117, 180, 201, 205, 207, 234, 245, 263, 276, 278, 287, 321, 337, 340
Institut de Hautes Études *Internationales et du Développement* (IHEID) [Instituto Universitário de Altos Estudos Internacionais], 32
Intercollegiate Review, 25
Interesses de classe, 41, 84, 88, 94, 358

Internacional Comunista, 49
Internacional Marxista, 139
Intervencionismo, 107, 138, 141
Irmãos do Livre Espírito, 293-94
Irmãos em Cristo, 339
Iskra [*Centelha*], 330
Itália, 56, 91, 138-39, 152, 171
Itália fascista, 32

J

Janik, Allan, 29
Jánosi, Friedrich Engel von (1893-1978), 34
Jeremias, profeta bíblico (655-586 a.C.), 268
Jevons, William Stanley (1835-1882), 201
João I (1468-1532), *o Constante*, rei da Saxônia, 302
Journal of Libertarian Studies, 276
Josué, 333
Junker prussiano, 87, 224

K

Kaliningrado, na época Königsberg, 174
Kallen, Horace M. (1882-1974), 77
Kant, Immanuel (1724-1804), 89, 105, 120, 174
Kapital, Das [*O Capital*], de Karl Marx, 45, 95, 267,
Kautsky, Karl (1854-1938), 44-45, 105, 129, 139, 159
Keats, John (1795-1821), 287
Keynes, John Maynard (1883-1946), 177, 179-80, 205
Khmer Vermelho, 309
Kirk, Russell (1918-1994), 84

Klimt, Gustav (1862-1918), 35
Knipperdollinck, Bernt (1495-1536), 307-08, 312, 316, 320
Knox, monsenhor Ronald (1888-1957), 300-01
Kokoschka, Oskar (1886-1980), 35
Kołakowski, Leszek (1927-2009), 270
Ko ciuszko, Tadeusz (1746-1817), 17
Kremlin, 56
Kritik der Politischen Ökonomie [*Contribuição à Crítica da Economia Política*], de Karl Marx, 45
Kuehnelt-Leddihn (1909-1999), Erik von, 9, 13
Kulturkampf de Bismarck, 21

L

Laissez-faire, 118, 137, 288, 322
Lange, Albert Friedrich (1828-1875), 153-54
Lassalle, Ferdinand (1825-1864), 85, 97-98, 146, 150-51
Legião Acadêmica, 19
Lei Americana *Lend-Lease*, 245
Lei Canônica, 188
Lei de bronze dos salários (*Das eherne ökonomische Gesetz*), 97-98
Lei de ferro dos salários (*Iron law of wages*), 42-43, 97-99
Lei de Moisés, 187
Lemberg *ver* Lwów
Lenin, Vladimir Ilyich (1870-1924), 44, 49, 61, 75, 105, 126, 130, 135, 142, 162, 256, 326, 330, 333, 368
Leroy-Beaulieu, Paul (1843-1916), 60
Levante Húngaro de 1848-1849, 17
Liberum Veto, 15
Liga das Nações, 138, 256
Liga dos Eleitos, 302
Liga dos Foras da Lei, 338

Liga dos Justos em Londres, 339, 243
Liga Germânica, 22
Limite (*Grenze*), 280
List, Friedrich (1789-1846), 104
Livre Mercado e seus Inimigos, O: Pseudociência, Socialismo e Inflação, ver *The Free Market and Its Enemies*
Livro de Atos dos Apóstolos, 149
Livro de Daniel, 289
Livro do Apocalipse, 289
Locke, John (1632-1704), 83
London School of Economics, 100, 132
Ludwig von Mises Institute, 9, 10
Lutero, Martinho (1483-1546), 300-01, 303, 307, 339
Luxemburgo, Rosa, nascida Rozalia Luksenburg (1871-1919), 242
Lumpenproletariat, 338
Lwów, 13, 17
Lyons, Eugene (1898-1985), 131, 329

M

Mably, Gabriel Bonnot de (1709-1785), 322-26, 329
Machajski, Jan Wacław (1866-1926), 354
Machlup, Fritz (1902-1983), 34
Magna Carta de 1215, 14
Mahler, Gustav (1860-1911), 35
Материализм и эмпириокритицизм [*Materialismo e Empiriocriticismo*], Vladimir Lenin, 126
Manifeste des Égaux [*Manifesto dos Iguais*], de Pierre Sylvain Maréchal, 330-31, 333

Manifeste des Plébéiens, Le [*O Manifesto dos Plebeus*], de Gracchus Babeuf, 332-33

Manifesto do Partido Comunista, de Karl Marx e Friedrich Engels, 87-88, 94, 106-08, 133, 142, 333, 337, 342

Mannheim, Karl (1893-1947), 86

Manufakturperioden, 83

Mao Tse-Tung (1893-1976), 55, 323, 368

Marcuse, Herbert (1898-1979), 265

Maréchal, Pierre Sylvain (1750-1803), 30, 33

Marx, Eleanor (1855-1898), 96

Marx, Heinrich (1777-1838), 87, 346, 349

Marx, Karl (1818-1883), 22, 38-41, 43-45, 47, 57, 74-75, 78-90, 95-00, 102, 104, 107, 111, 113, 116-18, 121-23, 129, 133, 135-36, 140, 143, 146-50, 153, 160, 169, 177, 208, 242, 260-61, 263-65, 267, 289, 326, 333, 337, 342, 344-47, 349, 351, 353, 355-59, 362, 365, 368

Marxism: The Philosophy and Economics [*Marxismo: A Filosofia e Economia*] de Thomas Sowell, 264

Materialismo dialético [*Dialektische Materialismus*], abreviada pelos socialistas como *"diamat"* [диамат], 101

Masaryk, Tomás (1850-1937), 104

Materialismo dialético, 41, 45, 68, 101-02, 149, 154, 161

Matthys, Jan (1500-1534), 307-11, 313

Mayerling, 155

Mazzini, Giuseppe (1805-1872), 343

Mencheviques, 105

Menger, Carl (1840-1921), 155

Menonitas, 300

Mensch (os verdadeiros homens), 356

Menschenwelt (a totalidade do mundo dos homens), 356

Menschheit, wie sie ist und wie sie sein solte, Die [*A Humanidade, como ela é e como deveria ser*], de Wilhelm Weitling, 339

Merquior, José Guilherme, (1941-1991), 23

Merriam, Charles Edward (1874-1953), 56

Mettrie, Julien Offray de La (1709-1751), 77, 83

México, 101, 105, 242

Michelangelo Buonarroti (1475-1564), 335

Michels, Robert (1876-1936), 354

Michigan, 52

Milênio, milenistas ou mileniaristas, 113, 261-63, 260-62, 277, 289-90, 300, 305, 320, 322, 327

Minden, 318

Minh, Ho Chi (1890-1969), 56

Misère de la philosophie: Réponse à la Philosophie de la misère de M. Proudhon [*A Miséria da Filosofia*], de Karl Marx, 80, 82

Mises, Arthur von (1854-1903), 14

Mises, Ludwig von (1881-1973), 8-10, 12-13, 17-18, 24, 26-27, 30-33, 36, 38, 41, 52-55, 60-61, 67, 69, 119, 131

Mises, Mayer Rachmiel von (1800-1891), 14

Mises, Richard von (1883-1953), 14

Mississippi, 241

Missouri, 342

Mitterrand, François (1916-1996), 131

Moisés, patriarca bíblico, 187, 333

Molnar, Thomas (1921-2010), 363-65

Moll, Joseph (1813-1849), 339

Mont Pèlerin Society, 25

ÍNDICE REMISSIVO E ONOMÁSTICO 379

Montalembert, Charles de (1810-1870), 24
Monte das Oliveiras, 297
Mordechai, rabino Levy (1743-1804), 346
Morelly, Étienne-Gabriel (1717-1778), 325-26, 329, 335
Moscou, 26, 56, 91, 134, 162
Movimento rosacruz, 328
Muhlhausen, 303-05
Münste, 301, 306-21
Müntzer, Thomas (1489-1525), 289, 301-06, 321, 367-68
Museu Britânico, 46, 134, 140
Musil, Robert von (1880-1942), 35
Mussolini, Benito Amilcare Andrea (1883-1945), 32, 130
Mythus des zwanzigsten Jahrhunderts, Der [*O Mito do Século XX*], de Alfred Rosenberg, 130-31
My War with the Reds [Minha Guerra com os Vermelhos], artigo de Taylor Caldwell, 131

N

Nach ewigen, ehrnen, Großen Gesetzen (Por eternas leis, grandes e de bronze), 98
Nacional Comunista, 343
Nacional Liberalismo, 21, 26
Nações Unidas, 56, 256
Nada [*Ungrund*], 275
Nápoles, 27
Nationalismus, 26
Nauvoo, 342
Nehru, Jawaharlal (1889-1964), 252
New Deal [Novo Acordo], 107, 119
New School for Social Research (NSSR), 77
New York Tribune, The, 87

Newton, Isaac (1643-1727), 79
Niclaes, Henry (1502-1580), 321
Nicolau de Basileia (1308-1397), 294
Nietzsche, Friedrich (1844-1900), 18, 117, 148
Nova Esquerda, 265, 338
Nova Inglaterra, 219
Nova Jerusalém, 306, 308, 320
Nova Política Econômica (NEP), 256
Nova York, 17, 131, 227-28, 342
Novo Homem Socialista, 325-26, 366
Novo Liberalismo ou Neoliberalismo, 23, 25
Novo Testamento, 187, 292-93

O

Ocidente, 38, 56, 234-37, 251-52
Oetinger, Friedrich Christoph (1702-1782), 328
Ojcze nasz [*Nosso Pai*], de Bronislaw Ferdynand Trentowski Cieszkowski, 354
Olds, Irving (1887-1963), 181
Oneglia, 335
Open Society and its Enemies, The: Volume 2 – The High Tide of Prophecy: Hegel, Marx, and the Aftermath, de Karl Popper, 285
Organização das Nações Unidas (ONU), 56
Oriente, 39, 140, 152-53, 236-37
Origin of Species, On the [*A Origem das Espécies*], de Charles Darwin, 100
Ordem Rosacruz, 329
Oulanem: Eine Tragödie [*Oulanem: Uma Tragédia*], de Karl Marx, 349-51
Owen, Robert (1771-1858), 102, 337

P

Padrão-ouro, 205, 249
Paim, Antonio (1927-), 9, 39
Pairie et de l'aristocratie moderne, De la [*Nobreza e Aristocracia Moderna*], de August Cieszkowski, 353
Paralelo 38, 56
Paris, 29, 84, 132, 139, 293, 330, 335, 338-40, 345, 353, 361
Parlamento Austríaco, 14
Parlamento Britânico, 124, 207
Parlamento Francês, 90
Parlamento Indiano, 134
Parlamento Prussiano, 150
Partido Bolchevique, 122
Partido Nacional Liberal, 21
Partido Social-Cristão, 30
Páscoa, 311, 319
Past and Present [*Passado e Presente*] de Thomas Carlyle, 288
Patriarca Superior da Igreja Ortodoxa. 152
Patriarcas de Israel, 313
Paulo I (1754-1801), czar da Rússia, 329
Pavlov, Ivan (1849-1936), 159
Pays de Cocagne, Le [*O País da Cocanha*], de Pieter Brueghel, 179
PCUS (Partido Comunista da União Soviética), 264
Péguy, Charles (1873-1914), 128
Pensilvânia, 53
Pentecostes, 305
Penthouse Bolshevists, 131
Pequena Polônia, como era chamada a Galícia, 13-14
Peru, 368
Pew, J. Howard (1882-1971), 181
Picardy, 330
Pio IX, Giovanni Maria Mastai-Ferretti (1792-1878), 255º papa da Igreja Católica, 23, 152
Pittsburgh, 53
Pivarnik, Michael, 53
Plant, Raymond (1945-), 284
Platão (427-347 a.C.), 90, 119-20
Plotino (204-270), 269, 363
Point Four [Ponto Quatro], 251
Politburo, 162
Politeía [Πολιτεία], de Platão, mais conhecida como *A República*, 119
Polônia, 13-16, 37, 153, 243
Pot, Pol (1925-1998), 368
Popper, *Sir* Karl (1902-1995), 31, 119, 285
Potter, Richard (1817-1892), 99
Pressburg, Henrietta (1788-1863), 346
Primeira Guerra Mundial, 34, 61, 128, 179, 198, 240
Primeira Internacional, 96, 139, 340
Primeira República, 28, 31-32
Primeiros Liberais, 24
Princípios da nacionalidade, 46, 134
Principles of Political Economy and Taxation, On the [*Princípios de Economia Política e Tributação*], de David Ricardo, 123, 237
Prinzip Hoffung, Das [*O Princípio da Esperança*], de Ernst Bloch, 367
Privatdozent, 28
Privateigentum und Kommunismus [*Propriedade Privada e Comunismo*], de Karl Marx, 359
Procaccino, Mario (1912-1995), 131
Processo de *aufhebung*, 274-75, 281, 352
Produção direcionada pela demanda, 43, 59, 62-64
Programa de Empréstimo e Arrendamento, 245

Promethean or Communitarian Apostle, The [*O Prometeano ou Apóstolo Comunitarista*], 340
Prolegomena zur Historiosophie [*Prolegómenos para uma Historiografia*], de August Cieszkowski, 352
Propriedade privada, 62, 65-67, 102, 215, 222-24, 246, 264, 276, 291, 295, 297, 309-11, 316, 323, 325-26, 331, 339, 344, 360-61
Proudhon, Pierre-Joseph (1809-1865), 193
Prússia, 14-16, 22, 27, 137, 140, 150-52, 284-85, 287, 346
Pułaski, Kazimierz (1745-1779), 17

Q

Quanta Cura, encíclica de Pio IX, 23
Queda do Muro de Berlim, 70

R

Radek, Karl (1885-1939), 104
Ranke, Leopold von (1795-1886), 82
Rebelião jacobita de 1745 na Escócia, 282
Red Decade, The: The Stalinist Penetration of America [*A Década Vermelha: A Penetração Stalinista nos Estados Unidos*], de Eugene Lyons, 131
Réflexions sur la violence [*Reflexões sobre a Violência*], de Georges Sorel, 128
Reforma Protestante, 149, 300
Região do Reno, 294
Reichsbank, 198
Reichszuschuss, 183
Reinado de terror anabatista, 309
Reinhardt, Max (1873-1943), 35
Reino de Deus comunista na Terra, 289, 306
Reino Unido, 27, 150
Relações de produção, 80, 82, 117
Renault, 225
República Unida dos Países Baixos, 27
Review of Austrian Economics, The, 9, 260
Revolução Bolchevique na Rússia em 1917, 61
Revolução Francesa, 91, 112, 322, 329, 332, 335
Revolução Industrial, 68, 111-13, 116-18, 174
Ricardo, David (1772-1823), 123, 141, 237
Richard E. Fox Foundation, 51-52
Rilke, Rainer Maria (1875-1926), 35
Rio Nezarka, 299
Rito Maçom Escocês em Lyons, 329
Roberts, Paul Craig, 283
Rodrigues, Nelson (1912-1980), 131
Roma, 152
Romano Pontífice, 152
Romantismo na Alemanha e Inglaterra, 278
Romênia, 234, 243
Röpke, Wilhelm (1899-1966), 25
Rose, Sheldon, 52
Rosenberg, Alfred (1893-1946), 130-31
Roosevelt, Franklin Delano (1882-1945), 107, 161, 224, 249
Rothbard, Murray N. (1926-1995), 9, 261
Rothmann, Bernt (1495-1535), 306-07, 309-10, 316
Rudolf (1858-1889), príncipe da Áustria, 155
Ruge, Arnold (1802-1880), 345
Russell, Bertrand (1872-1970), 79
Rússia, 12, 14, 39, 49, 61, 75, 84, 122, 132, 143, 151-52, 161, 256

S

Sacro Império Romano Germânico, 318
Saint Louis, 342
Saint-Martin, Louis Claude de (1743-1803), 328-29
Saint-Simon, Claude-Henri Rouvroy (1760-1825), conde de, 88, 102
Sandeen, Ernest R. 263
São Francisco, 67-68, 227-28
São Petersburgo, 122
Sardenha, 27, 152
Savigny, Friedrich Karl von (1779-1861), 111
Saxônia, 27, 302-03
Schapper, Karl (1812-1870), 339
Schelling, Friedrich (1775-1854), 278
Schiele, Egon (1890-1918), 35
Schlick, Moritz (1882-1936), 35
Schiller, Friedrich (1759-1805), 278, 282-83, 288
Schnitzler, Arthur (1862-1931), 34
Schönberg, Arnold (1874-1951), 35
Schopenhauer, Arthur (1788-1860), 16, 29, 117
Schuster, Theodore (1808-1872), 338
Schweitzer, Albert (1875-1965), 254
Scott, *Sir* Walter (1771-1832), 24
Segunda Guerra Mundial, 25-26, 55, 107, 117, 245, 249
Segunda Internacional, 139
Segundo Advento de Jesus, 290, 297
Seipel, monsenhor Ignaz (1876-1932), 30
Sejm, a oposição de um único homem, 15
Sendero Luminoso, 368
Serviço de Imigração dos Estados Unidos, 342
Sicília, 27
Shabat, 16

Shelley, Percy Bysshe (1792-1822), 287-88
Skilled Labourer, The [*O Trabalhadoe Especializado*], e John Lawrence Hammond e Barbara Hammond, 118
Smith, Adam (1723-1790), 23, 116, 282
Spengler, Oswald (1880-1936), 29
Spiesser, 31
Socialism: An Economic and Sociological Analysis [*Socialismo: Uma Análise Econômica*], ver *Socialismo: Uma Análise Econômica*
Socialismo científico, 102
Socialistas Fabianos, 100, 267
Socialistas utópicos, 102, 262-63, 366
Sociedade Econômica Austríaca, 61
Sociedade Educacional para os Trabalhadores Alemães, 339
Sociedade Fabiana, 272, 354
Solvay, Ernest (1838-1922), 194
Sorel, Albert (1842-1906), 128
Sorel, Georges (1847-1922), 128-32, 140
Southey, Robert (1774-1843), 24
Sovietes Russos, 143
Sowell, Thomas (1930-), 264
Sozialpolitik, 108
Stace, Walter Terence (1889-1967), 286
Stalin, Josef Vissarionovitch (1878-1953), 49, 56, 75, 100, 105, 142-43, 208, 359, 368
Stańczyk, 25
Stein, Lorenz von (1815-1890), 358-59
Stern, Joseph Peter (1920-1991), 368
Stephenson, Matthew A., 283
Storch, Niklas (1500-1525), 301
Strassburg, Johann I von (†1328), 295
Streissler, Erich, 155
Streissler, Monika, 155
Stuart (dinastia), 207

Studies in Classical Liberalism, 9
Suécia, 27
Suíça, 32, 35, 205, 246
Sunoco, 181
Superestrutura, 45, 58, 80, 82, 117-18, 149
Syllabus Errorum [*Sílabo dos Erros*], anexo à encíclica *Quanta Cura* de Pio IX, 23

T

Tabor, *ver* Usti
Taboritas, 296-300, 304
Taylor Caldwell, Janet Miriam Holland (1900-1985), 131
Tchecoslováquia, 104, 153, 205
Teologia da Libertação, 266
Teonomia (o império da Lei de Deus), 300
Teoria do Equilíbrio Geral, 201
Teoria do valor-trabalho, 264
Terceira Era, 291-92, 329, 354, 366
Terceira Internacional, 49, 142
Terceiro Reich, 32
Tesouro Nacional norte-americano, 198
Texas, 342
Theory and History: An Interpretation of Social and Economic Evolution [*Teoria e História: Uma Interpretação da Evolução Social e Económica*], de Ludwig von Mises, 68
Tibete, 255
Tocqueville, Alexis Charles Henri Clérel (1805-1859), 24
Toulmin, Stephen, 29
Toynbee, Arnold (1852-1883), 112
Town Labourer, The [*O Trabalhador da Cidade*], de John Lawrence

Hammond e Barbara Hammond, 118
Trentowski, Bronislaw Ferdynand (1808-1869), 353
Trepov, Fyodor (1809-1889), 122
Tribun du Peuple, Le [*A Tribuna do Povo*], 330
Tribunal de Nuremberg, 130
Tribunal Revolucionário de Moscou, 91
Trier, 346
Trocnov, Jan Žižka de (1360-1424), 299
Trotsky, Leon (1879-1940), 105, 136
Truman, Harry S. (1884-1972), 107, 251
Tucker, Robert C. (1918-2010), 280, 285-86, 360-61
Tuveson, Ernest (1915-1996), 262-63

U

Últimos Dias, 272, 296, 315
Umwälzung, tradução literal em alemão da palavra latina *revolução*, 112
União das Repúblicas Socialistas Soviéticas (URSS), 49, 143
Unmensch (os não-homens), 356
Universal Communitarian Society [Sociedade Comunitarista Universal], 340
Universidade de Berlim, 14, 89, 287, 346-47, 351, 355
Universidade de Bonn, 347
Universidade de Chicago, 56
Universidade de Frankfurt, 301
Universidade de Leipzig, 301
Universidade de Lwów, 17
Universidade de Paris, 29, 293
Universidade de Pisa, 335

Universidade de Tübingen, 278
Universidade de Viena, 17, 19, 29, 33, 60, 359
Universidade Jaguelônica, 17
Universidade Sorbonne, 29
US Steel, 181
Usti, renomeada "Tabor", 297-98

V

Value, Price, and Profit [*Salário, Preço e Lucro*], de Karl Marx, 96
Varsóvia, 17
Vehmgericht (Liga da Corte Sagrada), 357
Vereinigung der Gläubigen mit Christo, Die [*A União dos Fiéis com Cristo*], de Karl Marx,
Viena, 346
Village Labourer, The [*O Trabalhador da Vila*], de John Lawrence Hammond e Barbara Hammond, 118
Violinist, Die [*O Violinista*], de Karl Marx, 349
Vitória (1840-1901), princesa do Reino Unido, 150
Vitória (1819-1901), rainha do Reino Unido, 150
Vítor Emanuel II (1820-1878), rei da Sardenha, 152
Vittels, Christopher (1543-1579), 321
Voegelin, Eric (1901-1985), 290
Vogt, Karl (1817-1895), 78, 80
Voltaire, François-Marie Arouet (1694-1778), conhecido como, 351
Voyage en Icarie [*Viagem a Icaria*], de Etienne Cabet, 337, 344

W

Waldeck, Franz von (1491-1553), 308, 318
Wallace, Henry A. (1888-1965), 160
Warren, Josiah (1798-1874), 342
Washington, 180
Wealth of Nations, The [*A Riqueza das Nações*], de Adam Smith, 283
Webb, Beatrice (1858-1943), *lady* Passfield, 99-100, 106, 132
Webb, Sidney (1859-1947), Lorde Passfield, 100, 106, 132
Weber, Max (1864-1920), 35, 228
Webern, Anton von (1883-1945), 35
Weitling, Wilhelm (1808-1871), 339, 341-43
Wesen des Christentums, Das [*A Essência do Cristianismo*], de Ludwig Feuerbach, 355
Westphalen, Edgar von (1819-1890), 87
Westphalen, Jenny von (1814-1881), 87, 347
Westphalen, Ludwig von (1770-1842), 87
Wicksell, Knut (1851-1926), 206
Wilson, Woodrow (1856-1924), 29, 137, 140-41
Winstanley, Gerrard (1609-1676), 275-77, 321
Wirtschaftsrechnung im sozialistischen Gemeinwesen, Die [*O Cálculo Econômico em uma Comunidade Socialista*], de Ludwig von Mises, 61
Wissenschaft (ciência), 268
Wissenschaftsfreiheit, 20
Wittgenstein, Ludwig (1889-1951), 35

Wolke über dem Heiligtum, Die [*A Nuvem sobre o Santuário*], de Karl von Eckartshausen, 329
World Council of Churches [Conselho Mundial de Igrejas], 251
Wordsworth, William (1770-1850), 287-88
Wright, David McCord (1909-1968), 364

Y

Yorkshire, 321

Z

Zasulich, Vera (1849-1919), 122, 133
Zweig, Stefan (1881-1942), 34
Zwickau, 301

A trajetória pessoal e o vasto conhecimento teórico que acumulou sobre as diferentes vertentes do liberalismo e de outras correntes políticas, bem como os estudos que realizou sobre o pensamento brasileiro e sobre a história pátria, colocam Antonio Paim na posição de ser o estudioso mais qualificado para escrever a presente obra. O livro *História do Liberalismo Brasileiro* é um relato completo do desenvolvimento desta corrente política e econômica em nosso país, desde o século XVIII até o presente. Nesta edição foram publicados, também, um prefácio de Alex Catharino, sobre a biografia intelectual de Antonio Paim, e um posfácio de Marcel van Hattem, no qual se discute a influência do pensamento liberal nos mais recentes acontecimentos políticos do Brasil.

Liberdade, Valores e Mercado são os princípios que orientam a LVM Editora na missão de publicar obras de renomados autores brasileiros e estrangeiros nas áreas de Filosofia, História, Ciências Sociais e Economia. Merecem destaque no catálogo da LVM Editora os títulos da Coleção von Mises, que será composta pelas obras completas, em língua portuguesa, do economista austríaco Ludwig von Mises (1881-1973) em edições críticas, acrescidas de apresentações, prefácios e posfácios escritos por renomados especialistas brasileiros e estrangeiros, além de notas do editor. Além dos volumes avulsos em formato brochura, serão lançadas edições especiais em capa dura, comercializadas em conjuntos exclusivos com tiragem limitada.

O Cálculo Econômico em uma Comunidade Socialista é o famoso trabalho acadêmico de Ludwig von Mises, lançado originalmente em alemão no ano de 1920, no qual é demonstrada, de modo pioneiro, a impossibilidade do socialismo. O texto analisa o problema da distribuição de bens em um regime socialista, apresenta a natureza do cálculo econômico, acentuando os limites destes em uma economia coletiva, além de discutir o problema da responsabilidade e da iniciativa em empresas comunais. Nesta edição, além do prefácio de Yuri Maltsev e da introdução de Jacek Kochanowicz, foram inclusos uma apresentação de Gary North, um prefácio de Fabio Barbieri e um posfácio de Joseph T. Salerno.

Caos Planejado foi lançado pela primeira vez em 1947. O título vem da descrição de Ludwig von Mises sobre a realidade do Intervencionismo e do Socialismo, tanto em suas variantes nacionalistas, representadas pelo Nazismo e pelo Fascismo, quanto pelo internacionalismo comunista. No lugar de criar uma sociedade ordenada, as tentativas de planejamento estatal têm gerado apenas o caos. A obra é um profundo ataque a todas as formas de controle governamental, totalitário ou democrático, que marcaram o panorama século XX. Nesta versão em português, além dos prefácios de Leonard E. Read e de Christopher Westley, foram inclusos ensaios de Richard M. Ebeling, Bruno Garschagen e Ralph Raico.

Visando cumprir parte da missão almejada pela LVM Editora de publicar obras de renomados autores brasileiros e estrangeiros nas áreas de Filosofia, História, Ciências Sociais e Economia, a Coleção Protoaustríacos lançará em português inúmeros trabalhos de teólogos, filósofos, historiadores, juristas, cientistas sociais e economista que, de algum modo, influenciaram ou anteciparam os ensinamentos da Escola Austríaca Economia, além de estudos contemporâneos acerca dos autores que, entre a Idade Média e o século XIX, ofereceram bases para o pensamento desta importante vertente do liberalismo.

A presente obra é uma apresentação histórica das contribuições teóricas de diversos autores considerados precursores da Escola Austríaca de Economia. Em doze capítulos são apresentas a biografia, as principais ideias e as contribuições específicas de determinados pensadores à tradição austríaca. Iniciando com os teólogos pós-escolásticos, especialmente Juan de Mariana, o livro analisa o pensamento, dentre outros, de Richard Cantillon, de Jean-Baptiste Say, de Frédéric Bastiat, de Hermann Heinrich Gossen, de Gustave de Molinari e de Carl Menger. O livro possui uma nota editorial de Alex Catharino, um prefácio de Fabio Barbieri, um proêmio de Claudio A. Téllez-Zepeda e um posfácio de José Manuel Moreira.

Acompanhe a LVM Editora nas Redes Sociais

https://www.facebook.com/LVMeditora/

https://www.instagram.com/lvmeditora/

Esta obra foi composta pela Spress em
Fournier (texto) e Caviar Dreams (título) e impressa em Pólen 80g.
pela Gráfica Viena para a LVM em fevereiro de 2024.